진짜 쓰는
포토샵&
일러스트레이터

진짜 쓰는
포토샵 & 일러스트레이터

© 2021. 이하나, 박경나 All Rights Reserved.

1쇄 발행 2021년 9월 15일
2쇄 발행 2023년 2월 15일

지은이 이하나(쫜느), 박경나(톰 왔)
펴낸이 장성두
펴낸곳 주식회사 제이펍

출판신고 2009년 11월 10일 제406-2009-000087호
주소 경기도 파주시 회동길 159 3층 / **전화** 070-8201-9010 / **팩스** 02-6280-0405
홈페이지 www.jpub.kr / **원고투고** submit@jpub.kr / **독자문의** help@jpub.kr / **교재문의** textbook@jpub.kr

소통기획부 김정준, 송찬수, 박재인, 배인혜, 이상복, 송영화, 권유라
소통지원부 민지환, 이승환, 김정미, 서세원 / **디자인부** 이민숙, 최병찬

진행 및 교정·교열 강민철 / **내지디자인** 다람쥐 생활 / **표지디자인** 이민숙
용지 타라유통 / **인쇄** 한길프린테크 / **제본** 일진제책사

ISBN 979-11-91600-38-4(13000)
값 21,000원

제이펍은 독자 여러분의 아이디어와 원고 투고를 기다리고 있습니다. 책으로 펴내고자 하는 아이디어나 원고가 있는 분께서는 책의 간단한 개요와 차례, 구성과 지은이/옮긴이 약력 등을 메일(submit@jpub.kr)로 보내주세요.

핵심만 빠르게, 활용도 100% 예제로 제대로 배우자!

진짜 쓰는 포토샵 & 일러스트레이터

게임 컨셉 디자이너와 프리랜서 디자이너가 알려 주는
실무 디자인 입문서

이하나(좐느), 박경나(톰왔) 지음

차례

사진 보정하기

드로잉 작업

CHAPTER 04

실무에서 써먹기   163

CHAPTER
03

텍스트와 타이포그래피 315

CHAPTER
04

실무에서 써먹기 345

PART 04   포토샵 & 일러스트레이터 연동 작업

안녕하세요. 일러스트레이터 편을 집필한 크리에이터 쫜느입니다. 책을 준비하면서 제가 초보 시절 공부했던 기본서들을 떠올려 보고 아쉬웠던 부분을 《진짜 쓰는 포토샵 & 일러스트레이터》에서 개선하고자 했습니다. 실무에서 자주 쓰는 기능 위주로 내용을 담아, 직접 따라 만들어 보고 공부하는 재미를 느낄 수 있도록 보기 좋고 알찬 예제로 구성했어요. 책에서 다 담지 못한 세부 진행 과정은 제 유튜브에서 동영상 강의로도 시청하실 수 있으니 공부하다 막히는 부분이 있다면 동영상 강의를 참고하면 좋겠습니다.

포토샵 편을 집필한 박경나 저자는 고등학생 때 미술학원을 함께 다녔던 오랜 친구 사이입니다. 미대 입시를 준비하던 시절을 지나 각자의 자리에서 왕성한 활동을 하고 있으며, 갈고 닦았던 그래픽 프로그램 활용 노하우를 이 책에 가득 담았습니다. 함께 좋은 책을 집필하기 위해 힘써준 박경나 저자와 제이펍 출판사의 송찬수, 강민철 님께 감사의 인사를 드립니다.

이하나(쫜느) 드림

안녕하세요. 우연을 빙자한 기회로, 쫜느의 권유를 받아 포토샵 편을 집필한 톰왔입니다. 이번 《진짜 쓰는 포토샵 & 일러스트레이터》에서는 백과사전같이 'A to Z'로 모든 걸 담으려고 하기보다는 실무에서 자주 쓰는 기능을 어떻게 활용하면 좋은지에 초점을 맞췄습니다. 그리고 같은 기능을 쓰더라도 좀 더 세련된 결과물을 만들 수 있도록 예제를 구성해 보았습니다. 이제 막 포토샵을 배우는 분뿐만 아니라 실무에 갓 투입된 분들에게 넌지시 꿀팁을 알려주는 옆자리의 선배(?) 같은 책이 되었으면 좋겠습니다.

이번이 첫 책이라 준비하는 동안 제 스스로도 많이 배웠던 것 같습니다. 좋은 기회를 권해 준 이하나 저자와 제이펍 출판사의 송찬수, 강민철 님께도 감사의 말씀을 드립니다. 끝으로 이 책을 읽으시는 분들 모두, 배움도 중요하지만 항상 건강하시길 바랍니다. 작업하시면서 틈틈이 스트레칭도 꼭 잊지 마시고요!

박경나(톰왔) 드림

미리 보기

완성 결과를 먼저 살펴보고 어떤 기능이 사용되는지 알아보세요. 실습에 사용되는 폰트, 크기, 예제 파일 및 완성 파일도 확인할 수 있습니다.

참고 영상

크리에이터의 유튜브 채널에서 포토샵 및 일러스트레이터 편 주요 예제의 실습 영상을 참고해 보세요. 실습에 따라 본문 내용과는 일부 단계의 옵션 값이나 순서가 약간 다를 수 있습니다.

간단 실습

실무 디자이너가 진짜 쓰는 기능은 따로 있습니다. 디자인 툴의 수많은 기능 중에서도 효율적으로 작업할 수 있는 중요 기능만 간단히 실습하며 빠르게 익힐 수 있습니다.

친절한 실습 과정

누구나 쉽게 따라 할 수 있도록 설명과 화면 그림에 1:1로 실습 과정을 표시했습니다.

TIP

실습 중에 초보자가 쉽게 놓칠 수 있는 부분을 짚어 드립니다.

03 문자가 선택된 상태에서 Properties 패널을 보면 [Character] 옵션이 나타납니다. ❶ 여기서 Font: 양진체, 11pt로 지정합니다. ❷ 툴바의 [Eyedropper Tool](⌶)을 선택하고 ❸ 로고 원의 중앙을 클릭해 글자 색을 변경합니다.

> **TIP** 혹은 상단 메뉴에서 [Window-Type-Character](Ctrl+T)를 선택해도 Character 패널을 불러올 수 있습니다.

04 툴바에서 [Type on a Path Tool] 아이콘을 더블클릭하면 옵션 창이 나타납니다. ❶ Align to Path: Center로 변경하고 ❷ [OK]를 클릭합니다. 문자가 원 패스의 중간에 정렬됩니다.

> **TIP** 패스를 선택한 뒤 [Type-Type on a Path-Type on a Path Options]를 선택해도 옵션 창을 생성할 수 있습니다.

05 [Type on a Path Tool]이 선택된 상태에서 Lorem ipsum 문구를 3번 클릭해 문자를 전체 선택한 뒤 JWANNEU HOUSE를 입력합니다.

> **TIP** [Type Tool]을 선택한 상태에서 문자를 한 번 클릭하면 입력할 수 있고, 문자를 더블클릭하면 한 마디가 선택되며, 세 번 클릭하면 입력한 문자 전체가 선택됩니다.

LESSON 01

일러스트레이터 파일을 포토샵에서 불러와 활용하기

일러스트레이터의 AI 파일을 포토샵에서 열어 보면 아래와 같은 창이 뜨고 불러올 크기를 설정하고 [O...]를 클릭하면 개별 수정이 불가능한 이미지로 불러와집니다. AI 파일의 개별 이미지를 포토샵에 불러와 ...하는 다른 방법을 알아보겠습니다.

 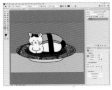

포토샵 & 일러스트레이터 연동 작업

[PART 04]에서는 포토샵과 일러스트레이터를 동시에 활용하는 작업이나, 목업 적용 및 색상 설정 방법 등을 소개합니다.

Libraries에서 불러오기

01 Chapter 2에서 작업한 **SushiCat.ai** 파일을 일러스트레이터에서 불러옵니다. Layers 패널에서 배경 레이어를 가리고 고양이 영역만 선택해 Libraries 패널에 드래그합니다. 고양이는 어도비 크리에이티브 클라우드에 저장되고 포토샵 Libraries 패널에서 드래그해 사용할 수 있습니다.

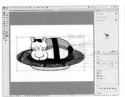 

포토샵 & 일러스트레이터 설치하기

실습을 진행하려면 해당 프로그램이 설치되어 있어야 합니다. 이 책은 포토샵 및 일러스트레이터 2021 영문 버전을 기준으로 설명합니다. 그러나 버전에 상관없이 실습을 진행할 수 있습니다. 포토샵이 없으면 어도비 홈페이지에서 무료 버전을 다운로드하여 7일간 사용할 수 있으며, 그 이후에는 유료로 비용을 지불한 후 사용해야 합니다.

01 어도비 홈페이지(www.adobe.com /kr)에 접속한 후 [도움말 및 지원] – [다운로드 및 설치]를 선택합니다.

02 다운로드 목록에서 Photoshop 또는 illustrator을 찾아 [무료 체험판]을 클릭합니다.

03 7일간 무료 체험 기간 안내를 확인하고, 사용 목적과 플랜 종류, 구독 유형 등을 선택한 후 [계속] 버튼을 눌러 다음 단계까지 이어서 진행합니다.

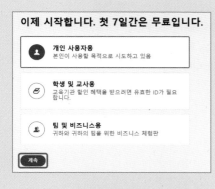

04 이메일 입력 및 개인 정보 사용 약관 등을
읽고 동의(체크)한 후 [계속]을 클릭합니다.

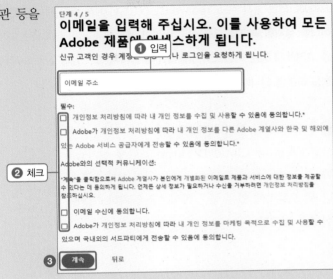

TIP 포토샵 플랜 해지하기

유료로 결제하지 않을 계획이라면 7일간의 무료 사용이 끝나기 전에 플랜을 취소해야 합니다. 먼저 https://account.adobe.
com/에 접속한 후 로그인합니다. 내 플랜에서 [플랜 관리]를 클릭한 후 플랜 정보에서 [플랜 취소]를 클릭하세요. 이유를 선택한 후
플랜을 취소할 수 있습니다.

05 이어서 신용카드 정보를 입력하고 [무료 체
험기간 시작]을 클릭합니다. 7일은 무료 사용 기간
으로 결제가 진행되지 않으니 걱정하지 말고 정보
를 입력해도 됩니다. 단, 추가 결제를 하지 않으려
면 7일 이내에 플랜 취소를 신청해야 합니다. 마지
막으로, 주문 정보를 확인한 후 [시작하기]를 클릭
하면 설치 과정을 거쳐 포토샵이 실행됩니다.

크리에이티브 클라우드(Creative Cloud, CC)에서 별다른 설정 변경을 하지 않았다면 처음 포토샵이나 일러스트레이터를 설치할 때 자동으로 한글 버전이 설치됩니다. 이 책에서는 디자이너들이 대체로 많이 쓰는 영문 버전을 쓴 점을 고려해서 영문 버전으로 실습을 진행합니다. 포토샵과 일러스트레이터가 한글 버전으로 설치되어 있다면 다음 과정을 따르면 됩니다.

01 포토샵과 일러스트레이터가 설치되면서 자동으로 Creative Cloud Desktop도 함께 설치됩니다. Creative Cloud Desktop을 찾아 실행한 후 상단 맨 오른쪽에 있는 둥근 아이콘을 클릭하고 [환경 설정]을 선택합니다.

02 환경 설정 창이 뜨면 [앱] 탭을 클릭한 후 설치 영역에서 '기본 설치 언어' 옵션을 확인합니다. 현재 설치되어 있는 언어를 확인한 후 한글 버전을 설치할 때는 [한국어]로, 영문 버전을 설치할 때는 [English(International)]로 설정한 후 [완료] 버튼을 누릅니다.

03 다시 Creative Cloud Desktop으로 돌아와서 Photoshop을 찾고 [설치] 버튼을 누르세요. [⋯] 버튼을 누른 후 [기타 버전]을 선택하면 이전 버전을 설치할 수도 있습니다.

실습을 위한 예제 파일 다운로드 https://bit.ly/real_ph_il

독자 여러분께서 편리하게 실습을 할 수 있도록 이 책에서 사용된 거의 모든 예제과 완성 파일을 제공합니다. 독자 지원 페이지(https://bit.ly/real_ph_il)를 방문해 보세요. [실습 파일_포토샵.zip]과 [실습 파일_일러스트레이터.zip]을 각각 클릭하여 다운로드하고 압축을 풀고 사용하세요. 이전 버전 사용자도 학습할 수 있도록 CC 버전 기준으로 저장했습니다.

> **TIP** 예제 파일 다운로드 페이지는 [Notion]으로 제작했으며, 인터넷 익스플로러에서는 접속할 수 없습니다. 크롬이나 엣지, 사파리 등의 브라우저로 접속해 주세요. 접속이 원활하지 않다면 https://bit.ly/real_ph_il_2에서 예제 파일만 빠르게 다운로드 할 수도 있습니다.

실습에 사용한 폰트 준비하기

실습 예제에서는 몇 가지 무료 한글 폰트(글꼴)를 사용했습니다. 원활한 학습을 위해 실습 전에 미리 예제에 사용된 폰트(OTF 파일)를 설치해 두세요.

- 스웨거: https://www.swagger.kr/font.html
- G마켓 산스: http://company.gmarket.co.kr/company/about/company/company--font.asp
- 양진체: http://supernovice.org/font
- 배스킨라빈스: http://www.baskinrobbins.co.kr/event/view.php?flag=&seq=3722

혹은 독자 지원 페이지에 별도의 폰트 목록 페이지(https://bit.ly/real_fonts)에 유용한 무료 한글 폰트의 URL 링크를 정리해 두었습니다. 더욱 다양한 무료 한글 폰트를 찾는다면 눈누(noonnu.cc)나 다폰트(www.dafont.com)에 접속해서 필요한 무료 폰트를 검색해도 편리합니다.

▲ 얼굴 잡티 제거하기 088쪽

▲ 몸매 보정하기 091쪽

▲ 뽀샤시한 이미지 만들기 103쪽

▲ 아웃포커싱 효과 104쪽

▲ 불필요한 요소 자연스럽게 없애기 108쪽

▲ 왜곡된 건물 모양 보정하기 111쪽

▲ 스케치 가져와 포토샵에서 수정하기 116쪽

▲ Pen Tool로 캐릭터 그리기 129쪽

▲ 클리핑 마스크를 활용해 채색하기 141쪽

▲ 네온사인 효과의 배너　164쪽

▲ 이중 노출 효과　183쪽

▲ 패스, 클리핑 마스크를 이용한 일러스트　195쪽

자극없이 편안한
약산성 피부 솔루션

올인원 로션
토너와 크림을 한번에

마일드 클렌징폼
순하고 깨끗하게

HOW TO USE

속부터 건강해지는 **약산성 스킨 솔루션**

01
건강하고 촉촉한
올인원 스킨케어

02
건강하고 촉촉한
올인원 스킨케어

03
건강하고 촉촉한
올인원 스킨케어

▲ 상세 페이지　220쪽

▲ 도형을 활용해 그린 고양이 발바닥 `260쪽`

▲ 지오메트릭 패턴으로 그린 오리 `273쪽`

▲ 캐릭터 일러스트 `289쪽`

▲ 잡지 포스터 느낌의 인물 사진 일러스트 `301쪽`

▲ 빈티지 로고 `316쪽`

▲ 예능 로고 `336쪽`

▲ SNS 로고 `346쪽`

▲ 입체적인 텍스트 `352쪽`

▲ 2D 벡터 그림자 효과 364쪽

▲ 입체적인 드로잉 아트워크 369쪽

▲ 캘리그래피 이미지 377쪽

▲ 뉴모피즘 스타일의 뮤직 플레이어 386쪽

▲ 땡땡이 패턴 409쪽

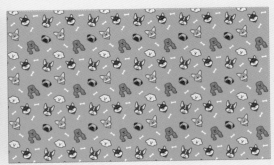
▲ 강아지 얼굴 패턴 413쪽

PART 01

디자인 시작 전
알고 가기

포토샵과 일러스트레이터에는 수많은 기능이 있지만,
실제 실무 디자이너가 쓰는 기능은 극히 일부이며,
실습 예제를 반복하다 보면 누구든지 마스터할 수 있습니다.
하지만 문제는 디자인을 위한 기본기입니다.
어떻게 해야 디자인 감각을 키우고, 디자인 지식을 쌓을 수 있을까요?
우선 주변의 아름다운 것을 많이 보는 데서 시작해 보세요.
눈에 띄는 구성, 디자인, 글꼴을 눈여겨 보면 규칙이 보이기 시작합니다.
여기서는 실습 전에 알아두면 좋은 디자인 기본 지식을 간단히 살펴보겠습니다.

PART 01

이미지를 다루는 기본기

이미지를 표현하는 래스터와 벡터 방식

이미지를 표현하는 방식인 래스터(비트맵)와 벡터를 알아봅니다. 포토샵은 래스터 방식의 이미지를 주로 편집하고 일러스트레이터는 벡터 방식으로 이미지를 제작하는 데 주로 사용합니다.

▲ 래스터 이미지

▲ 벡터 이미지

래스터(Raster)란 정사각형 픽셀(Pixel)이 모여 이미지를 구현하는 방식입니다. 그래서 '픽셀 방식'이라고 표현하기도 합니다. 우리가 모니터에서 보는 그림은 작은 색상 픽셀들이 모자이크처럼 모여 구성된 이미지입니다. 픽셀의 개수가 많을수록 이미지의 크기는 커지고 섬세하게 표현할 수 있습니다. 하지만 크기가 작은 래스터 이미지를 크게 키우면 이미지의 모서리 부분이 계단식으로 깨져 보이고 전체적으로 뿌옇게 보입니다. 포토샵에서 사진 보정을 할 때는 최대한 원본에 가까운 큰 이미지를 보정한 후 용도에 맞게 축소 저장합니다. 기본적으로 래스터 이미지는 어쩔 수 없는 경우가 아니라면 크기를 무리하게 키우면(뻥튀기) 안 됩니다.

벡터(Vector)는 점과 점 사이를 곡선으로 표시해 이미지를 구현하는 방식입니다. 래스터 방식처럼 각 픽셀에 색상 값을 저장하는 방식이 아니라 점과 점의 좌표로 저장되기 때문에 벡터 이미지는 이미지를 작게 줄이거나 크게 키워도 이미지에 손상을 주지 않습니다. 그래서 크게 출력하는 로고 간판이나 포스터 등을 제작할 때는 벡터 방식으로 제작해야 합니다. 벡터 방식은 일러스트레이터(Illustrator)나 코렐드로우(CorelDRAW) 같은 프로그램에서 사용되며, 일러스트레이터 파일 형식인 AI뿐만 아니라 PDF, SVG, EPS 파일도 일러스트레이터에 불러올 수 있습니다.

선명도를 결정하는 PPI와 DPI

포토샵과 일러스트레이터에서 이미지 해상도를 나타내는 PPI (Pixels per Inch)는 1인치(2.54cm)당 몇 개의 픽셀로 표현하는 지로 픽셀의 밀도를 나타내는 방식입니다. 가령 10 PPI라면 가로 세로 1×1인치의 공간에 100개의 픽셀이 들어가고 20 PPI라면 1×1인치의 공간에 400개의 픽셀이 들어가기 때문에 PPI 값이 클수록 이미지를 선명하게 표현할 수 있습니다. 보통 웹용 이미지는

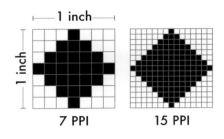

7 PPI   **15 PPI**

72 PPI로 제작하고 출력용 이미지는 300 PPI로 제작해야 출력 시 이미지가 흐릿하게 보이지 않습니다.

그래서 포토샵에서 빈 문서를 열어 New Document 창을 보면 기본적으로 **Resolution: 72 Pixels/Inch** 로 지정되며, 일러스트레이터는 **Raster Effects: High(300 ppi)**로 지정됩니다.

▲ 포토샵   ▲ 일러스트레이터

포토샵과 일러스트레이터의 기본 PPI는 정해져 있지만 New Document 창에서 제공하는 프리셋 중 **[Web]**, **[Mobile]**, **[Film & Video]**는 72 PPI로, **[Print]**, **[Photo]**, **[Art & Illustration]**은 300 PPI로 설정되어 있습니다. 포토샵에서도 출력을 전제로 하는 작업을 할 수 있고 일러스트레이터에서도 웹에 올릴 이미지 작업을 할 수 있습니다. 작업 목적에 따라 PPI를 다르게 설정해야 한다는 걸 기억하세요.

DPI(Dots per Inch)는 인쇄용 해상도를 말합니다. 화면상의 픽셀 밀도를 나타내는 PPI와 달리 DPI는 출력할 때 가로세로 1×1인치 안에 몇 개의 점으로 잉크가 찍히는지를 나타냅니다. DPI 또한 값이 클수록 크고 섬세한 이미지를 출력할 수 있습니다.

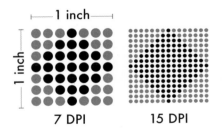

7 DPI   **15 DPI**

LESSON 02

색상 이해하기

색상, 명도, 채도, 보색 이해하기

디자인을 다루는 가장 기초적인 개념인 색상, 명도, 채도, 보색의 의미를 간단히 살펴볼게요.

- **색상:** 빨강, 주황, 노랑, 파랑 등 색이 서로 구별되는 특성을 말합니다. 먼셀의 20색상환은 대표적인 20개의 색상을 둥글게 배치한 것입니다.

앞으로 디자인 실습을 하면서 색을 표현할 때 다음과 같이 #과 빨강, 초록, 파랑에 해당하는 십육진수를 연속으로 붙여 표현합니다.

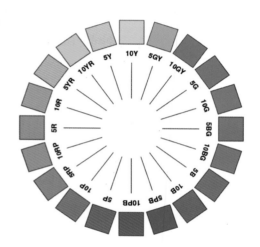

기호	Red 채널 (00~ff)	Green 채널 (00~ff)	Blue 채널 (00~ff)

#000000			
#ff0000			
#00ff00			
#0000ff			
#ffffff			

▲ 표현 예시

포토샵과 일러스트레이터에서 Color Picker 창을 열면 오른쪽 하단에 #을 이용한 색상 값을 입력할 수 있고, HSB, RGB, Lab, CMYK 등의 표현 방법을 선택하여 값을 설정할 수도 있습니다. 웹에서 사용하는 이미지를 작업할 때는 #을 이용한 색상 값 입력 방법을 주로 사용합니다. 모든 색상 값을 외울 필요는 없고, 흰색(#ffffff)과 검은색(#000000)만 알아 두되 나머지는 포토샵의 [Eyedropper Tool]로 원하는 색상을 찍어 활용하세요.

- **명도:** 색의 밝고 어두운 정도를 말합니다. 흰색에 가까울수록 명도가 높다고 표현하고, 검은색에 가까울수록 명도가 낮다고 표현합니다. 명도의 높고 낮음은 상대적인 개념입니다.

예를 들어 아래와 같이 흑백 이미지 위에 텍스트를 입력했는데 A는 흰색, B는 회색 텍스트입니다. 여기에서 텍스트를 더욱 선명하게 표현하기 위해 명도 차를 변경할 수 있습니다. A에서는 배경을 한 톤 어둡게 해서 명도를 낮추고, B에서는 배경을 한 톤 밝게 해 명도를 높였습니다. 그 결과가 A-1과 B-1입니다. 이처럼 강조할 내용을 더욱 잘 표현하려면 배경과의 명도 차이를 고려하면 됩니다.

▲ A

▲ B

▲ A-1

▲ B-1

- **채도:** 색의 진하고 엷음을 나타내는 표현으로 원색에 가까운 색을 채도가 높다고 표현하고, 흰색이나 검은색(무채색)을 계속 섞어 흰색이나 검은색에 가까워지면 채도가 낮다고 표현합니다.

채도가 높음

채도가 낮음

채도가 높으면 발랄하고 화려한 느낌이며, 주목성도 좋아집니다. 하지만 눈에 띄려는 목적으로 채도가 높은 색을 과하게 사용하면 오히려 주목도는 낮아지면서, 난해하고 핵심이 없는 이미지가 될 수 있으므로 주의해야 합니다.

▲ 채도가 높고 다양한 색상이 섞인 이미지

채도가 낮고 명도가 높은 흔히 파스텔 톤이라고 부르는 색상을 주로 사용하면 부드럽고 차분한 느낌을 전달할 수 있습니다. 그러므로 이미지를 제작하기 전에 분위기에 맞춰 전체적으로 채도가 높은 색상을 사용할지 낮은 색상을 사용할지 혹은 무채색으로만 제작할지 결정해야 합니다.

▲ 채도가 낮은 파스텔 톤 이미지(출처: 미리캔버스(www.miricanvas.com))

- **보색:** 색상환에서 서로 대응하는 위치의 색, 즉 서로 마주 보고 있는 두 색을 보색이라 합니다. 예를 들어 남색–노란색, 파란색–주황색, 보라색–연두색 등이 있습니다. 보색을 이용하면 두 색상의 대비가 강해 눈에 띄는 결과를 얻을 수 있습니다. 꼭 서로 마주 보는 보색 조합이 아닌, 보색에 인접한 색 조합을 활용해도 유사한 효과를 얻을 수 있습니다.

▲ 빨강/초록

▲ 노랑/남색

▲ 파랑/주황

▲ 보라/연두

▲ 보라/연두

▲ 남색/노랑(출처: 미리캔버스(www.miricanvas.com))

색상을 표현하는 RGB와 CMYK 색상 모드

색을 표현하는 방식은 이미지를 모니터에서 나타낼지(RGB), 실제 종이나 원단 등에 출력할지(CMYK)에 따라 다릅니다. 이미지의 용도에 맞지 않는 색상으로 작업한 후 마지막에 색상 표현 방식을 변경하면 처음 의도한 느낌이 바뀔 수 있습니다. 모니터에서 선명하게 보였던 색상도 종이에 출력하면 생각보다 어둡게 보입니다. 같은 색이라도 CMYK는 RGB보다 다소 어둡고 색감도 죽어 보입니다. 그러므로 처음부터 어떤 작업인지에 따라 색상 표현 방식을 설정하고 작업해야 오차를 줄일 수 있습니다. 보는 사람의 모니터나 출력할 프린터의 종류에 따라 조금씩 차이가 있기 마련입니다.

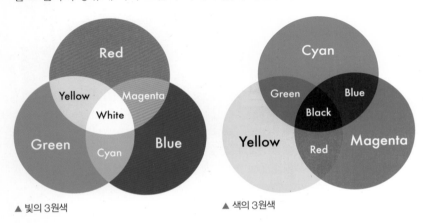

▲ 빛의 3원색　　　　　▲ 색의 3원색

RGB는 빛의 3원색으로 색을 표현하는 방식입니다. R(Red), G(Green), B(Blue) 3가지 색상의 빛을 모두 더하면 흰색이 되므로 '가산 혼합'이라고 부릅니다. 우리가 모니터나 휴대폰 스크린에서 확인하는 모든 색이 RGB 조합이라고 생각하면 간단합니다.

CMYK는 물감(안료)을 혼합하는 방식으로 색을 표현합니다. 색의 3원색을 이루는 C(Cyan), M(Magenta), Y(Yellow) 3가지 잉크를 모두 섞으면 검정이 되는 방식으로 '색료 혼합', '감산 혼합'이라고도 부릅니다. 이때 3가지 잉크를 모두 섞더라도 완벽한 검정이 표현되지 않으므로 K(Black)를 추가해 CMYK라 부릅니다. 잉크젯 프린터를 생각하면 됩니다.

PART 02

포토샵

포토샵을 켜고 작업 화면을 보면사방에 온갖 메뉴와 툴바, 옵션, 패널이 즐비합니다.
어느 세월에 하나씩 다 눌러 가며 기능을 익힐 수 있을까요?
그렇게 익힌 기능으로 제대로 된 결과물을 만들 수 있긴 할까요?
사실 매일 같이 그래픽 툴을 쓰는 디자이너들도
대부분 자신의 스타일이나 작업 대상에 따라 자주 쓰는 기능만 잘 알아요.
여기서는 실무 디자이너에게 꼭 필요한 기능을 간략하게 소개하고
주요 기능을 조합해서 실무 디자인 결과물을 직접 만들어 보며 기능을 익혀 볼게요.

포토샵과
친해지기

복잡해 보이는 작업물도 탄탄한 기본기로부터 만들어지는 법!
포토샵을 사용해 본 적은 있지만 어쩐지 어렵게 느껴졌다면
이번 Chapter에서 포토샵 환경 설정과 기본 기능부터 손에 익혀 보겠습니다.
포토샵을 훨씬 더 편하고 쉽게 사용할 수 있을 거예요.

작업 효율을 높여 주는 환경 설정하기

포토샵을 실행하면 시작 화면이 나타났다가 홈 화면이 열립니다. 포토샵을 본격적으로 실행하기에 앞서 좀 더 편리하고 효율적인 작업을 위해 여러 가지 환경 설정을 변경해 보겠습니다. 상단 메뉴에서 [Edit – Preferences – General]을 선택하면 다음과 같은 Preferences 창이 열립니다. 혹은 단축키 Ctrl + K 를 눌러도 됩니다. 혹은 [Edit – Preferences]에서 세부 항목을 바로 선택할 수도 있어요.

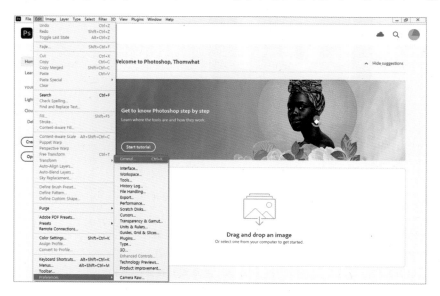

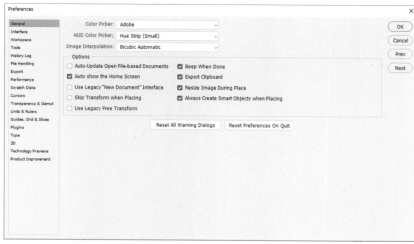

> **TIP** 맥에서 포토샵을 사용한다면 상단 메뉴의 [Photoshop – Preferences – General]을 선택합니다.

기본 작업 단위 설정하기

환경 설정 창 왼쪽에서 항목을 선택하면 각각의 환경 설정 옵션이 나타납니다. 먼저 [Units & Rulers]를 선택하세요. PC와 모바일에서 사용되는 이미지는 대부분 픽셀 단위이므로 **Rulers: Pixels**로 설정하기를 권장합니다. [OK]를 클릭하면 설정이 저장됩니다.

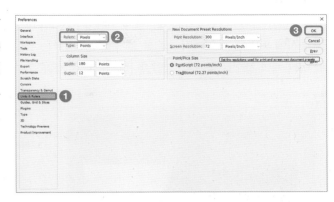

인터페이스 색상 테마 변경하기

어떤 액자에 담아 보느냐에 따라 작품의 느낌이 달라지듯, 포토샵으로 이미지 작업을 하면서도 작업 환경의 색상을 다르게 적용하면서 확인해 보고 싶을 때가 있습니다. 그럴 땐 [**Edit – Preferences – Interface**]로 가서 인터페이스 색상을 변경하면 됩니다.

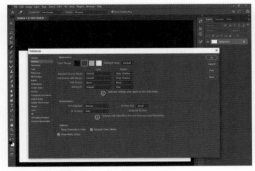
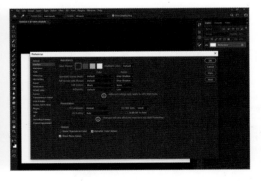

▲ 네 가지 인터페이스 색상

> **TIP** 작업 중에 바로 바로 변환하려면 단축키 `Shift`+`F1`(점점 어두운 색상으로 전환)이나 `Shift`+`F2`(점점 밝은 색상으로 전환)를 누르면 됩니다.

탭 또는 새 창으로 문서 열기

포토샵에서 여러 장의 사진을 동시에 불러오면 다음 사진과 같이 여러 개의 탭으로 열립니다. 여러 이미지를 동시에 띄워 놓고 이미지 소스를 옮기거나 수정하는 과정에서 새 창으로 분리하기가 번거롭다면 처음부터 여러 개의 창으로 불러올 수 있습니다.

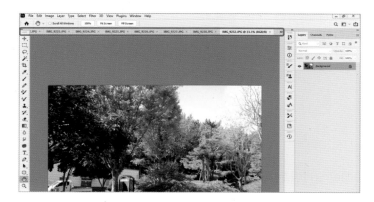

상단 메뉴의 [Edit – Preferences – Workspace]를 선택합니다. Preferences 창에서 **Open Documents as Tabs**를 체크 해제하고 [OK]를 클릭합니다.

설정 해제 후 여러 개의 이미지를 불러오면 각각의 창으로 열리는 것을 확인할 수 있습니다.

자동 저장 설정하기

수시로 [Ctrl]+[S]를 눌러 저장하는 습관을 들인다고 해도 예상치 못하게 열심히 작업한 파일을 날릴 수 있죠. 그럴 때를 대비해 포토샵에는 자동 저장 기능이 있습니다. [Edit-Preferences-File Handling]을 선택하고 [File Saving Options]에서 몇 분마다 자동으로 파일을 저장할지 지정할 수 있습니다.

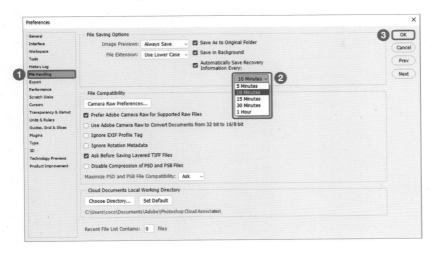

작업 내역 단계 개수 늘리기

History 패널에서는 작업자가 실행하는 모든 동작들이 순서대로 기록되며 이전 단계로 다시 돌려서 작업할 수 있습니다. 수정이 잦은 작업을 한다면 작업 단계의 개수가 많아야 혹시라도 이전 작업으로 되돌릴 때 편리하겠죠. 이때 [Edit-Preferences-Performance]를 선택하고 [History & Cache]의 [History States]를 선택하고 조절 바를 드래그하여 높게 지정하면 훨씬 더 많은 단계의 작업 내역이 저장됩니다.

한글 폰트 이름을 한글로 보기

배너 이미지나 SNS 마케팅 콘텐츠 등 한글 입력이 많은 작업을 할 때 폰트 이름이 영문으로 표시되어 있으면 아무래도 알아보기 헷갈리겠죠. 이럴 때 한글 폰트의 이름을 한글로 표시할 수 있습니다. 상단 메뉴에서 [Edit – Preferences – Type]을 선택합니다. 왼쪽 [Type Options]의 **Show Font Names in English**를 체크 해제한 후 [OK]를 클릭합니다.

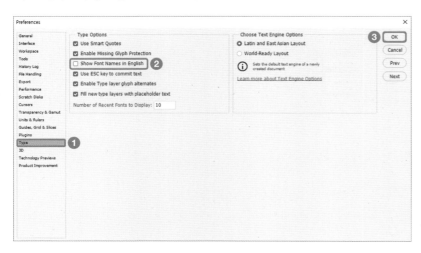

[Type Tool]을 선택한 후 상단의 폰트 선택 창을 클릭해 보면 한글 폰트들이 한글로 표시되는 걸 볼 수 있습니다.

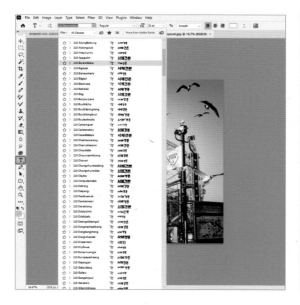 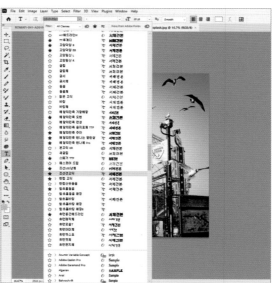

나만의 단축키 설정하기

기본적인 단축키 외에 본인이 자주 쓰는 메뉴에 단축키를 지정하면 좀 더 빠르게 작업할 수 있습니다. 상단 메뉴에서 [Edit – Keyboard Shortcuts]를 선택하거나 단축키 [Alt]+[Shift]+[Ctrl]+[K]를 누릅니다.

제 경우에는 그림을 그리며 선택 영역을 확대할 때가 많기 때문에 [Select – Modify – Expand]의 단축키를 [Shift]+[Ctrl]+[.]로 지정하고 [Accept]를 클릭해 적용했습니다. 이때 기존에 있는 단축키와 충돌할 경우 경고 창이 뜨기 때문에 중복되지 않도록 설정해야 합니다.

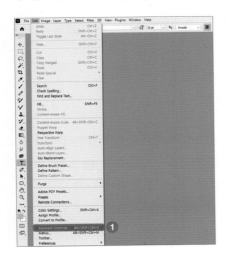 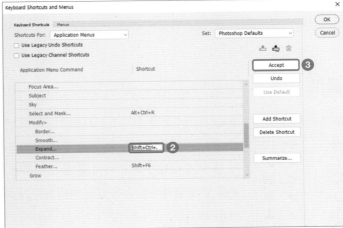

[Accept]를 클릭하고 나면 오른쪽 상단 부분이 **Set: Photoshop Defaults**에서 **Set: Photoshop Defaults (Modified)**로 변경된 것을 확인할 수 있습니다.

LESSON 02 툴바와 패널 살펴보기

포토샵을 실행하면 왼쪽으로는 자주 쓰이는 기능들을 아이콘 형식으로 모아 둔 툴바가 있고, 오른쪽으로는 각각의 기능과 옵션들을 조절하는 패널 영역이 보입니다. 주로 사용하는 도구와 패널 기능에 대해 알아볼게요.

툴바

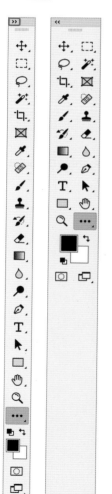

포토샵 화면 왼쪽에는 주로 사용하는 기본 기능을 아이콘 형태로 모아 놓은 툴바가 있습니다. 기본적으로 한 줄 보기 상태이지만, 오른쪽 상단 구석에 있는 ◀◀를 클릭하면 두 줄 보기 상태가 되고 다시 ▶▶를 클릭하면 원래대로 줄일 수 있습니다. 각 도구 아이콘을 길게 클릭하면 숨어 있는 하위 도구가 나타납니다. 주로 사용하는 도구 위주로 알아볼게요.

◀ 한 줄 보기와 두 줄 보기 상태의 툴바

- **Move Tool(이동 도구, [V])**: 선택한 영역이나 레이어를 마우스 드래그나 키보드 방향키로 이동시킵니다.

- **Rectangular Marquee Tool/Elliptical Marquee Tool(선택 윤곽 도구, [M])**: 클릭&드래그하여 사각형이나 원형 모양으로 선택 영역을 만듭니다.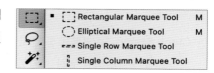

  새로운 선택 영역을 지정할 때 [Shift]+드래그하면 가로세로 길이가 같은 정사각형이나 정원이 지정되며, [Alt]+드래그하면 처음 클릭한 부분을 기준으로 영역이 선택됩니다. 두 가지를 같이 써서 [Shift]+[Alt]+드래그하면 클릭한 부분을 기준으로 정사각형이나 정원이 선택됩니다.

  영역이 선택된 상태에서 [Shift]+드래그하면 선택 영역이 추가되며, [Alt]+드래그하면 기존에 선택된 부분에서 새로 선택한 부분이 빠집니다. 한편 [Ctrl]+[Shift]+드래그하면 두 영역이 겹치는 부분만 선택됩니다.

  [Ctrl]+[D]를 누르면 선택했던 영역이 해제됩니다.

- **Lasso Tool(올가미 도구, [L])**: 자유롭게 드래그하여 영역을 선택합니다.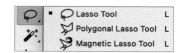

- **Polygonal Lasso Tool(다각형 올가미 도구)**: 한 번 클릭할 때마다 변이 시작되며, 원하는 위치에 클릭하는 대로 다각형 모양이 만들어집니다. 시작점을 클릭하거나 [Enter]를 눌러 다각형 선택 영역을 지정합니다.

- **Object Selection Tool(개체 선택 도구, [W])**: 포토샵 2020 버전부터 생겨난 기능으로, 객체가 있는 부분을 드래그하면 사각형 선택 영역에서 객체만 찾아서 자동으로 선택합니다.

- **Magic Wand Tool(자동 선택 도구)**: 클릭 한 번으로 인접한 색상 영역이 선택됩니다. '마술봉 도구'라고도 부릅니다.

- **Crop Tool(자르기 도구, [C])**: 클릭&드래그하여 선택한 영역대로 이미지나 아트보드를 자릅니다. 원본 영역보다 크게 조절해서 캔버스 크기를 키울 수 있습니다.

- **Perspective Crop Tool(원근 자르기 도구)**: 원근감을 적용시켜 이미지를 자릅니다.

- **Frame Tool(프레임 도구, [K])**: 사각형, 원형 프레임 안에 이미지를 넣을 수 있는 기능입니다.

- **Eyedropper Tool(스포이드 도구, [I])**: 색상을 추출하는 기능입니다. 클릭한 지점의 색이 전경색으로 지정됩니다.

- **Spot Healing Brush Tool/Healing Brush Tool(스팟 복구 브러시 도구/복구 브러시 도구, [J])**: 선택한 영역을 주변 이미지와 자연스럽게 보정합니다.

- **Brush Tool(브러시 도구, B)**: 화면을 드래그하여 브러시나 연필처럼 색을 칠할 수 있습니다. 작업 중 화면에서 마우스 우클릭으로 브러시 크기, 종류, 강도 등을 빠르게 조절할 수 있습니다.

- **Clone Stamp Tool(복제 도장 도구, S)**: 이미지를 복제하거나 배경을 복제하여 객체를 지울 때 사용합니다. Alt+클릭하면 원하는 지점이 복사되며, 원하는 곳을 클릭&드래그해서 해당 부분을 복제합니다.

- **Eraser Tool(지우개 도구, E)**: 이미지를 지울 때 사용합니다.

- **Gradient Tool(그레이디언트 도구, G)**: 전경색과 배경색, 혹은 여러 가지 색상을 단계적으로 혼합합니다.

- **Pen Tool(펜 도구, P)**: 원하는 영역을 정확하게 따낼 때 사용하며 선택한 영역은 패스로 만들어져 부분적으로 수정이 가능합니다.

- **Type Tool(문자 도구, T)**: 글자를 입력할 때 사용합니다.

- **Rectangle Tool/Ellipse Tool/Polygon Tool(사각형 도구/원형 도구/다각형 도구, U)**: 사각형, 원형, 다각형 등의 모양 및 패스를 만들 수 있습니다.

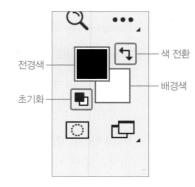

- **Line Tool(선 도구)**: 다양한 두께의 선과 점선을 만들 수 있습니다.

- **Hand Tool(손 도구, H)**: 작업 중 이미지가 한 화면에 다 표시되지 않을 때 보이는 영역을 이동할 수 있습니다. 보통은 [Hand Tool]보다 Spacebar를 누른 채 클릭&드래그하는 방법을 주로 사용합니다.

- **Zoom Tool(Z)**: 클릭하면 화면이 점점 확대되고, Alt를 누른 채 클릭하면 점점 축소됩니다.
  - Ctrl+0: 이미지를 화면에 꽉 차게 표시합니다.
  - Ctrl+1: 이미지를 실제 크기로 표시합니다.
  - Ctrl+-: Ctrl을 누른 상태로 -를 누를 때마다 이미지가 점점 축소됩니다.
  - Ctrl++: Ctrl을 누른 상태로 +를 누를 때마다 이미지가 점점 확대됩니다.
  - Alt+마우스 휠: Alt를 누른 상태로 휠을 굴려 이미지를 확대·축소할 수 있습니다.

- **Default Foreground and Background Colors(기본 전경색과 배경색)**: 전경색은 검은색(#000000), 배경색은 흰색(#ffffff)으로 초기화할 수 있습니다.

- **Set foreground color/Set background color(전경색/배경색)**: 클릭한 후 Color Picker 창에서 원하는 색을 지정할 수 있습니다.

- **Switch Foreground and Background Colors(전경색 배경색 전환, X)**: 현재 설정된 전경색과 배경색을 서로 바꿉니다.

- **Edit Toolbar:** 툴바에 다 표시되지 않은 기능들은 [Edit Toolbar]를 클릭하여 추가할 수 있으며, 주로 사용하는 툴 위주로 클릭&드래그하여 배치 순서를 조절할 수 있습니다.

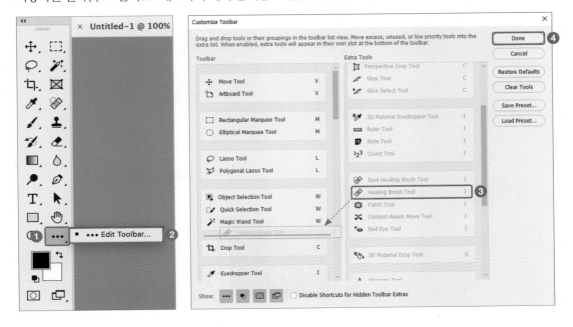

패널 확장 · 축소 · 이동하기

포토샵의 여러 패널은 사용자의 필요에 따라 확장 · 축소하거나 닫아 둘 수 있습니다. 패널의 오른쪽 상단 구석에 있는 «를 클릭하면 패널 영역이 확장되고 다시 »를 클릭하면 원래대로 줄일 수 있습니다.

패널과 패널 사이를 클릭&드래그하면 드래그하는 만큼 영역이 넓히거나 좁힐 수 있습니다.

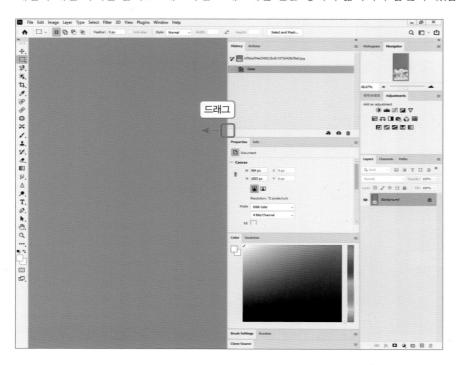

자주 쓰지 않는 패널은 오른쪽 상단의 ▤를 클릭하고 [Close]를 선택하면 닫을 수 있으며 [Close Tap Group]을 선택하면 같이 묶인 패널도 함께 닫을 수 있습니다. 닫았던 패널을 다시 열고 싶을 때는 상단 메뉴의 [Window]에서 원하는 패널 항목을 클릭하면 됩니다.

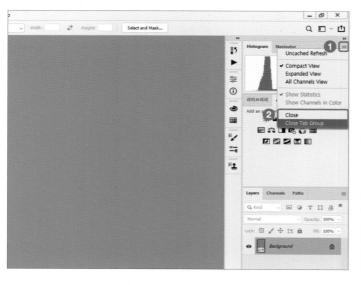
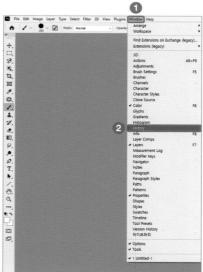

열린 패널의 상단 탭을 패널 사이에 클릭&드래그해서 패널 위치를 옮기거나 한 패널 그룹으로 묶을 수 있습니다.

작업 영역 저장하기

상단 메뉴 아래 옵션 바를 보면 왼쪽에서 두 번째 아이콘을 클릭하여 프로젝트 종류에 따라 포토샵에서 제공하는 작업 영역(Workspace)을 선택할 수 있습니다. 또한 사용자 본인이 작업하기 편리한 위치로 패널들의 영역을 배치한 후 [New Workspace]를 클릭하여 원하는 이름으로 저장할 수 있습니다.

LESSON 03

포토샵 기본 기능 익혀 보기

감성적인 핸드폰 바탕화면을 만들어 보겠습니다. 완성물은 간단해 보이지만 포토샵의 핵심적인 기본 기능들을 익힐 수 있어요. 외국어 공부를 할 때에도 단어 하나하나보다 가사나 영화 속 문장으로 배우면 더 오래 기억에 남는 것처럼 예제를 직접 만들어 보며 기본 개념을 익히면 필요할 때 바로 바로 쓰기 좋겠죠?

- **예제 파일**: merry_go_round.jpg
- **완성 파일**: wallpaper.jpg
- **사용 폰트**: Impact
- **캔버스 크기**: 1000×1800px
- **주요 기능**: 파일 생성, 불러오기, 작업 영역 확대, Clone Stamp Tool, 레이어 블렌드 모드, 문자 입력, 이미지 크기 조정, 파일 저장

결과 미리보기

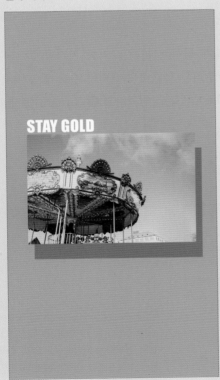

새 문서 만들고 이미지 불러오기

01 포토샵을 실행한 후 처음 보이는 화면 왼쪽에 있는 [Create new]를 클릭하여 새 문서를 만들 수 있습니다. 상단 메뉴에서 [File – New]([Ctrl]+[N])를 선택해서 만들어도 됩니다.

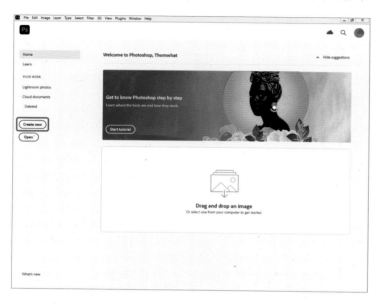

02 New Document 창이 열립니다. 여기서는 사용자가 원하는 문서 크기를 지정할 뿐 아니라 [Photo], [Print], [Web] 등 용도에 따른 기본 설정과 그에 따른 템플릿을 선택할 수도 있습니다. **❶** Width: 1000px, Height: 1800px, Resolution: 100 Pixels/Inch의 값을 입력하고 **❷** [Create]를 클릭해 새 문서를 생성합니다.

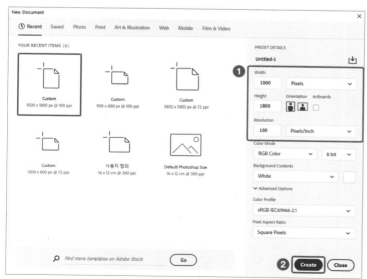

> **TIP** Resolution은 해상도를 말하며 Pixels/Inch는 PPI/DPI를 말합니다. 웹용 이미지는 해상도 72 PPI, 인쇄용은 150~300 DPI가 일반적이지만 여기서는 임의의 사용자 설정 값 100 DPI로 입력해 보았습니다.

03 새 문서가 열리면 상단 메뉴에서 [File – Open]([Ctrl]+[O])을 선택하고 **merry_go_round.jpg** 파일을 불러옵니다.

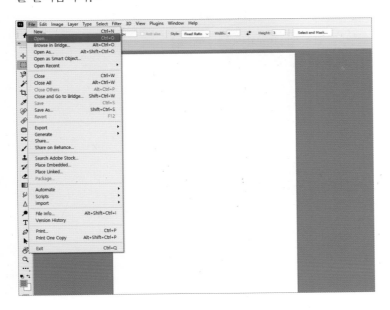

이미지 크기 조절하기

Image Size와 Canvas Size를 이용해 이미지의 크기를 확인하고 키우거나 줄일 수 있습니다. 이때 큰 이미지를 작게 축소하는 것은 괜찮지만 작은 이미지를 원본 크기보다 무리하게 크게 변경하면 이미지가 뿌옇거나 지글지글하게 깨져 보일 수 있으니 주의하세요.

01 **merry_go_round.jpg** 창을 연 상태에서 상단 메뉴에서 [Image – Image Size]([Alt]+[Ctrl]+[I])를 선택해 Image Size 창을 엽니다.

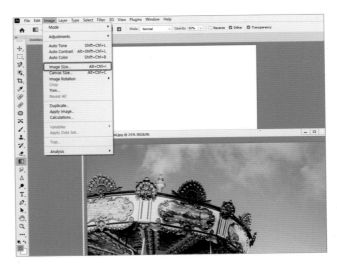

02 ❶ 새로 만든 문서의 폭에 맞춰서 **Width: 1000px, Height: 667px**로 변경합니다. Width 와 Height 사이에 있는 링크 🔗 아이콘을 클릭하면 원본 크기와 같은 비율로 크기를 조절할 수 있습니다. 여기에선 링크가 설정되어 있기 때문에 **Width** 값만 입력해도 나머지 값이 자동으로 변경됩니다. ❷ [OK]를 클릭합니다.

TIP Canvas Size

이미지 크기와 별개로 작업 영역의 크기를 조절할 때는 상단 메뉴에서 [Image-Canvas Size](Alt+Ctrl+C)를 선택합니다. Anchor 옵션에서 상하좌우 혹은 대각선 방향으로 위치를 선택하면 그 부분을 기준으로 캔버스의 크기가 커지거나 작아집니다.

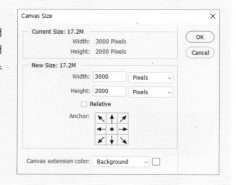

이미지 옮기고 레이어 자유 변형하기

[Transform](변형)과 [Free Transform](자유 변형) 기능을 이용해 보겠습니다. 이미지의 크기를 변경하고 회전하거나 원근, 왜곡, 기울이기 등을 자유롭게 조정하는 기능으로 이미지와 사진 등을 합성할 때 유용합니다. 이미지가 자유 변형 모드일 때 이미지 안쪽을 우클릭해서 각각의 기능을 적용할 수 있습니다.

01 ❶ 툴바에서 [Move Tool](V)을 선택하고 ❷ **merry_go_round.jpg** 이미지를 새로 만든 문서로 드래그하여 옮깁니다.

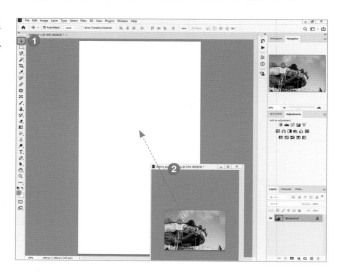

TIP 다른 이미지 파일을 작업할 때 파일이 드래그해도 이동되지 않는다면 상단 메뉴의 [Image-Mode]를 선택하고 [Indexed Color]가 체크되어 있는지 확인해 보세요. 바로 아래 [RGB Mode]로 변경하면 기능들이 활성화됩니다.

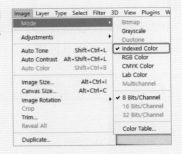

02 이미지 크기를 작업 창 크기에 딱 맞춰 주었기 때문에 이미지를 [Move Tool]로 선택한 상태에서는 작업 창 가운데로 자주색 중앙선 표시가 보입니다.

TIP 이미지가 저장된 폴더에서 포토샵으로 드래그해서 불러올 수도 있습니다. 이때 작업 창 위쪽 탭 영역으로 드래그하면 별도의 창으로 불러올 수 있고, 작업 창의 탭 이름이나 창 화면 안으로 드래그하면 고급 개체 레이어로 불러올 수 있습니다. 고급 개체 레이어는 원본 이미지의 데이터가 포함된 데이터를 말하며, 크기나 형태를 변형해도 원본은 그대로 보존됩니다.

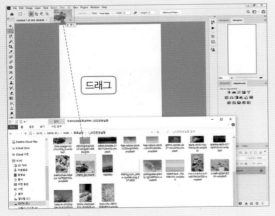

03 예제 이미지가 너무 꽉 차는 느낌이라 여백을 만들어 보겠습니다. ❶ Layers 패널에서 [Layer 1]을 선택한 상태에서 ❷ 상단 메뉴의 [Edit – Free Transform]([Ctrl]+[T])을 선택하면 자유 변형 모드를 나타 내는 조절점이 생깁니다. [Ctrl]+[T]는 포토샵에서 가장 많이 사용되는 단축키이므로 반드시 외워 두세요.

> **TIP** 지금처럼 레이어 상태가 아닌 예 제 파일을 바로 열면 배경으로 간주해 잠 금 처리됩니다. 이럴 땐 Layers 패널에 서 레이어의 자물쇠 🔒 아이콘을 클릭 해 해제하면 [Free Transform]을 사용 할 수 있어요.

04 조절점의 모서리를 안쪽으로 드래그하여 **Width: 800px** 정도로 레이어를 축소하고 [Enter]를 누릅니다.

 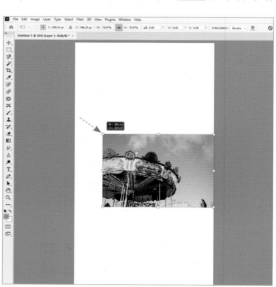

> **TIP** 그림 비율을 고정하지 않고 크기를 변형하려면 [Shift]를 누른 채로 드래그하세요. 상단 옵션에서 W: 100%와 H: 100% 사이 의 링크 ∞ 아이콘을 선택하고 모서리를 드래그해도 비율을 유지한 채로 크기를 조절할 수 있습니다.

05 ❶ [Move Tool](Ⅴ)을 선택하고 ❷ 적당히 이미지를 클릭&드래그해 가운데 쪽으로 옮기면 정확한 가운데 지점에서 중앙선이 표시되며 살짝 스냅이 걸리며 이동됩니다.

 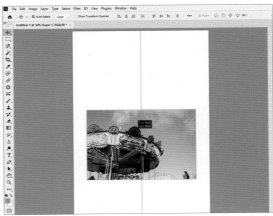

필요 없는 부분 자연스럽게 지우기

이번에는 [Clone Stamp Tool](복제 도장 도구)을 이용하여 이미지 모서리에 있는 놀이 기구를 하늘 배경에 맞게 자연스럽게 지워 볼게요. [Clone Stamp Tool]은 기준점을 복사하여 불필요한 곳을 지우거나 같은 이미지를 복제할 때 사용됩니다.

01 ❶ Layers 패널에서 [Layer 1]을 선택하고 ❷ [투명 영역 잠그기] ⬚ 아이콘을 클릭합니다. 이 경우 선을 긋거나 색을 칠해도 이 레이어 안에서만 적용됩니다.

02 Alt 를 누른 채 마우스 휠을 굴리거나 Ctrl + + 를 눌러 이미지를 확대해 보겠습니다.

> **TIP** 이미지를 확대한 후 원하는 위치로 이동할 때는 Spacebar 를 누른 상태로 클릭&드래그하면 됩니다.

03 ❶ 툴바에서 [Clone Stamp Tool]을 선택하고 ❷ Alt 를 누른 상태로 근처의 하늘 부분을 클릭하여 복제합니다. ❸ Alt 에서 손을 뗀 상태로 모서리의 놀이기구 부분을 클릭&드래그하면 하늘 부분이 기준점이 되어 놀이기구가 사라집니다.

색상 레이어 추가하고 클리핑 마스크 적용하기

사진의 색감을 변경해 보겠습니다. ❶ 레이어 추가해서 색상 입히기 → ❷ 클리핑 마스크 적용 → ❸ 블렌드 모드 변경, 세 단계로 적용해 볼 텐데요. 사진 색상, 밝기 보정에 관한 더 자세한 설명은 Chapter 2에서 자세히 다루겠습니다.

마스크 기능은 이미지 내에서 선택된 부분만 보이지 않게 하거나, 반대로 그 부분만 보이도록 영역을 지정하는 기능입니다. 이번에 적용해 볼 클리핑 마스크는 아래쪽에 배치된 마스킹 레이어 영역 안에 원하는 이미지를 넣을 수 있는 기능으로 사진뿐 아니라 도형, 문자 등에도 적용할 수 있습니다.

01 ❶ 상단 메뉴에서 [Layer-New-Layer]([Shift]+[Ctrl]+[N])를 선택합니다. ❷ 레이어 이름을 입력하고 ❸ [OK]를 클릭해 새 레이어를 만듭니다.

02 혹은 Layers 패널 아래 ⊞ 아이콘을 클릭해서 빠르게 레이어를 만들 수도 있어요.

> **TIP** 레이어 이름은 처음 생성할 때 작성하지 않아도 나중에 수정 가능합니다. 레이어 이름은 사용자가 작성하지 않을 경우 가장 마지막에 적힌 레이어 다음 숫자로 만들어집니다. Layers 패널에서 레이어 이름 부분을 더블클릭하면 수정할 수 있어요.

03 ❶ 왼쪽 툴바 하단에 전경색을 클릭합니다. ❷ Color Picker 창에서 **Color: #c78565**를 지정하고 ❸ [OK]를 클릭합니다.

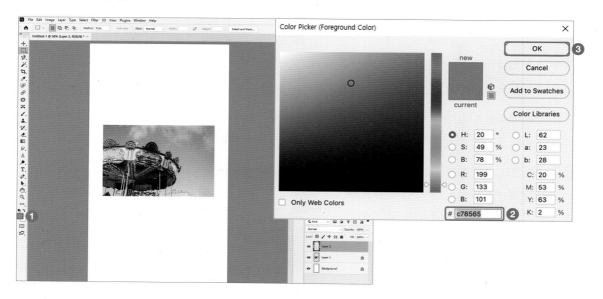

04 [Layer 2]가 선택된 상태로 ❶ 상단 메뉴에서 [Edit – Fill]([Shift]+[F5])을 선택합니다. ❷ Contents: Foreground Color를 지정하고 ❸ [OK]를 클릭하면 화면 전체가 칠해집니다.

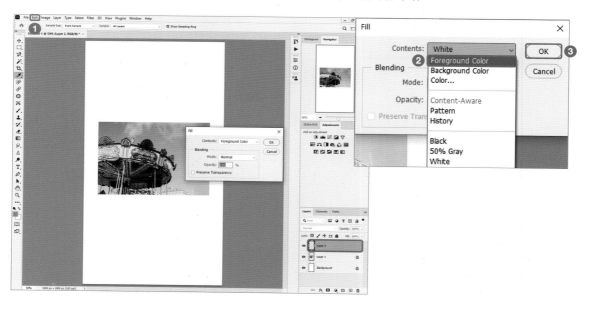

05 Layers 패널에서 Alt 를 누른 상태에서 [Layer 2]와 [Layer 1] 사이에 커서를 옮기고 사각형의 클리핑 마스크 표시가 보이는 곳을 클릭합니다.

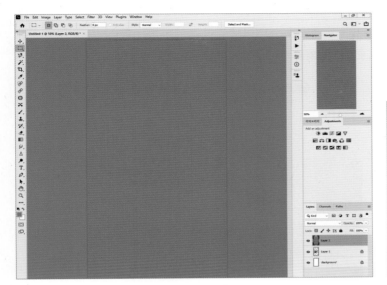

06 그러면 [Layer 1] 영역 안으로만 색칠이 적용됩니다. 여기서 [Layer 1]은 레이어 마스크이고, [Layer 2]는 표시될 레이어입니다.

레이어 블렌드 모드 변경하기

블렌드 모드는 위의 레이어와 아래의 레이어가 혼합되는 방식을 선택하는 기능입니다. 원본 이미지 자체에 변형을 주지 않으면서도 두 이미지를 다채롭게 혼합할 수 있어서 많이 쓰이는데요. 꼭 사진끼리의 혼합이 아니어도 이번 예제처럼 색상 레이어의 모드를 변경하여 아래쪽 레이어의 느낌을 변경할 수 있습니다.

01 ❶ Layers 패널에서 [Layer 2]를 선택하고 ❷ Blend Mode: Soft Light로 변경하면 사진이 빈티지한 오렌지 색감으로 바뀝니다.

02 이제 사진의 색감과 어울리는 바탕색을 입혀 보겠습니다. ❶ 툴바에서 [Eyedropper Tool](I)을 선택하고 ❷ 회전목마 안쪽의 중간 톤 정도를 찍어 전경색으로 지정합니다. 제가 지정한 부분은 **Color: #d8a781**이었습니다.

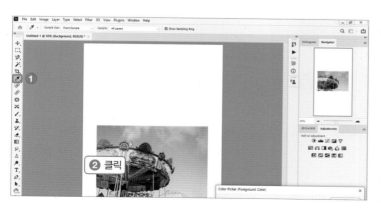

> **TIP** 색상을 추출하는 스포이드 기능은 꼭 [Eyedropper Tool]을 선택하지 않더라도 [Brush Tool]을 사용하는 중에 (Alt)를 눌러 원하는 부분의 색을 찍어낼 수 있습니다.

03 ❶ Layers 패널에서 [Background] 레이어를 선택한 후 ❷ [Edit – Fill]($\boxed{\text{Shift}}$+$\boxed{\text{F5}}$)을 누릅니다. ❸ **Contents: Foreground Color**가 선택된 상태에서 ❹ [OK]를 클릭해 캔버스 전체에 전경색을 칠해 줍니다.

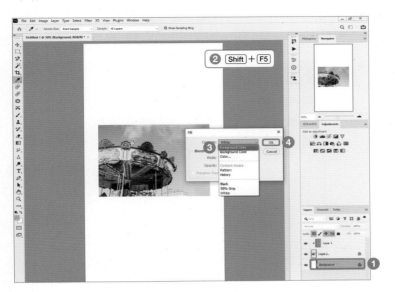

레이어 병합하기

원하는 효과가 다 적용된 이후에는 다른 효과나 이동하기 기능과 충돌하지 않도록 이렇게 중간 중간에 레이어를 병합하는 경우가 있습니다. Layers 패널에서 서로 인접한 레이어 중 위 레이어를 선택한 상태에서 Ctrl+E를 누르거나, 혹은 위 레이어를 우클릭하고 [Merge Down]을 선택해도 됩니다.

01 ❶ Layers 패널에서 [Layer 2]를 선택하고 ❷ 단축키 Ctrl+E를 누릅니다.

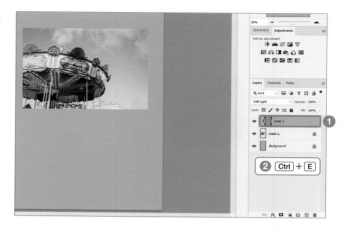

02 [Layer 2]와 바로 아래 레이어인 [Layer 1]이 합쳐집니다.

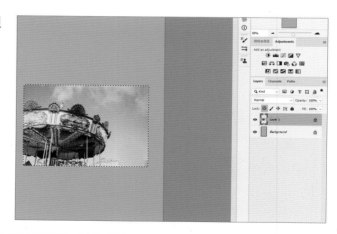

TIP 레이어 병합

Layers 패널에서 레이어를 우클릭하면 레이어 병합과 관련된 기능 3가지가 있습니다.

Merge Down Merge Visible Flatten Image

- Merge Down: 아래 레이어와 병합합니다.
- Merge Visible: 보이는 레이어들만 병합합니다.
- Flatten Image: 모든 레이어를 하나의 레이어로 병합합니다.

Ctrl+클릭으로 여러 개의 레이어를 선택한 상태에서 Ctrl+E를 눌러 한꺼번에 병합할 수 있습니다. 이때 바로 아래 레이어에만 적용됐던 효과나 필터가 전체 레이어에 적용되어 버리는 경우가 있으므로, 여러 개의 레이어를 병합할 때는 필요한 부분부터 점차 병합하는 것이 좋습니다.

특정 영역 선택하기

[Marquee Tool]은 이미지 위를 드래그해서 특정한 영역을 선택하는 기능입니다. Layers 패널을 이용하면 특정 레이어의 영역만 한 번에 선택할 수도 있습니다.

01 ❶ 툴바에서 [Rectangular Marquee Tool](Ⓜ)을 선택한 후 ❷ Layers 패널의 [Layer 1] 섬네일을 Ctrl+클릭하면 [Layer 1] 영역이 선택됩니다.

02 ❶ 선택 영역 안쪽 부분을 클릭&드래그하여 이동하세요. ❷ Layers 패널에서 하단 ⊞ 아이콘을 클릭해서 새 레이어를 추가하고 ❸ [Layer 1] 아래로 드래그합니다.

 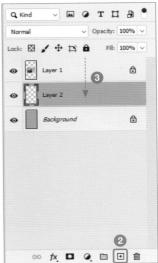

> **TIP** 선택 영역 안에서 우클릭하고 [Transform Selection]을 선택하면 선택 영역의 모양을 변형할 수 있습니다.

03 ❶ [Eyedropper Tool](①)로 ❷ 회전목마 이미지에서 좀 더 어두운 부분을 클릭해 봅니다. 여기서는 **Color: #a2735b**이 전경색으로 지정되었습니다. 혹은 전경색을 클릭해 해당 색상 값을 입력해도 됩니다.

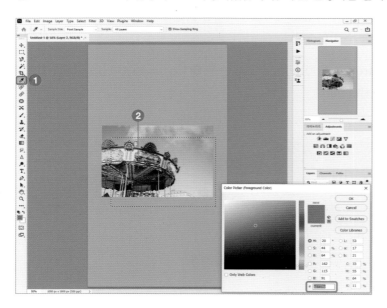

04 ❶ 단축키 [Shift]+[F5]를 누릅니다. ❷ **Contents: Foreground Color**를 선택하고 ❸ [OK]를 클릭해 선택한 사각형 영역에 전경색을 채워 줍니다. ❹ [Ctrl]+[D]를 눌러 선택을 해제합니다.

문자 입력하기

01 ① 전경색을 **Color: #ffffff**으로 설정한 뒤 ② [Type Tool](⊤, 문자 도구)을 클릭합니다. ③ 상단 옵션 바에서 **Font: Impact, Size: 56pt**로 설정한 후 화면을 클릭합니다. ④ **Lorem Ipsum**이라는 샘플 텍스트가 나타나면 대문자로 **STAY GOLD**를 입력하고 ⑤ Ctrl + Enter 를 눌러 입력을 마칩니다.

02 ① [Move Tool](Ⅴ)을 선택하고 ② 문자를 클릭&드래그하여 원하는 위치에 배치해 봅니다. 여기에서는 정확한 위치로 이동하기 위해 Ctrl + + 를 눌러 작업 영역을 확대했습니다.

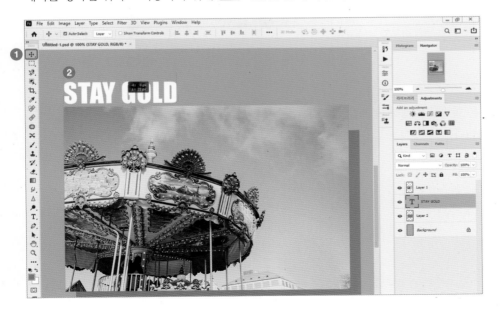

웹용으로 파일 저장하기

01 상단 메뉴에서 [File – Export – Save for Web (Legacy)]([Alt]+[Shift]+[Ctrl]+[S])를 선택합니다.

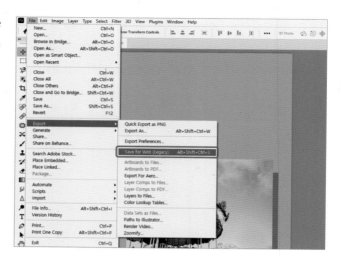

02 ❶ 파일 종류는 [JPG]로, 압축 정도는 [High]로 지정한 후 ❷ [Save]를 클릭합니다. **Quality**의 수치가 높을수록 화질도 더 높고 파일 용량도 커집니다.

03 저장하고 싶은 폴더를 지정하고 파일명을 입력해 저장합니다.

사진 보정하기

사람이 눈으로 이미지를 볼 때, 크게 색과 모양으로 구분 짓는다고 합니다.
포토샵에서는 색과 모양을 모두 조절하고 변형해서 보정할 수 있습니다.
여기서는 색감을 조절하는 기본적인 방법부터 이미지를 보기 좋게 수정하는 방법까지
다양한 보정 방법을 살펴보겠습니다.

LESSON 01
칙칙한 사진을 살려 내는 색감 보정

영역별로 밝기를 조절하는 Levels

Levels는 이미지의 밝기(명도)를 조절하는 기능입니다. 상단 메뉴에서 [Image – Adjustments – Levels] (Ctrl + L)를 선택하면 Levels 창이 나타납니다.

여기서 **Input Levels** 히스토그램 그래프의 어두운 부분, 중간 부분, 밝은 부분의 조절점을 드래그하여 밝기, 대비(콘트라스트), 톤을 변경할 수 있습니다.

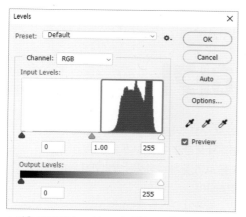

▲ 밝은 이미지의 Input Levels 히스토그램

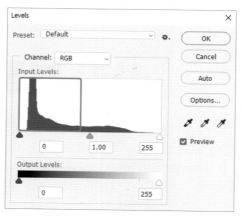

▲ 어두운 이미지의 Input Levels 히스토그램

위의 두 히스토그램을 보면 밝은 이미지는 밝은 톤(오른쪽 하얀 조절 바)의 수치가 높고, 어두운 이미지는 어두운 톤(왼쪽 검은 조절 바)의 수치가 높게 표시되어 있는 걸 볼 수 있습니다.

Stool.jpg 예제 파일을 열고 Levels 값을 변경하여 이미지의 변화를 살펴보겠습니다. Levels 값 조절은 간단히 말해 '어디가 검은색이고 어디가 흰색인지' 정하는 과정이라고 생각하면 됩니다.

위 기본값을 기준으로 **Input Levels** 맨 왼쪽의 어두운 톤 조절 바를 오른쪽으로 드래그하면 어두운 부분이 점점 어두워지고, 제일 오른쪽의 밝은 톤 조절 바를 왼쪽으로 각각 드래그하면 밝은 부분이 더욱 밝아져 사진의 대비가 분명해지는 것을 볼 수 있습니다. 이때 어두운 톤과 밝은 톤을 너무 과도하게 높이면 사진이 검게 타 보이거나 하얗게 날아가 보일 수 있으니 유의하세요.

> **TIP** Levels는 일반적으로 뿌연 사진의 대비를 살리기 위해 사용되지만, 반대로 쨍하지 않은 은은한 사진을 만들려면 아래의 [Output levels] 조절 바에서 사용되는 검은 영역과 밝은 영역을 좁게 설정하면 됩니다.

좀 더 디테일하게 조절하는 Curves

Curves는 밝기는 물론 색조까지 조절하는 기능입니다. 상단 메뉴에서 [Image - Adjustments - Curves]([Ctrl]+[M])를 선택하면 Curves 창이 나타납니다. 그래프로 표시된 곡선을 드래그하여 조절합니다. 전체적인 영역이나 부분적인 구획을 설정해 세밀한 보정이 가능하기 때문에 실무에서 가장 자주 쓰이는 기능 중 하나입니다.

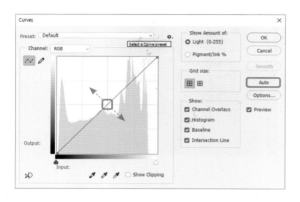

Curves 곡선을 클릭&드래그하여 위쪽으로 당기면 이미지가 전체적으로 밝아지고 아래쪽으로 당기면 이미지가 전체적으로 어두워집니다. 또한 Curves 창에서 [Auto]를 클릭하면 전체적인 밝기의 균형이 자동으로 보정됩니다.

▲ Curves 곡선을 위로 당겼을 때 이미지

▲ Curves 곡선을 아래로 당겼을 때 이미지

▲ [Auto]를 클릭하여 보정한 이미지

하지만 사용자가 원하는 느낌을 [Auto]로 정확하게 잡아내기는 어렵기 때문에 직접 조절하기를 추천합니다. 아래 사진과 같이 Curves 곡선 두 군데에 조절점을 추가하여 밝은 영역은 위로 드래그하고 어두운 영역은 아래로 드래그하면, 이미지의 밝은 부분은 더 밝아지고 어두운 부분은 좀 더 어두워지면서 대비 차가 확실한 사진이 됩니다.

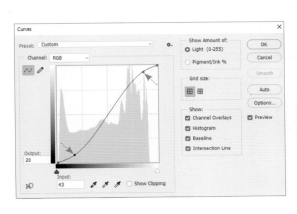

디지털 카메라나 핸드폰으로 촬영한 사진이 조명이나 실내 밝기 때문에 누렇거나 푸르스름한 색으로 나왔던 경험, 다들 있겠죠? 이건 이미지에서 원래 흰 부분이 다른 색으로 나타났기 때문입니다. 이미지의 흰 부분에서 다른 색상을 제거해서 희게 표현하는 것을 화이트 밸런스(White Balance)라고 합니다. Curves를 이용하면 이미지의 화이트 밸런스를 간단하게 보정할 수 있습니다.

01 cupcake.jpg 파일을 엽니다. 사진이 전체적으로 푸르스름해서 컵케이크의 식감이 살아나지 않지요. Ctrl+M을 눌러 Curves를 조절해 보겠습니다.

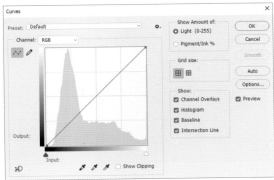

02 ❶ Curves 창 하단의 **Show Clipping**을 체크하고 ❷ 오른쪽 하단 밝은 영역의 조절 바를 왼쪽으로 드래그하면 사진에서 밝아 보여야 할 부분들이 점점 표시됩니다. 조금씩 왼쪽으로 드래그하며 흰색으로 보이는 영역이 어디인지 기억해 두세요.

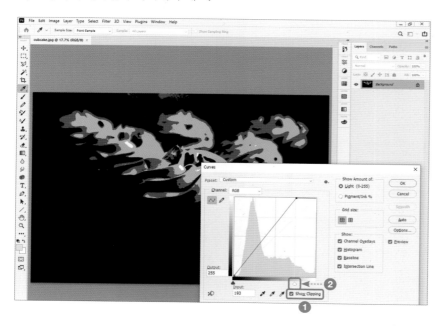

03 ❶ 다시 조절점을 원위치로 돌려 놓고 ❷ **Show Clipping**을 체크 해제한 뒤, ❸ 아래 보이는 3개의 스포이드 아이콘 중 가장 오른쪽 스포이드 아이콘을 클릭합니다. ❹ 앞서 기억해 둔 흰 부분을 클릭하세요.

04 흰 부분을 클릭하면 Curves 곡선이 바뀌며 화이트 밸런스가 맞춰지는 것을 확인할 수 있습니다. [OK]를 클릭합니다.

TIP 만약 이렇게 하고도 전체적으로 다른 색으로 변한다면 03 단계에서 스포이드 아이콘을 더블클릭하고 Color Picker 창에서 색상 값이 [#ffffff]로 설정되어 있는지 확인해 보세요.

전체적인 밝음과 어두움을 조절하는 Shadows/Highlights

Shadows/Highlights는 어두운 부분은 밝게, 밝은 부분은 어둡게 만들어 주는 기능으로 밤에 찍어 어두운 사진이나 혹은 노출이 과해 하얗게 날아간 사진을 조절할 때 유용한 기능입니다. 예제 파일 **Shadow.jpg**를 열어 보세요. 상단 메뉴에서 **[Image - Adjustments - Shadows/Highlights]**를 선택하면 Shadows/Highlights 창이 나타납니다.

▲ 어두운 영역 값을 높일 때

▲ 밝은 영역 값을 높일 때

Shadows/Highlights 기능은 과하게 조절할 경우 어두운 영역을 밝히면서 대비가 감소하거나, 물 빠진 듯한 색감으로 표현되거나, 이미지의 그러데이션(계조)가 깨져 보이거나, 혹은 경계 부분의 후광이나 노이즈가 발생할 수 있다는 점에 유의하세요.

색조와 채도를 조절하는 Hue/Saturation

Hue/Saturation은 이미지 전체 혹은 특정 부위의 색을 변경할 때 주로 쓰이며 색의 3요소인 색조 · 채도 · 명도를 각각 조절할 수 있기 때문에 큰 폭으로 변화시킬 때 적당한 기능입니다. 상단 메뉴에서 [Image – Adjustments – Hue/Saturation]([Ctrl]+[U])을 선택해 실행할 수 있습니다.

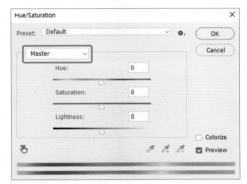

Hue/Saturation 창에서 **Master**는 전체 색감을 변경할 때의 옵션이며, 해당 옵션 창을 클릭하여 변경할 색감을 선택할 수 있습니다. 예를 들어 **Cyans**를 선택한 후 **Hue: 50, Saturation: −50**으로 변경하면 하늘색 느낌의 풍선들이 보라색 계열로 변경됩니다.

▲ 원본 이미지(예제 파일: hue.jpg)   ▲ Hue/Saturation이 적용된 이미지

영역에 따라 색상의 균형을 맞추는 Color Balance

Color Balance는 이미지의 밝은 톤, 중간 톤, 어두운 톤으로 분리하여 특정 색감을 더하거나 전체적인 색상의 균형을 맞추는 기능입니다. 상단 메뉴에서 **[Image – Adjustments – Color Balance]**(Ctrl + B)를 선택해 실행할 수 있습니다.

Color Balance 창에서 **Shadows**(어두운 부분), **Midtones**(중간 톤 부분), **Highlights**(밝은 부분)를 선택하고 **Color Levels**의 Cyan, **Magenta**, **Yellow** 값을 각각 조절합니다.

원본 이미지(예제 파일: girl.jpg) ▶

▲ Cyan이 강조된 이미지

▲ Red가 강조된 이미지

▲ Magenta가 강조된 이미지

▲ Green이 강조된 이미지

▲ Yellow가 강조된 이미지

▲ Blue가 강조된 이미지

TIP 풍부한 느낌의 인물 사진 밸런스 맞추기

인물 사진의 Color Balance를 조절할 때, 밝은 영역(Highlights)은 난색 계열(Warm Tone)로, 어두운 영역(Shadows)은 한색 계열(Cool Tone)로 조절하면 피부의 혈색은 살리면서 좀 더 풍부한 느낌의 색감을 살릴 수 있습니다.

▲ Highlights 선택 후
Color Levels: +11, −2, −12 지정

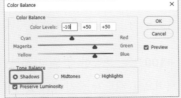

▲ Shadows 선택 후
Color Levels: −10, +50, +50 지정

▲ 밝은 영역은 난색으로, 어두운 영역은
한색으로 조절된 이미지

자연스럽고 활기 있는 사진으로 보정하는 Vibrance

Vibrance는 자연스러운 활기를 조절할 때 사용되는 기능입니다. 상단 메뉴에서 [Image - Adjustments - Vibrance]를 선택하면 Vibrance 창이 열립니다. 여기서 **Saturation**은 전체 색상의 채도를 큰 폭으로 조절할 수 있고 **Vibrance**는 색상이 완전 순색에 도달할 때 색이 뭉쳐서 자글자글하게 보이는 현상을 최소화합니다. 즉, 채도가 높은 색상의 손실을 막으면서 상대적으로 채도가 낮은 색상들의 채도를 변경하는 셈입니다.

▲ 원본 이미지(예제 파일: tape.jpg)

▲ Saturation: +100

▲ Vibrance: +100

위의 두 이미지를 보면 **Saturation: +100**으로 조절한 경우 전체적인 색깔이 너무 강해진 느낌이 있고, **Vibrance: +100**으로 조절한 경우 전체적으로 채도가 증가하긴 했지만 불타는 듯한 느낌이 확실히 덜한 것을 볼 수 있습니다.

▲ Saturation: −100　　　　　　　　　　　　▲ Vibrance: −100

위의 이미지에서도 **Saturation: −100**으로 조절한 경우 사진 전체가 흑백이 되지만, **Vibrance: −100**으로 조절한 경우 원래 사진의 색조는 유지하면서 채도가 빠진 것을 볼 수 있습니다.

그렇다고 **Saturation**은 안 좋고 **Vibrance**가 좋다고 생각하기보다는 이미지에 따라 두 기능을 적당히 혼합해서 사용하기를 추천합니다.

특정 색깔만 바꿀 땐 Replace Color, Selective Color

Replace Color와 Selective Color는 특정 색상을 지정하여 원하는 색상으로 보정할 수 있는 기능입니다. 인물 사진에서 메이크업 색상을 바꾸거나 피부 톤을 수정할 때도 쓰입니다. 비슷한 기능이지만 Replace Color는 비교적 명확한 영역을 크게 변화시킬 때 자주 쓰이고 Selective Color는 비슷한 색감의 큰 영역을 디테일하게 조절할 때 자주 쓰이는 편입니다.

01 Replace Color를 이용하여 립스틱의 색상을 변경해 보겠습니다. **woman.jpg** 파일을 불러옵니다. ❶ [Image – Adjustments – Replace Color]를 선택하세요. ❷ Replace Color 창이 열리면 상단 맨 왼쪽의 스포이드 아이콘을 클릭한 뒤 ❸ 이미지의 입술 부분을 클릭합니다.

02 ❶ 창 하단의 옵션을 **Hue: −60, Saturation: −25, Lightness: −15**로 조절하여 립스틱의 색상을 변경하고 ❷ 상단의 **Fuzziness**를 드래그하여 변경할 영역을 조절합니다. **Fuzziness** 값이 클수록 같은 색상이라고 인식하는 범위가 넓어집니다. ❸ [OK]를 클릭합니다.

03 피부 화장의 노란 기를 보정해 보겠습니다. ❶ [Image – Adjustments – Selective Color]를 클릭하여 Selective Color 창이 열리면 ❷ 상단의 **Colors: Yellows**를 선택합니다.

04 ❶ Cyan: −100%, Magenta: 70%, Yellow: −100%, Black: −100%로 조절하면 원본 이미지에 비하여 피부의 노란 기가 빠진 것을 확인할 수 있습니다. ❷ [OK]를 클릭합니다.

흑백 사진을 만드는 Black & White, Desaturate, Grayscale

포토샵에서 컬러 사진을 흑백 사진으로 만드는 방법은 여러 가지가 있지만 가장 간단하게 바꿀 수 있는 Black & White, Desaturate, Grayscale 기능에 대해 알아보겠습니다.

Black & White는 직관적이면서도 세부적인 조절 기능으로 다양한 느낌의 흑백 사진을 만들 수 있습니다. [Image – Adjustments – Black & White](Ctrl+Shift+Alt+B)를 선택해 실행합니다. Preset에서 원하는 색상별로 흑백의 정도를 조절할 수도 있고, 하단의 Tint를 체크한 뒤 Color Picker 창을 클릭하여 세피아 톤과 같은 색을 입힐 수도 있습니다.

▲ 원본 이미지(예제 파일: food.jpg)

▲ Green Filter 프리셋을 설정한 흑백 이미지

▲ Tint로 색을 입힌 흑백 이미지

Desaturate는 [Image – Adjustments – Desaturate]([Ctrl]+[Shift]+[U])를 선택해 실행합니다. RGB 모드는 유지하면서 Hue/Saturation에서 **Saturation: −100**으로 조절한 상태처럼 채도를 낮추는 기능입니다.

Grayscale은 이미지 자체의 RGB 정보를 모두 없애는 개념으로 흑백 사진을 만드는 가장 간단한 방법입니다. 이 기능은 이미지의 용량을 대폭 줄여 주는 장점이 있지만 Grayscale 모드를 유지하는 동안은 다시 색상 작업을 할 수 없는 단점이 있습니다.

❶ [Image – Mode – Grayscale]을 선택하면 ❷ 이미지의 색상 정보를 버릴 건지 확인하는 창이 뜨고 [Discard]를 클릭하면 이미지가 흑백으로 변합니다.

작업 중인 파일이 여러 개의 레이어로 이루어져 있을 경우, 모든 레이어를 병합할 것인지 묻는 메시지 창이
뜨는데 [Flatten]을 클릭하면 한 개의 레이어로 병합되고 [Don't Flatten]을 클릭하면 병합되지 않은 상태
로 각각의 레이어가 흑백으로 변합니다.

▲ 레이어가 남아 있는 상태로 흑백 변환된 이미지

전문가처럼 색감을 보정하는 Camera RAW Filter

포토샵 CS5 버전부터 생긴 Camera Raw Filter는 하이엔드 및 DSLR 카메라의 무압축 이미지 포맷인
RAW 파일을 쉽게 편집할 수 있는 플러그인으로, RAW 파일뿐 아니라 JPG 파일도 편집할 수 있습니다. 상
단 메뉴에서 [Filter - Camera RAW Filter]를 선택합니다.

Adobe의 사진 편집 프로그램인 라이트룸의 경량 버전이라고 할 정도로 인터페이스나 사용 방법이 매우 비
슷하며 색 보정뿐만 아니라 피부 보정이나 체형 보정도 가능합니다. 피부와 체형 보정에 대한 내용은 다음
Lesson에서 다루고 여기서는 색조를 보정할 수 있는 Basic 항목을 살펴보겠습니다.

① **Temperature:** 이미지의 색 온도를 조절하여 화이트 밸런스를 맞출 수 있습니다.

② **Tint:** 녹색(Green)과 마젠타(Magenta) 영역으로 색조를 조절합니다.

③ **Exposure:** 전체적인 노출을 조절합니다.

④ **Contrast:** 전체적인 대비를 조절합니다.

⑤ **Highlights:** 밝은 이미지 영역의 톤을 조절합니다.

⑥ **Shadows:** 어두운 이미지 영역의 톤을 조절합니다.

⑦ **Whites:** 흰색 계열 클리핑 영역을 조절합니다.

⑧ **Blacks:** 검은색 계열 클리핑 영역을 조절합니다.

⑨ **Texture:** 이미지의 질감을 조절합니다.

⑩ **Clarity:** 중간 영역 색조의 대비를 증가시켜 이미지의 입체감을 더합니다.

⑪ **Dehaze:** 뿌연 느낌을 제거하거나 반대로 빛 바랜 이미지로 만들어 줍니다.

⑫ **Vibrance:** 활기를 조절합니다.

⑬ **Saturation:** 채도를 조절합니다.

다채로운 색감 변화를 표현하는 레이어 블렌드 모드

레이어 블렌드 모드는 말그대로 '혼합'하는 기능으로 상위 레이어(혼합할 레이어)와 하위 레이어(바탕이 되는 레이어)의 색상을 섞어 다양한 합성이나 보정 기능을 낼 수 있습니다. 이때 상위 레이어가 꼭 다른 이미지가 아니어도, 간단히 단색이나 그러데이션 레이어만 추가해도 다양한 분위기를 만들 수 있기 때문에 실무에서 자주 쓰이는 기능입니다.

Layers 패널 상단을 보면 총 27가지의 블렌드 모드가 다음과 같이 비슷한 효과끼리 그룹으로 분류되어 있습니다. 위아래 원본 레이어의 상태에 따라 같은 효과를 적용해도 느낌이 천차만별이기 때문에 그때 그때 모드를 변경해 보면서 원하는 결과물을 찾는 것을 추천합니다. 여기에서는 단색을 이용한 색감 보정에 유용한 몇 가지 모드를 살펴보겠습니다. 블렌드 모드에 따라 이미지가 어떤 식으로 변화하는지 느껴 보세요.

- **Nomal:** 레이어가 혼합되지 않고 상위 레이어가 그대로 표시되는 기본 상태입니다.

- **Dissolve:** 경계 부분에 노이즈가 생기듯 혼합됩니다.

- **Darken/Multiply/Color Burn/Linear Burn/Darker Color:** 어둡게 혼합됩니다.

- **Lighten～Lighter Color:** 밝게 혼합됩니다.

- **Overlay～Hard mix:** 대비가 강하게 혼합됩니다.

- **Difference～Divide:** 겹쳐지는 부분의 색상이 나뉘며 혼합됩니다.

- **Hue～Luminosity:** 위 레이어의 색상을 아래에 반영하며 혼합됩니다.

▲ 원본 이미지(예제 파일: boy.jpg)

▲ #a5daff, Opacity: 100%의 단색 레이어를 추가한 후
　Blend Mode: Multiply 지정

▲ #2900ff, Opacity: 70%의 단색 레이어를 추가한 후
　Blend Mode: Lighten 지정

▲ #003092, Opacity: 100%의 단색 레이어를 추가한 후
　Blend Mode: Screen 지정

▲ #beb3b0, feather: 100px, Opacity: 100%의 원형 레이어를 추가한 후 Blend Mode: Overlay 지정

▲ #77d2ff, Opacity: 100%의 단색 레이어를 추가한 후
　Blend Mode: Soft Light 지정

▲ #07364b, Opacity: 100%의 단색 레이어를 추가한 후
　Blend Mode: Exclusion 지정

▲ #2e1a0e, Opacity:100%의 단색 레이어를 추가한 후
　Blend Mode: Color 지정

원본 이미지의 손실을 방지하기 위한 방법

앞서 다룬 모든 기능들은 Layers 패널에서 선택한 레이어를 직접 수정하는 기능입니다. 이는 한 번 적용하고 나면 History 패널에서 이전 단계로 가지 않는 한, 이미지의 원래 상태로 되돌릴 수 없다는 뜻입니다.

처음부터 완벽하게 조절한다면 좋겠지만 실무 작업 진행 중에는 초반에 발견하지 못한 문제나, 여러 요소를 맞추는 과정에서 변수가 생길 수 있기 때문에 꼭 원본 레이어를 보존하고 작업하는 것이 중요합니다.

- **레이어 복사의 습관화:** 포토샵을 처음부터 배우는 분이라면, 사진 작업을 하거나 레이어 마스크 등을 사용할 때 반드시 단축키 Ctrl + J 를 눌러 레이어를 복사해 두는 습관을 들이세요. 이렇게 레이어를 복사해 두면 실수했을 때 다시 처음부터 작업하기도 쉽고, 보정 전/후를 비교하며 작업할 수도 있습니다.

- **조정 레이어의 활용:** 상단 메뉴의 [Image – Adjustments]를 이용해서 이미지 레이어를 직접 보정하는 대신, 조정 레이어를 추가하고 Properties 패널에서 보정하는 방법이 있습니다.

조정 레이어를 사용하면 이미지의 색상과 톤을 유지하면서도 더 세부적으로 유연하게 보정이 가능합니다. 보정한 이미지가 마음에 들지 않더라도 조정 레이어의 조절 값을 변경하거나 삭제하면 되므로 여러 번 변경해도 원본 이미지에 손상되지 않는 장점이 있습니다.

조정 레이어 추가

조정 레이어를 추가하려면 상단 메뉴에서 **[Layer – New Adjustment Layer]**를 선택하거나, Layers 패널 하단의 조정 레이어 ⚫ 아이콘을 클릭하고 원하는 항목을 선택합니다. 그런 다음 Properties 패널에서 설정 값을 바로 조절할 수 있습니다.

인물부터 배경까지, 다양한 모양 변형

Spot Healing Brush Tool로 얼굴 잡티 제거하기

포토샵에서 얼굴의 여드름, 잡티 등을 제거하는 방법은 여러 가지가 있지만 그중 가장 간단한 방법이 바로 [Spot Healing Brush Tool]입니다. 브러시로 잡티를 클릭&드래그하면, 브러시 주변을 자동으로 감지해서 클릭&드래그한 영역 안을 대체하는 기능입니다.

01 Skin.jpg 파일을 불러옵니다. ❶ 상단 메뉴에서 [Layer – New – Layer]([Ctrl]+[Shift]+[N])를 선택해 수정을 잘못했을 때 되돌릴 수 있도록 레이어 하나를 추가합니다. ❷ 툴바에서 [Spot Healing Brush Tool]을 선택합니다.

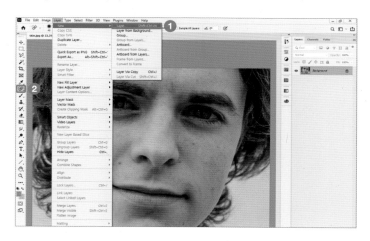

02 ❶ 상단 옵션 바에서 브러시 크기를 조정합니다. 잡티보다 살짝 큰 정도가 좋습니다. ❷ **Mode: Normal, Type: Content–Aware**로 지정하고 ❸ **Sample All Layers**에 체크하세요.

> **TIP** 앞서 빈 레이어 하나를 추가했기 때문에 [Background] 레이어의 이미지 정보를 함께 샘플링하기 위해 [Sample All Layers] 항목은 꼭 체크해 주어야 해요.

03 잡티 부분을 가볍게 클릭&드래그하여 지웁니다.

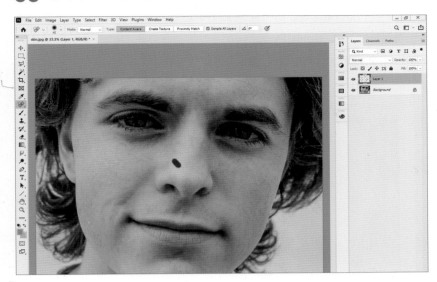

Camera Raw Filter로 매끈한 피부결 표현하기

손쉽게 피부를 보정할 수 있는 Camera Raw Filter를 알아보겠습니다. 이전 Lesson에서도 다루었던 Camera Raw Filter는 색상 보정뿐만 아니라 노이즈를 감소시켜 피부결을 매끈하게 보정할 수도 있습니다.

01 **Skin.jpg** 파일에서 Layers 패널의 **[Background]** 레이어를 아래 ⊞ 아이콘으로 드래그하여 복사합니다.

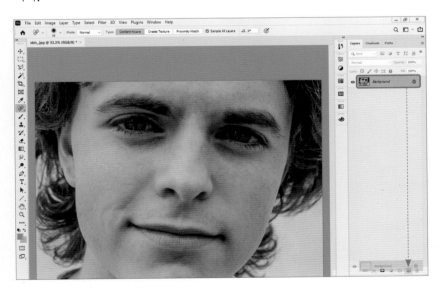

02 ❶ 상단 메뉴에서 [Filter – Camera Raw Filter](Ctrl + Shift + A)를 선택하면 Camera Raw Filter 패널 창이 열립니다. ❷ 세 번째의 [Detail] 탭을 클릭한 뒤 ❸ **Noise Reduction** 영역을 열고 **Noise Reduction: 75, Detail: 20**으로 설정해 보세요. **Noise Reduction** 옵션은 높을수록, **Detail** 옵션은 낮을수록 노이즈를 감소시켜 피부를 부드럽게 보정할 수 있습니다. ❹ [OK]를 클릭합니다.

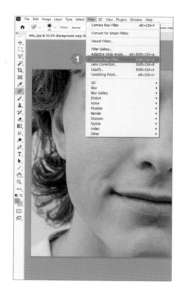

03 Camera Raw Filter에서 전체적으로 뽀얗게 처리해서 이목구비가 전체적으로 흐려진 느낌이 듭니다. ❶ [Eraser Tool]을 선택한 뒤 ❷ 상단 옵션에서 브러시 크기를 적당히 지정하고 **Hardness: 0%**으로 지정해 브러시 경계를 흐리게 합니다.

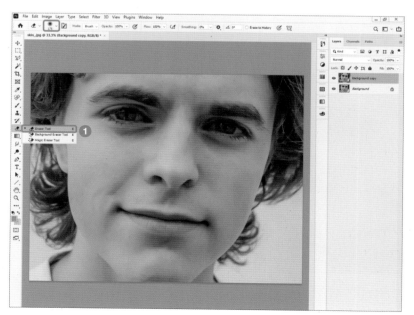

04 눈과 눈썹, 입매 등 선명해야 할 부분을 클릭&드래그하면 아래의 **[Background]** 레이어가 드러나며 선명해집니다.

Free Transform, Liquify로 몸매 보정하기

쇼핑몰 사진이나 웨딩 사진, SNS 등에서 몸매를 보정해야 할 일들이 종종 있습니다. Free Transform 기능과 Liquify 필터를 이용하여 자연스럽게 다리 길이와 몸매를 보정하는 법을 알아보겠습니다.

01 **Body.jpg** 파일을 열고 Ctrl + J 를 눌러 레이어를 복사합니다.

02 ① 툴바에서 [Rectangular Marquee Tool](Ⓜ)을 선택하고 ② 허리 아래 부분부터 발 끝까지 드 래그하여 선택 영역을 만듭니다.

03 ① 단축키 [Ctrl]+[T]를 눌러 Free Transform 조절점이 나타나면 ② 하단 가운데 조절점을 [Shift]+ 클릭&드래그하여 아래쪽으로 다리 길이를 늘립니다. ③ [Enter]를 눌러 Free Transform 모드를 종료하고 ④ [Ctrl]+[D]를 눌러 선택을 해제하세요.

04 여기에서는 하이힐을 신은 사진이라 크게 티는 나진 않지만 하체를 늘리다 보면 신발 모양이 과도하게 길어지므로, 신발 부분만 다시 줄여 보겠습니다. **02** 단계와 마찬가지로 ❶ [Rectangular Marquee Tool] (M)을 이용하여 ❷ 신발 부분을 선택합니다.

05 ❶ 단축키 Ctrl+T를 누르고 ❷ 하단 가운데의 조절점을 위로 살짝 Shift+클릭&드래그하여 길게 늘어난 신발 모양을 원래 정도의 비율로 줄여 줍니다. ❸ Enter를 누르고 Ctrl+D를 누릅니다.

06 지금까지 [Layer 1]에서 이미지를 늘리고 줄이다 보면 아래쪽의 [Background] 레이어와 경계선이 생길 수 있습니다. 이런 경우 ❶ [Eraser Tool](E)을 선택하고 ❷ 경계가 흐린 브러시 모양으로 경계를 자연스럽게 지워 연결해 줍니다.

07 이번에는 몸매를 날씬하게 만들어 보겠습니다. ❶ 상단 메뉴에서 [Filter – Liquify]를 선택하면 Liquify 창이 열립니다. ❷ 왼쪽 상단의 첫 번째 🖐 아이콘을 선택하고 ❸ 날씬하게 만들고 싶은 부분을 클릭&드래그하면 드래그한 방향대로 체형이 보정됩니다.

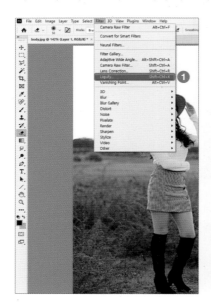

08 이때 브러시가 너무 클 경우, 전체적으로 줄어들기 때문에 ❶ 오른쪽 Brush Tool Options에서 보정하고 싶은 영역 정도로 브러시 크기를 조절하고 사용하세요. 원하는 만큼 조절이 끝나면 ❷ [OK]를 클릭하여 완료합니다.

09 다리 길이와 체형이 보정되었습니다. 모든 보정이 그러하듯 몸매 보정도 과하지 않게 자연스럽게 하는 것이 포인트입니다.

▲ Before

▲ After

TIP Liquify 필터를 이용하여 얼굴의 윤곽선이나 이목구비를 보정할 때는 왼쪽 툴바에서 [Face Tool]을 클릭한 후 조절점을 클릭&드래그하면 쉽고 다양한 보정이 가능합니다.

또한 포토샵 2021 버전에서 추가된 Neural Filter 플러그인을 이용하면 표정 변화나 연령대 변화까지 좀 더 다양하고 디테일한 얼굴 수정이 가능합니다. 이 기능은 상단 메뉴에서 [Filter-Neural Filter]를 선택한 후 사용 가능하며, 처음 실행 시 각각의 플러그인을 다운로드해 사용할 수 있습니다.

개체와 배경 분리하기(누끼 따기)

포토샵으로 이미지를 편집하다 보면 개체를 남기고 뒤 배경을 지우는 일명 '누끼 따기' 작업이 자주 발생합니다('누끼'란 일본어로 뺌, 제외라는 뜻으로, 실무에서 여전히 많이 사용되고 있지만 순화해야 할 표현입니다). 포토샵 2020 이후부터 개체를 선택하는 기능이 놀라울 정도로 향상되기는 했지만, 이미지의 윤곽이 복잡한 경우엔 일일이 분리해 주는 작업이 추가로 필요합니다. 배경을 직접 분리해 보기 전에 어떤 이미지가 작업하기 쉽고, 어려운지 간단히 살펴보겠습니다.

배경을 지우기 쉬운 이미지

▲ 인물 뒤쪽에 그림자가 적고 깔끔한 단색 배경

▲ 개체와 배경색이 명확한 선이나 색으로 구분되는 사진

▲ 개체에 초점이 또렷하게 맞고 잘 분리되는 사진

배경을 지우기 어려운 이미지

▲ 개체의 경계선이 어둠에 묻혀 잘 안 보이는 사진

▲ 개체가 빛에 반사되어 하얗게 날아간 사진

▲ 배경이 복잡하거나 색감의 차이가 모호한 사진

이 외에도 해상도가 너무 낮거나, 파마 머리나 동물의 털이 흐릿하게 퍼져 있는 경우에도 배경을 지우기 어렵습니다.

Background Eraser Tool을 이용하여 간단하게 배경 지우기

01 배경의 색상이 단색이고 개체와 구분이 명확하다면 [Background Eraser Tool]을 이용하여 간단하게 지울 수 있습니다. **pug.jpg** 파일을 불러온 뒤 [Eraser Tool]의 하위 메뉴인 [Background Eraser Tool]을 선택합니다.

02 상단 옵션 패널에서 세 번째 ✏️ 아이콘을 클릭합니다. 현재 배경색으로 지정된 색상만 선택적으로 지울 수 있는 옵션입니다.

03 ❶ 툴바에서 [Eyedropper Tool](Ⅰ)을 선택하고 ❷ 하늘색 배경을 클릭합니다. 전경색이 하늘색으로 바뀝니다. ❸ 툴바 하단의 🔁 아이콘(Ⅹ)을 클릭하여 선택했던 하늘색을 배경색으로 바꿉니다.

04 ❶ 툴바에서 다시 [Background Eraser Tool]을 선택합니다. ❷ 화면을 적당한 크기로 확대하고 하늘색의 배경을 클릭&드래그하여 지워 주다가 점점 개체의 경계 부분까지 드래그해 보세요. 강아지는 지워지지 않고 배경색으로 지정해 둔 하늘색만 지워집니다.

> **TIP** 마우스 우클릭을 하면 [Background Eraser Tool]의 크기를 조절할 수 있습니다.

05 어느 정도 지우다가 지정한 색상과 살짝 달라 잘 지워지지 않는 부분이 있다면 옵션 패널에서 **Tolerance** 값을 높이고 클릭&드래그하여 배경을 깨끗하게 지워 줍니다.

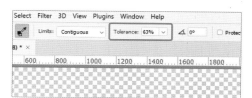

06 투명 부분으로 보여서 정확히 잘 지워졌는지 확인하기 어렵다면 새로운 레이어를 추가하고 하늘색과 확연하게 다른 색상을 채운 뒤 개체 레이어 아래쪽에 배치해 보세요. 그런 다음 얼룩지거나 잘 안 지워진 부분을 꼼꼼하게 마저 지우면 됩니다.

Magic Eraser Tool로 배경 지우기

[Background Eraser Tool]과 같이 [Eraser Tool]의 하위 메뉴인 [Magic Eraser Tool]은 배경과 개체가 좀 더 명확하게 분리된 이미지에서 사용하기 적합합니다. 배경색을 지정하거나 일일이 클릭&드래그할 필요 없이 배경 부분을 한 번 클릭하기만 해도 배경을 일괄적으로 지울 수 있어서 시간을 단축하기 좋은 기능입니다. plant.jpg 파일을 불러오고 ❶ 툴바에서 [Magic Eraser Tool]을 선택합니다. 이때 상단 옵션 패널에서 ❷ Contiguous에 체크한 상태로 ❸ 클릭하면 인접한 부분까지만 지워집니다.

Contiguous를 체크 해제한 상태로 배경을 클릭하면 해당 레이어 안에서 유사한 모든 색상이 지워집니다.

레이어 마스크를 이용한 누끼 따기

머리카락과 같이 배경과 인물의 경계가 복잡한 경우엔 레이어 마스크를 이용하여 배경을 지워 주는 것이 더 정확합니다. 이전 버전에서는 [Quick Selection Tool]로 가장자리를 클릭&드래그하여 지정했지만 포토샵 2020 버전에서 생긴 [Object Selection Tool]을 이용하면 마스크를 지정하는 작업 시간이 매우 단축됩니다.

01 hair.jpg 파일을 불러온 뒤 ❶ 툴바에서 [Object Selection Tool]을 선택합니다. ❷ 인물 바깥쪽으로 크게 클릭&드래그하면 사각형의 선택 영역이 바로 개체에 맞게 선택됩니다. ❸ 상단 옵션 패널에서 [Select and Mask]를 클릭합니다.

02 Properties 패널에서 **View Mode**를 **View: Overlay**로 지정합니다. 그럼 선택 영역 이외의 부분이 빨갛게 표시됩니다.

03 ❶ 툴바에서 두 번째 도구  아이콘을 클릭하고 ❷ 개체의 경계 부분을 쓸어 주듯이 클릭&드래그합니다. 불필요하게 선택 영역으로 지정됐던 부분들이 빨간색으로 바뀌면서 섬세하게 선택됩니다.

04 좀 더 명확하게 구분하기 위해 ❶ View Mode에서 **View: Black & White**로 변경한 뒤 ❷ **Global Refinements** 영역에서 **Contrast: 15%, Shift Edge: −15%** 정도로 조절해 줍니다. 대비를 좀 더 강하게 하고 선택 영역을 안쪽으로 좀 더 깎아 주어 희끗희끗한 배경 부분을 최대한 줄이는 과정입니다.

05 ❶ Output to: New Layer with Layer Mask로 설정하고 ❷ [OK]를 클릭합니다.

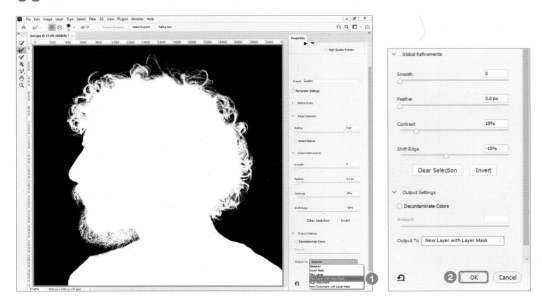

06 Layers 패널을 보면 원본은 👁 아이콘이 꺼진 상태로 배경 레이어로 보존되어 있고, 원본 레이어의 복사본과 마스크로 이루어진 새 레이어가 추가되어 있습니다. 아래에 색상 레이어를 추가하여 개체가 깔끔하게 잘 분리되었는지 작업 상태를 확인합니다.

> **TIP** 색상 레이어를 추가해 보았을 때 수정할 부분이 보이면 복사본 레이어의 마스크 영역을 클릭하여 수정하면 됩니다.

이미지의 경계선을 흐리게 혹은 선명하게 수정하기

Gaussian Blur로 부드럽고 뽀샤시한 이미지 만들기

Gaussian Blur는 선택한 영역을 사용자가 조정한 값만큼 흐리게 만들어 주는 필터입니다. 피부를 부드럽게 할 때나 배경을 흐리게 할 때도 쓰이고, 모자이크 효과처럼 사용하기도 하지요. 이 기능을 이용하여 웨딩 사진을 뽀샤시한 느낌으로 만들어 보겠습니다.

01 bride.jpg 파일을 불러옵니다. 원본을 보존하기 위해 Ctrl + J를 눌러 레이어를 복제합니다.

02 ❶ 상단 메뉴에서 [Filter - Blur - Gaussian Blur]를 선택하고 ❷ 조절 바를 드래그하여 **Radius: 15px** 정도로 조절하고 ❸ [OK]를 클릭합니다. **Radius** 값이 높을수록 더 넓은 영역으로 흐릿하게 퍼지는 것을 볼 수 있습니다.

03 화사한 빛 느낌을 내기 위해 Layers 패널에서 **Blend Mode: Screen, Opacity: 50%**로 조절하여 자연스럽게 마무리합니다.

빠르고 간단한 아웃포커싱 효과를 내는 Iris Blur

사진에서 초점이 맞지 않은 가장자리 부분을 흐리게 처리하는 촬영 기법을 아웃포커싱이라고 합니다. Iris Blur는 피사체를 직접 드래그해서 지정하지 않고 원형 형태의 Blur 범위를 지정시켜 빠르고 간단하게 아웃포커싱 효과를 낼 수 있습니다.

01 tree.jpg 예제 파일을 불러옵니다. ❶ [Ctrl]+[J]로 레이어를 복제하고 ❷ 상단 메뉴에서 [Filter – Blur Gallery – Iris Blur]를 선택합니다.

02 가운데 중앙점을 중심으로 아웃포커싱 효과가 바로 나타납니다. ❶ 타원형 각각의 조절점을 클릭&드래그하여 선택 영역의 모양, 각도 등을 조절하고 ❷ Blur 수치 조절 바를 드래그하여 흐려지는 정도를 조절할 수 있습니다. ❸ 원하는 만큼 조절한 다음 상단의 [OK]를 클릭해 완료합니다.

 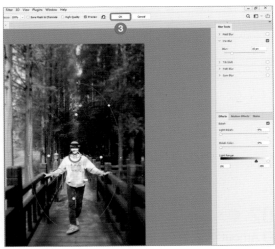

03 아웃포커싱 효과가 적용되었습니다.

Smart Sharpen으로 사진을 선명하고 쨍하게 만들기

Sharpen 필터는 초점이 살짝 어긋나거나, 흐리게 나온 사진을 쨍하게 만들 때 쓰기 좋은 기능입니다. Sharpen 필터에도 다양한 하위 메뉴가 있지만 여기에서는 가장 빠르고 간단하게 사용하는 Smart Sharpen 필터를 알아보겠습니다.

01 hotcake.jpg 파일을 불러옵니다. 전체적으로 살짝 흐린 느낌입니다. 상단 메뉴에서 [Filter – Sharpen – Smart Sharpen]을 선택합니다.

02 ❶ Smart Sharpen 창의 **Preview**를 체크하면 수정된 이미지를 바로 바로 확인할 수 있습니다. ❷ **Amout: 356, Radius: 3.5, Reduce Noise: 30, Remove: Gaussian Blur**로 조절한 후 ❸ [OK]를 클릭하세요.

① **Amount:** 값이 높을수록 선명도가 강해집니다.

② **Radius:** 값이 높을수록 이미지에서 Sharpen 효과가 적용되는 범위가 넓어져 음영이 진해집니다.

③ **Reduce Noise:** 값이 높을수록 선명도가 높아질 때 지글지글하게 깨지는 모래알 같은 노이즈가 부드럽게 정리됩니다.

④ **Remove:** 흐릿함을 제거하는 방법을 Gaussian Blur/Lens Blur/Motion Blur 중에서 정할 수 있는데 보통 Gaussian Blur를 사용합니다.

Content Aware와 Patch Tool로 불필요한 요소 자연스럽게 없애기

이미지의 불필요한 부분을 지우는 방법은 여러 가지가 있습니다. 그중 [Content Aware]와 [Patch Tool]은 [Spot Healing Brush Tool]이나 [Clone Stamp Tool]보다 좀 더 큰 면적을 주변의 이미지와 대체해 주는 기능입니다. [Content Aware]는 비교적 주변 배경이 일정하고 지우고자 하는 개체가 어느 정도 분리된 사진에 이용하기 좋고, [Patch Tool]은 내가 원하는 부분으로 정확히 대체하기 좋은 기능입니다.

Content Aware로 지우기

01 Bedroom.jpg 파일을 불러옵니다. 벽 부분에 걸려 있는 모자를 다 지워 볼게요. ❶ [Rectangular Marquee Tool]을 이용하여 ❷ 첫 번째 모자를 클릭&드래그하여 선택합니다. ❸ Shift + F5를 눌러 ❹ Fill 창에서 **Contents: Content-Aware**로 지정한 뒤 ❺ [OK]를 클릭합니다.

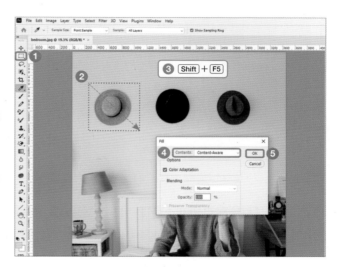

02 나머지 모자 2개도 같은 방법으로 깔끔하게 지워 주었습니다.

TIP 모자가 깔끔하게 지워지지 않고 흔적이 남는다면 다시 한번 [Content Aware]를 적용해 보세요.

Patch Tool로 지우기

01 **Beach.jpg** 예제 파일을 불러옵니다. 툴바에서 [Patch Tool]을 클릭하여 선택합니다.

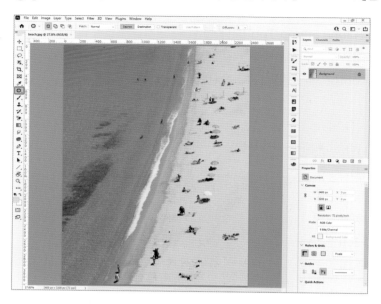

02 Ctrl+ + 를 눌러 캔버스를 좀 더 확대한 뒤 ❶ 지우고 싶은 부분을 클릭&드래그하여 선택 영역으로 만들어 줍니다. ❷ 원하는 옆 부분으로 드래그하면 처음 선택한 부분이 옮긴 부분의 모양으로 대체됩니다.

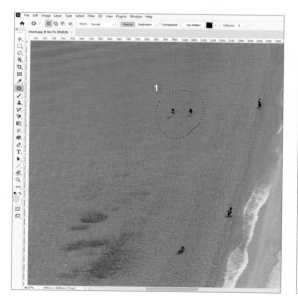
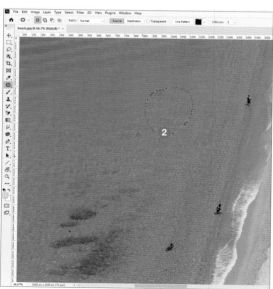

03 나머지 해변가의 사람들도 같은 방법으로 다 지워 보겠습니다. 사람의 경우엔 주변 모래사장 쪽으로 드래그해 주면 되겠죠?

 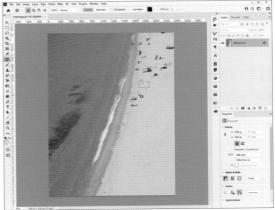

04 사람이 모두 사라진 바닷가가 되었습니다.

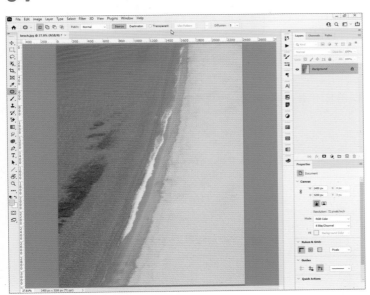

TIP [Patch Tool]을 이용할 때 좀 더 정밀하게 대체하려면 [Object Selection Tool]로 개체를 선택하고 [Select – Modify – Expand]로 선택 영역을 확장한 뒤 [Patch Tool]을 적용하면 됩니다.

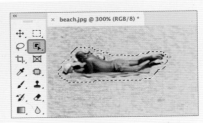

원근감 보정하기

원근 크롭으로 왜곡된 이미지 보정하기

원근감이 있는 이미지에서 소스를 정방향으로 따오고 싶을 때 [Perspective Crop Tool]을 이용하면 편리합니다.

01 wrongway.jpg 파일을 불러옵니다. ❶ 툴바에서 [Perspective Crop Tool]을 선택하고 ❷❸❹ ❺ 투시와 원근 방향에 맞게 각각의 꼭지점을 연결하여 선택해 줍니다.

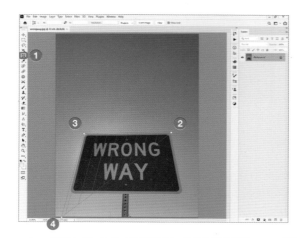 

> **TIP** 선택 영역의 네 모서리를 다 지정한 뒤에도 각 모서리를 클릭&드래그해 위치를 옮길 수 있습니다.

02 선택 영역을 다 지정하고 Enter 를 누르면 이미지가 정면에서 똑바로 본 것처럼 수정되어 크롭됩니다.

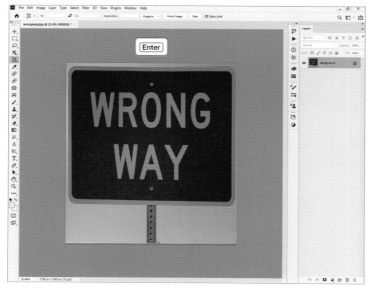

Free Transform-Perspective로 왜곡된 건물 모양 보정하기

커다란 건물을 가까이서 찍으면 원근 때문에 심하게 왜곡될 때가 있습니다. 이럴 때는 [Free Transform] 기능의 하위 메뉴인 [Perspective]를 이용하여 이미지를 똑바르게 만들 수 있습니다.

01 castle.jpg 파일을 불러 온 뒤 Ctrl+J를 눌러 레이어를 복제해 줍니다.

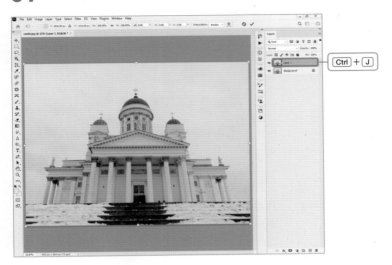

02 ❶ Ctrl+T를 눌러 [Free Transform] 모드를 실행하세요. ❷ 이미지 안쪽에서 마우스를 우클릭하면 나오는 하위 메뉴에서 [Perspective]를 선택합니다. Perspective에서는 한쪽 조절점을 클릭&드래그하면 드래그한 방향에 따라 반대쪽 조절점도 함께 조절되어 원근감을 표현할 수 있습니다. 원본 이미지가 하단이 더 넓게 왜곡된 상태였으므로 ❸ 상단 모서리의 조절점을 클릭&드래그하여 바깥쪽으로 넓게 당겨 성의 모양이 똑바르게 되도록 만들어 준 뒤 ❹ Enter를 눌러 완료합니다.

> **TIP** 원근이 똑바르게 수정되었는지 헷갈릴 때는 가장자리 쪽 기둥의 각도를 보며 수직에 가까울 때까지 맞춘다는 느낌으로 조절하면 쉽습니다.

TIP Free Transform의 다양한 보조 메뉴

truck.jpg 파일을 불러와 [Free Transform] 모드에서 이미지 안쪽을 우클릭하면 나오는 다양한 변형 메뉴를 알아보겠습니다.

- **Skew:** 모서리의 조절점을 클릭&드래그하여 기울기를 조절할 수 있으며, 조절점에 따라 수직/수평으로만 움직여 평행사변형형을 만들 수 있습니다.

- **Warp:** 이미지 외곽에 생기는 커브 조절점을 이동하여 이미지를 좀 더 유동적으로 변형할 수 있습니다. 옷 로고의 각도나 깃발이 펄럭이는 모양 등을 변형할 때 유용합니다.

- **Distort:** [Skew]와 비슷하지만 수직/수평에 제한 없이 각 모서리의 조절점을 자유롭게 움직일 수 있습니다.

- **Rotate:** 이미지의 중심점을 기준으로 각도를 회전하는 기능입니다.

- **Flip Horizontal:** 이미지를 수평 방향으로 뒤집습니다.

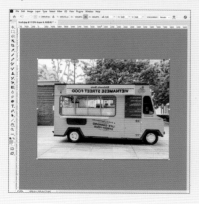

- **Flip Vertical:** 이미지를 수직 방향으로 뒤집습니다.

Sky Replacement로 하늘 배경 대체하기

포토샵 2021 업데이트 이후에 생긴 기능으로, 하늘의 모양을 다른 하늘로 손쉽게 대체할 수 있습니다. 허전한 풍경 사진에 드라마틱한 하늘의 이미지를 합성할 수 있습니다.

01 sky.jpg 예제 파일을 불러온 뒤 상단 메뉴에서 **[Edit – Sky Replacement]**를 선택합니다.

02 ❶ Sky Replacement 창의 **Sky**에서 원하는 하늘 사진을 클릭해서 변경할 수 있습니다. ❷ **Fade Edge**(가장자리 페이드), **Brightness**(밝기), **Temperature**(온도) 등을 기존의 사진 색상에 맞게 조절하고 ❸ **[OK]**를 클릭합니다.

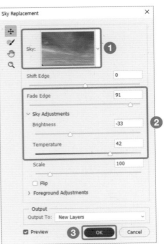

03 원본 사진은 하단에 보존되어 있고 상단에 하늘 대체와 관련된 레이어와 마스크들이 자동으로 추가되어 있는 것을 볼 수 있습니다.

드로잉 작업

일러스트레이터 툴은 따로 있지만, 좀 더 자유롭고 회화적인 느낌의
일러스트 드로잉 작업을 할 때에 많이 사용되는 것이 바로 이 포토샵입니다.
이번 Chapter에서는 [Brush Tool]이나 [Pen Tool]을 이용해서
그림을 그리고 채색하는 법, 또 직접 손으로 그린 그림을 스캔하여
수작업 느낌을 살리며 작업하는 방법 등을 알아보겠습니다.

손 그림 느낌 살리며
선 추출하기

▶ 참고영상

스캔하거나 카메라로 찍어서 불러온 손 그림을 [Pen Tool]로 따지 않고 스케치의 질감을 살리며 선을 추출하고 싶을 때가 있습니다. 요즘엔 스마트폰의 화소도 굉장히 높기 때문에 촬영을 잘한다면 간단한 보정만으로 스케치를 살릴 수 있습니다.

스케치를 가져와 배경 부분 지우기

01 hand_drawing.jpg와 **paper.jpg** 파일을 불러 온 뒤 ❶ [Move Tool](V)을 이용하여 ❷ hand_drawing.jpg 이미지를 **paper.jpg**로 옮겨 줍니다.

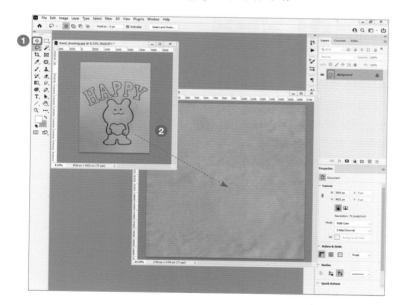

02 이때 그림이 크기 때문에 캔버스 안에 가득 차게 되는데요. **①** Ctrl + T 를 누르고 **②** 선택 영역 모서리를 Shift + 드래그해서 이미지 크기를 줄입니다.

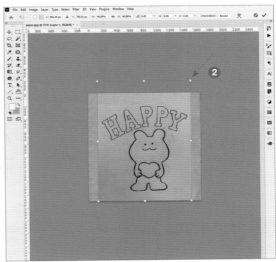

TIP Alt + Shift + 드래그하면 이미지의 한가운데를 기준으로 크기를 키우거나 줄일 수 있습니다.

03 **①** [Lasso Tool]을 이용하여 **②** 그림 주변을 따라 드래그해서 선택합니다. **③** 배경 여백을 선택하기 위해 Ctrl + Shift + I 를 눌러 선택 영역을 반전합니다. **④** Delete 를 눌러 배경 여백을 삭제하고 Ctrl + D 를 눌러 선택을 해제합니다.

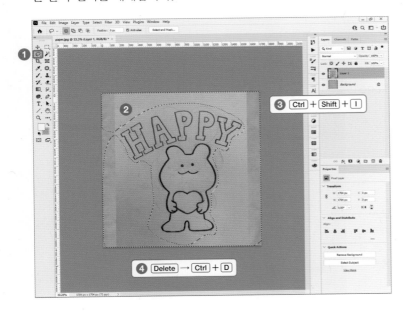

04 종이 부분을 최대한 하얗게 만들어 주어야 레이어 블렌드 모드를 적용했을 때 투명하게 적용되기 때문에 스케치를 수정하기에 앞서 밝기와 대비를 조절하려고 합니다. ❶ 먼저 Ctrl+L을 눌러 Levels를 조절합니다. ❷ 세 가지 조절 바 중 가장 오른쪽의 조절 바를 가운데 쪽으로 이동하면 이미지의 종이 부분이 점점 밝아지는 것을 볼 수 있습니다. ❸ [OK]를 클릭합니다.

05 ❶ Ctrl+M을 눌러 Curves를 이용해 대비를 높여 보겠습니다. ❷ 대각선의 오른쪽 부분을 위로 당기면 종이 부분이 점점 더 밝아집니다. ❸ [OK]를 클릭합니다.

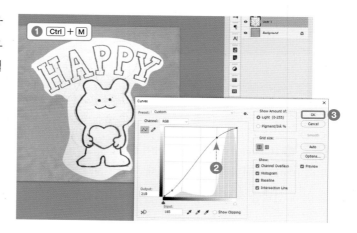

06 종이 부분이 어느 정도 흰색에 가깝게 됐다고 느껴지면 Layers 패널에서 **Blend Mode: Multiply**로 변경합니다.

> **TIP** 사진을 찍을 때 그림에 그림자가 지지 않고 똑바르게 찍을수록 이 과정이 간편해집니다. 바닥에 놓고 찍으면 손의 그림자가 생기기 쉬우므로 핸드폰으로 촬영할 때에는 그림을 세워 둔 상태에서 찍으면 더 좋습니다.

07 레이어 블렌드 모드를 바꾼 뒤에도 경계 부분이 남아 있네요. [Eraser Tool]로 드래그하여 지워도 상관은 없지만 삭제한 부분의 경계가 눈에 띌 수 있기 때문에 상단 메뉴에서 [Image – Adjustments – Selective Color]를 선택하여 남은 색감을 빼 보겠습니다.

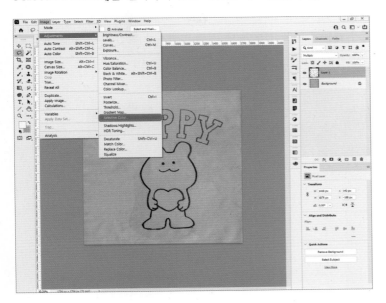

08 ❶ Selective Color 창 중간의 선택 창에서 **Colors: Whites**를 선택한 뒤 ❷ 맨 아래 **Black** 채널의 조절 바를 왼쪽으로 드래그하여 그림의 경계가 사라지도록 합니다. 이 과정은 이미지 속 하얀색 부분의 전체적인 색감을 밝게 날려 주는 과정이라고 보면 됩니다. ❸ [OK]를 클릭합니다.

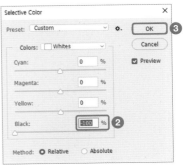

그림 배치하고 색감 조절하기

01 캐릭터에 비하여 글씨 부분이 조금 연한 느낌이 들어 좀 더 진하게 만들려고 합니다. **❶** [Lasso Tool]로 **❷** 글씨 부분을 드래그하여 선택한 뒤, **❸** Ctrl+J를 눌러 선택 영역을 복사합니다. 복사된 새 레이어의 블렌드 모드 또한 **Multiply**이기 때문에 방금 전보다 더 진해진 글자를 확인할 수 있습니다. **❹** Ctrl+E를 눌러 아래의 레이어와 병합합니다.

02 손으로 그리다 보면 각 이미지의 크기나 위치가 마음에 들지 않을 때가 있습니다. 그림의 부분 부분을 더 마음에 들게 배치해 보겠습니다. 우선 HAPPY 글씨를 각각의 레이어로 만들어 주어야 합니다. **❶** [Lasso Tool]을 이용하여 **❷** 글자를 선택한 뒤 **❸** Ctrl+X로 잘라내고 **❹** Ctrl+V로 붙여 넣는 작업을 반복합니다.

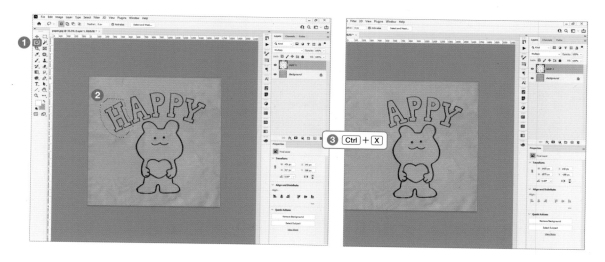

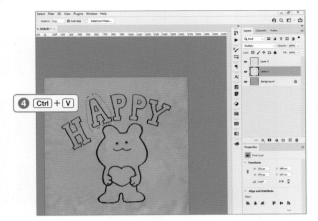

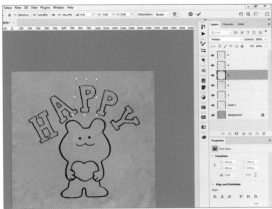

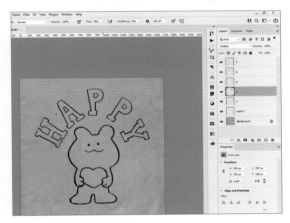

TIP 이때 붙여넣기 하여 새로 추가되는 레이어들은 [Blend Mode: Normal]로 추가되기 때문에 바로 [Multiply]로 변경하여 작업하면 됩니다. 또한 새로 생성된 레이어가 아닌 다시 원래 레이어로 돌아가서 잘라내는 것도 잊지 마세요.

03 각각 분리해서 원하는 위치에 배치하고 Layers 패널에서 **①②** Shift 를 누른 채로 [Background layer]를 제외한 레이어를 한꺼번에 선택한 뒤 **③** Ctrl + E 를 눌러 병합합니다.

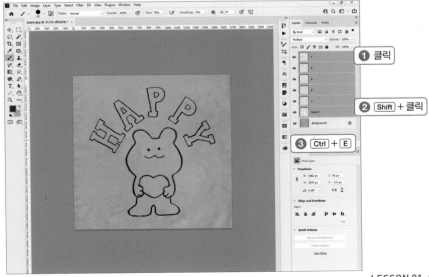

04 레이어를 병합하여 블렌드 모드가 **Normal**로 변하므로 하얀 배경이 보이게 됩니다. 놀라지 말고 **Blend Mode : Multiply**로 다시 변경해 주세요.

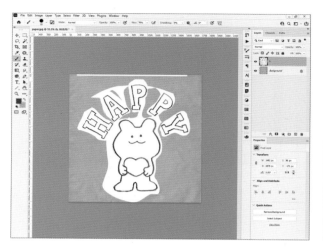 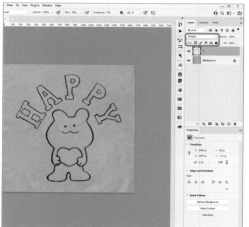

TIP Ctrl + E 를 눌러 바로 아래의 레이어와 병합할 때는 아래 레이어의 블렌드 모드 속성을 유지한 채로 병합되지만, 지금처럼 여러 레이어를 선택한 후 한꺼번에 병합하면 Normal 모드로 돌아가므로 속성을 유지하려면 아래쪽부터 위쪽으로 한 단계씩 합쳐 주기를 추천합니다.

05 이제 글자의 색을 변경해 보겠습니다. 합쳐진 이미지 레이어 위에 ❶ 새 레이어를 추가한 ❷ 바로 아래 레이어 사이를 Alt + 클릭하여 클리핑 마스크 레이어로 만들어 줍니다.

06 Blend Mode: Screen으로 설정합니다.

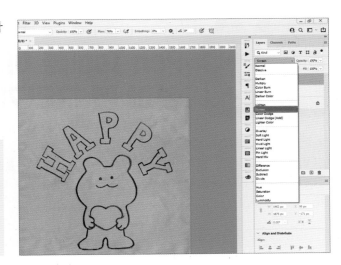

07 ❶ 원하는 색상으로 전경색을 설정하고 ❷ [Brush Tool]을 선택한 뒤 ❸ 검은색 스케치 부분을 마우스로 드래그하여 원하는 색을 채워 줍니다.

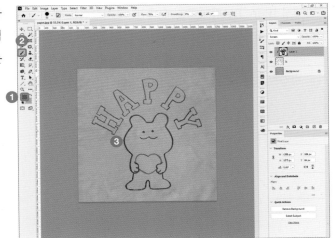

08 ❶ 스케치 레이어 아래에도 새 레이어를 추가하고 ❷ [Brush Tool]로 ❸ 드래그하여 하트 안쪽에 색을 칠한 뒤 마무리하겠습니다.

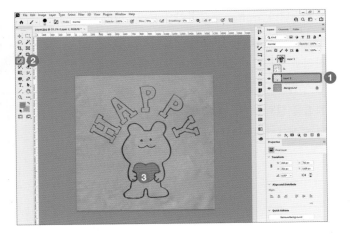

Pen Tool을 이용하여 선과 면 그리기

이번 Lesson에서는 점, 선, 면을 생성하는 포토샵의 기본적인 툴인 [Pen Tool]에 대해 알아보겠습니다. 벡터 방식의 패스나 셰이프를 이용하여 깔끔한 결과물을 만들 수 있기 때문에 포토샵에서 자주 사용하는 기능입니다.

Pen Tool의 기본 사용법

툴바에서 [Pen Tool](P)을 선택한 뒤 시작점을 클릭하고 원하는 위치에 끝 점을 클릭하면 직선 모양의 패스가 그려집니다. 이때 브러시처럼 드래그하는 것이 아니라 양 끝 점을 클릭하면 됩니다. 이때 Shift를 누른 채로 끝 점을 연결하면 수직, 수평, 45도 방향으로 패스를 그릴 수 있습니다. 끝 점을 클릭한 상태에서 다른 방향으로 드래그하면 방향선이 나타나면서 곡선 패스를 그릴 수 있습니다.

01 간단한 실습으로 곡선 패스를 연습해 보겠습니다. **coffee.jpg** 파일을 불러옵니다. ❶ 툴바에서 [Pen Tool]을 선택한 뒤 ❷ 시작점을 클릭하고 ❸ 직선 패스를 만들 때처럼 두 번째 지점을 클릭합니다. 이때 두 번째 지점을 클릭한 뒤 마우스를 떼지 않은 상태로 드래그하면 방향선이 나타납니다.

02 방향선의 양 끝에는 각각 방향점이 있는데 이 점의 위치와 길이를 드래그하여 곡선의 각도를 조절할 수 있습니다.

03 곡선이 만들어지면 마우스에서 손을 뗀 뒤, 기준점을 [Alt]＋클릭하여 방향선 축을 없애고 다음 곡선으로 넘어갑니다.

TIP 방향선을 제거해 주지 않으면 다음 곡선을 그릴 때 이전 곡선의 각도에 영향을 주므로 꼭 끝내는 습관을 들이도록 합시다.

04 아까와 마찬가지로 ❶ 찻잔의 모양을 따라 다음 지점을 클릭하고 ❷ 손을 떼지 않은 상태로 방향점을 드래그하여 굴곡을 맞춘 뒤 ❸ 방향선 축을 [Alt]+클릭해서 없애고 ❹ 다음으로 이동을 반복하며 패스를 따줍니다.

05 찻잔의 모양을 따라 패스를 다 만들었으면 시작점을 클릭하여 닫힌 패스로 만듭니다.

06 곡선을 부분적으로 수정하고 싶다면 툴바에서 [Direct Selection Tool]을 선택하거나, [Pen Tool]이 선택된 상태에서 Ctrl 을 눌러 [Direct Selection Tool]로 전환하여 각 기준점이나 방향점을 클릭&드래그합니다.

> **TIP** 이때 2개 이상의 중심점을 선택하고 싶다면 Ctrl + Shift 를 누른 상태로 추가할 중심점을 클릭하면 됩니다.

07 패스를 선택 영역으로 바꿔 보겠습니다. ❶ 패스 영역 안을 우클릭하고 [Make Selection]을 선택합니다. ❷ Make Selection 창에서 **Feather Radius: 0px**로 설정해 준 뒤 ❸ [OK]를 클릭합니다.

> **TIP** 패스를 빠르게 선택 영역으로 바꾸려면 단축키 Ctrl + Enter 를 누르면 됩니다.

08 패스가 선택 영역으로 변경되었습니다. [Ctrl]+[J]를 눌러 선택 영역을 복사해도 되고, [Move Tool]을 이용하여 다른 캔버스에 드래그하여 이동시켜 사용하면 됩니다.

TIP 외워 두면 편리한 패스 단축키

포토샵 버전이 다르더라도 [Pen Tool]의 기본적인 단축키들은 똑같기 때문에 외워 두면 훨씬 편리하게 작업할 수 있습니다.

- 방향점 [Alt]+클릭: 방향선을 제거합니다.
- 방향점 [Ctrl]+클릭: [Direct Selection Tool]로 전환하여 방향선의 위치와 방향을 조절할 수 있습니다.
- [Pen Tool] 사용 중 [Alt]: [Curvature Pen Tool]로 전환합니다. 이 상태에서 기준점을 클릭&드래그하면 곡선 패스를 만들 수 있습니다.
- [Shift]+클릭: 수직, 수평 45도 형태로 패스를 그립니다.
- [Ctrl]+[Enter]: 패스를 선택 영역으로 만듭니다.

Pen Tool의 하위 메뉴

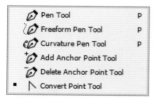

- **[Curvature Pen Tool]:** 기존 패스의 기준점을 클릭&드래그하면 패스를 곡선으로 변경합니다.

- **[Add Anchor Point Tool]:** 기존 패스에 기준점을 추가합니다.

- **[Delete Anchor Point Tool]:** 클릭한 부분의 기준점을 삭제합니다.

- **[Convert Point Tool]:** 패스 내 기존 기준점의 속성을 바꿀 때 사용합니다. 직전 패스를 곡선, 곡선 패스를 직선으로 변경할 수 있습니다.

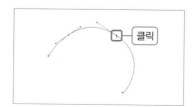 

Pen Tool 옵션 창

[Path]의 상단 메뉴를 [Shape]로 변경하면 옵션 창이 바뀌는 것을 확인할 수 있습니다. 패스가 벡터 방식의 선이라면 셰이프는 패스에 테두리를 긋고 색을 채운 벡터 방식의 면이라고 할 수 있습니다.

① **Fill:** 셰이프 내부를 채우는 옵션입니다. 투명, 색상, 그러데이션, 패턴 등을 지정할 수 있습니다.

② **Stroke:** 순서대로 획(테두리 선)의 색상, 획의 선 굵기, 선 모양을 지정할 수 있습니다.

③ **Align:** 윤곽선의 위치(패스 내부, 외부, 중간)를 설정합니다.

④ **Caps:** 윤곽선이 점선인 경우 점선의 끝부분을 각지게 혹은 둥글게 설정할 수 있습니다.

⑤ **Corners:** 윤곽선이 모서리를 지날 때의 모양을 설정합니다.

Pen Tool을 이용한 캐릭터 그리기

패스 기능을 이용하여 간단한 캐릭터를 그려 보겠습니다.

01 **icecream.jpg** 파일을 불러옵니다. ❶ Layers 패널에서 [Background] 레이어를 클릭하고, ❷ New Layer 창에서 바로 [OK]를 눌러 이미지를 편집 가능한 [Layer 0]으로 변경해 줍니다.

▶ 참고영상

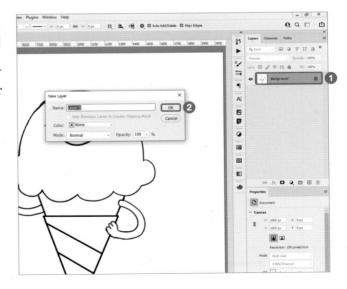

02 ❶ Ctrl + Shift + N 을 누르고 Enter 를 눌러 새 레이어를 추가합니다. ❷ 추가한 [Layer 1]을 이동해 아이스크림 스케치 레이어인 [Layer 0] 아래로 순서를 변경합니다. ❸ [Layer 1]이 선택된 상태에서 ❹ ❺ 전경색을 **Foreground Color: #fef0d3**으로 설정하고 ❻ [OK]를 클릭합니다.

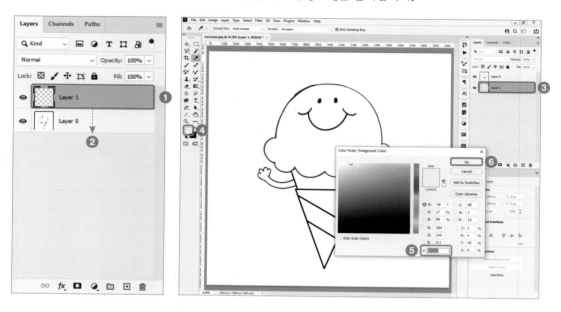

03 ❶ Alt + Delete 을 눌러 색상을 채웁니다. 패스가 잘 보이게 하기 위해 ❷ 아이스크림 스케치 레이어 [Layer 0]을 **Opacity: 10%**로 변경해 줍니다.

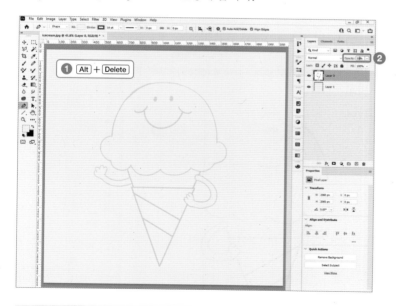

TIP 해당 색상을 배경색으로 지정하고 Ctrl + Delete 을 눌러도 됩니다.

04 아이스크림 스케치 아래 부분에 셰이프를 그리기 위해 ❶ [Layer 1]을 선택합니다. ❷ 툴바에서 [Pen Tool](P)을 선택하고 상단 옵션에서 ❸ Shape, ❹ Fill: #a6d9ce, ❺ Stroke: #423e37로 설정합니다.

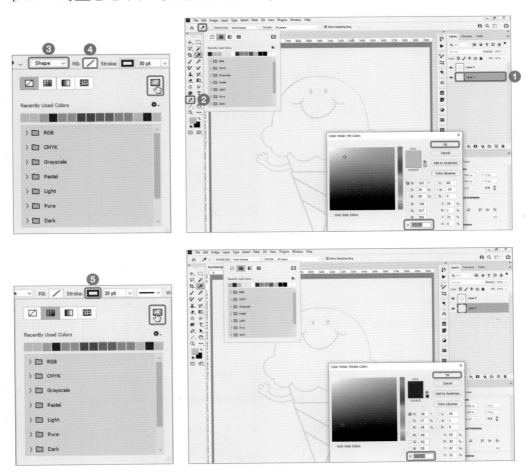

05 ❶ 선 굵기는 **14pt**로 설정합니다. ❷ 선 굵기 설정 옆에 [Stroke Options] ───── 를 열면 선의 모양을 설정할 수 있습니다. ❸ 여기서는 귀여운 캐릭터에 어울리도록 **Align: 중간, Caps: 둥글게, Corners: 둥글게**로 지정합니다.

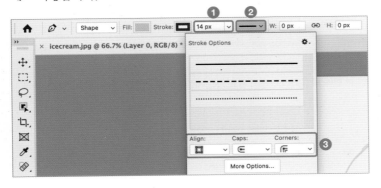

06 아이스크림 스케치의 덩어리 부분부터 셰이프를 만들어 보겠습니다. ❶ 시작점을 클릭한 후 ❷ 다음 지점을 클릭하고 ❸ 방향선을 드래그하여 곡선을 만듭니다.

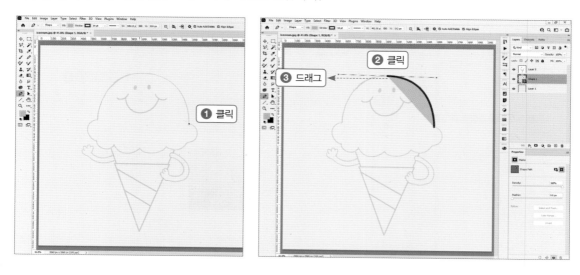

07 ❶ 마지막 지점을 Alt+클릭하여 방향선을 끊어 준 뒤 ❷ 다음 지점으로 연결해 나갑니다. 다음 지점으로 갈 때마다 Alt+클릭해 방향선을 끊고 다음 곡선을 이어 가며 아이스크림 덩어리 부분의 셰이프를 만드세요.

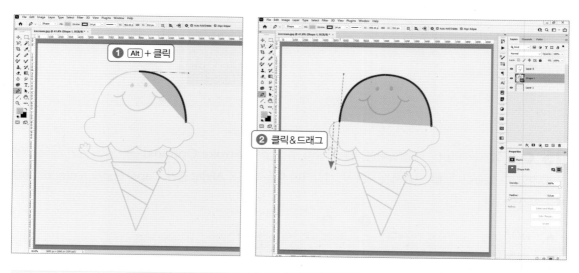

TIP 곡선이 너무 길거나 곡률이 가파를 경우엔 한 번에 다 그리려고 하지 말고 중간 지점에서 한 번 끊어 준 뒤 이어 나가는 편이 좋습니다.

08 처음 클릭한 지점을 클릭해서 셰이프를 완성하고 Enter 를 눌러 선택을 해제합니다.

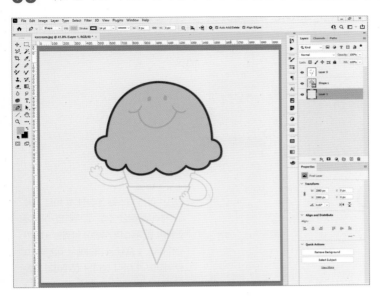

09 이번엔 콘 부분을 직선 패스를 이용하여 만들어 보겠습니다. 콘은 아이스크림 덩어리의 아래에 위치해 있어야 하므로 ❶ 배경 레이어 [Layer 1]을 선택한 상태에서 ❷ 새 패스를 시작해야 합니다. 상단 옵션에서 Stroke 색상은 변경하지 않고 ❸ **Fill: #c78c50**만 변경하고 ❹ [**Pen Tool**]로 콘 셰이프를 만들어 줍니다. Enter 를 눌러 선택을 해제합니다.

TIP 아이스크림 덩어리와 콘 포장지는 서로 약간 겹치게 그려서 콘 포장지 위쪽이 아이스크림 덩어리에 약간 가려지도록 패스를 그리세요.

10 이번엔 콘 셰이프 위에 포장지 모양의 패스를 따 보겠습니다. ❶ Ctrl + Shift + N 을 누르고 Enter 를 눌러 새 레이어를 추가합니다. ❷ **Fill: #cc442f, Stroke: #423e37**로 설정하고 ❸ 역삼각형 모양으로 콘의 포장지를 패스로 만들어 줍니다.

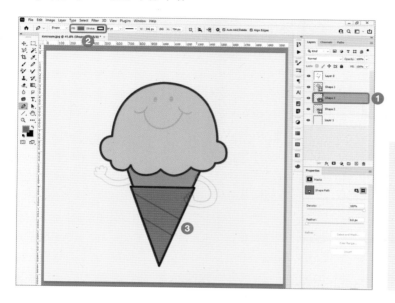

> **TIP** 이전 패스를 완성한 후 바로 새로운 패스의 색상 값을 입력하면 직전에 만들어 둔 패스의 색상이 바뀌는 경우가 있습니다. Layers 패널에서 이전에 그린 셰이프가 아직 선택된 상태이기 때문입니다. 이럴 때는 새 레이어를 추가하고 패스를 시작하면 이전 패스의 색상이 바뀌지 않고 새 패스로 인식하게 됩니다.

11 ❶ Ctrl + Shift + N 과 Enter 를 눌러 포장지 레이어 위에 새 레이어를 추가합니다. ❷ 두 레이어 사이를 Alt + 클릭하여 클리핑 마스크 레이어로 만들어 줍니다.

12 이번엔 획(Stroke)이 없는 셰이프를 만들어 포장지의 줄무늬를 만들어 볼게요. 상단 옵션에서 **Fill: #2a6b69, Stroke: 없음**으로 설정합니다.

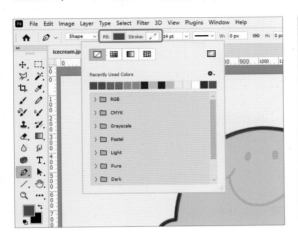
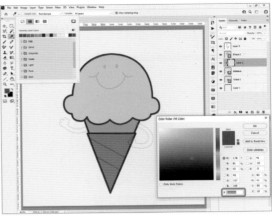

13 이 상태에서 그대로 다음 지점을 바로 클릭해서 셰이프를 만들어 줍니다.

14 이제 아이스크림의 팔 부분을 만들어 보겠습니다. ❶ Ctrl + Shift + N 과 Enter 를 눌러 새 레이어를 추가해 준 뒤 ❷ 상단 옵션에서 **Fill: #c78c50, Stroke: #423e37, 선 굵기: 10pt**로 설정합니다. 팔의 경우엔 몸통보다 얇고 디테일하기 때문에 선이 너무 굵으면 셰이프가 뭉쳐 보일 수 있어서 조금 얇게 지정했습니다.

15 팔의 모양을 따라 곡선 패스를 따 줍니다. 이때 팔이 굽은 안쪽으로 셰이프의 색상이 채워지는데요. 보통 패스를 따다 보면 안쪽 면적이라고 생각되는 부분에 자동으로 Fill의 색상이 채워집니다. 이 부분은 팔의 모양을 만들어 가며 제대로 안쪽으로 올바르게 색이 채워지므로 걱정하지 않아도 됩니다.

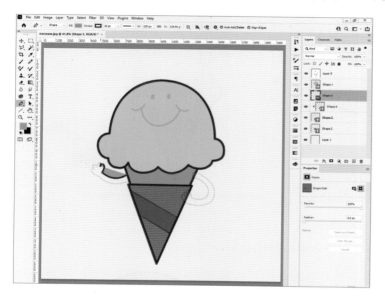

16 크기가 작아서 패스를 따기 어렵다면 Ctrl+⊞을 눌러 캔버스를 확대해서 작업하세요. 손가락 모양은 곡선이 꺾이는 부분이 가파르기 때문에 한 번에 곡선 패스를 완성하기보다는 손가락 끝부분에서 Alt+클릭해 한 번씩 끊어 주며 이어 나가는 것이 쉽습니다. 마지막 부분으로 돌아오면 첫 시작점을 클릭하여 닫힌 패스로 만듭니다.

17 [Ctrl]+[Shift]+[N]과 [Enter]를 눌러 새 레이어를 추가하고, 반대쪽 팔도 같은 방법으로 완성합니다.

18 [Ctrl]+[Shift]+[N]과 [Enter]를 눌러 새 레이어를 추가하고 Layers 패널에서 처음 만들었던 아이스크림 덩어리 레이어 위로 순서를 옮깁니다.

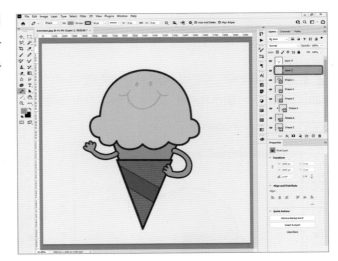

19 눈과 입을 만들어 볼게요. 눈과 입은 색을 채우지 않은 열린 패스로 표현해 보겠습니다. 상단 옵션에서 **Fill: 없음, Stroke: #423e37, 선 굵기: 10pt**로 설정합니다. 이 때 패스 Stroke 옵션은 처음과 마찬가지로 **Align: 가운데, Caps: 둥글게, Corners: 둥글게**로 설정합니다.

20 입 꼬리 부분을 곡선 패스로 따 줍니다.

21 열린 패스이기 때문에 바로 다음 부분을 그리면 패스가 쭈욱 연결되어 버리겠죠? 다음 부분을 그릴 때마다 새 레이어를 추가하며 입꼬리와 입을 그려 주세요.

22 이번엔 조금 더 굵은 선을 이용해 동글동글한 눈을 표현해 보겠습니다. 눈알이 크다면 셰이프로 만들어도 되겠지만 작고 모서리가 둥근 패스를 이용하여 그리면 쉽습니다. 선 굵기만 **20pt**로 변경한 뒤, 한쪽 눈을 그리고 레이어를 추가하여 반대쪽 눈도 그려 주세요.

TIP 각 눈알 레이어가 선택된 상태에서 Ctrl+T를 눌러 각도를 회전하거나 위치를 옮길 수 있습니다.

23 ❶ 콘 위쪽으로 새 레이어를 추가하고 ❷ [Brush Tool](B)을 이용하여 ❸ Foreground Color: **#efc48e**를 선택하고 ❹ 콘 부분을 드래그해 빗금을 표현해서 그림을 마무리합니다.

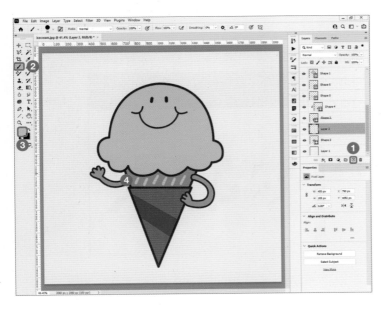

LESSON 03
클리핑 마스크와 레이어 블렌드 모드를 이용한 채색

포토샵에 있는 여러 마스크 기능 중 아주 간단하면서도 자주 사용하는 것이 바로 클리핑 마스크인데요, 이미 그려진 다른 레이어를 '마스크'로 적용하여 그 안에만 채색, 또는 효과 등이 보이도록 합니다.

클리핑 마스크 적용하기

01 ❶ [Type Tool](T)로 ❷ 글자를 입력합니다.

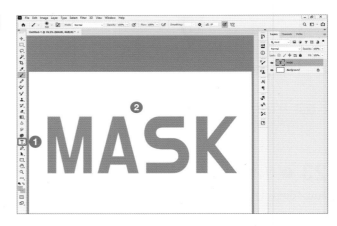

02 별도의 레이어를 추가해 [Brush Tool](B)로 브러시 무늬를 그립니다. 마스크 역할을 하는 글자 레이어는 아래에, 그리고 클리핑 마스크를 적용시킬 브러시 레이어를 위쪽에 배치합니다.

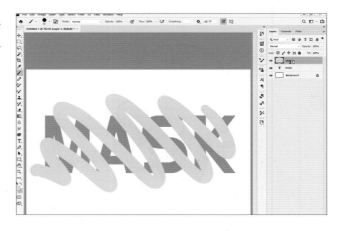

03 Alt를 누른 채 두 레이어 사이에 마우스를 가져가면 커서의 모양이 바뀌는 것이 보이는데, 그 상태로 클릭하면 바로 클리핑 마스크가 적용되며 하위 레이어 안쪽에 색칠이 보이게 됩니다.

> **TIP** Layers 패널에서 상위 레이어를 우클릭하고 [Create Clipping Mask]를 선택해도 클리핑 마스크가 적용됩니다. 클리핑 레이어를 해제할 때에도 똑같이 두 레이어 사이를 Alt를 누른 채 클릭하면 됩니다.

클리핑 마스크를 활용해 채색하기

영역별로 기본 색 채워 주기

그림을 채색하는 데는 사용자마다 무수히 많은 방법이 있습니다. 이번에 소개할 클리핑 마스크를 이용한 채색 방법은 비교적 스케치 영역 구분이 명확한 그림에서 컬러링이 스케치 선 밖으로 삐져 나오지 않게 깔끔한 느낌으로 채색할 수 있는 방법입니다.

▶ 참고영상

 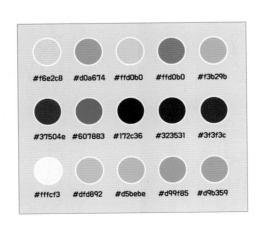

#f6e2c8 #d0a674 #ffd0b0 #ffd0b0 #f3b29b

#37504e #607883 #172c36 #323531 #3f3f3c

#fffcf3 #dfd892 #d5bebe #d99f85 #d9b359

◀ 이번 실습에서는 색상을 지정할 때 예제 파일 color_palette.psd를 이용해 색상을 추출하면 색을 지정하기 더 편리합니다.

01 sketch.psd 파일을 불러옵니다. ❶ 툴바에서 [Magic Wand Tool]을 선택하고 ❷ 캐릭터의 바깥 부분을 클릭합니다.

> **TIP** 이때 [Magic Wand Tool]의 상단 옵션에서 [Contiguous]에 체크가 해제되어 있으면 스케치 이외의 모든 공간이 선택되므로 꼭 체크된 상태로 사용합니다.

02 ❶ 상단 메뉴에서 [Select – Modify – Expand]를 선택합니다. ❷ Expand Selection 창에서 **Expand By: 2px** 정도로 입력하고 ❸ [OK]를 클릭합니다. 선택 영역이 2px만큼 바깥으로 넓어집니다.

03 다시 상단 메뉴에서 [Select – Inverse]([Shift]+[Ctrl]+[I])를 눌러 선택 영역을 반전합니다. 앞 단계에서 선택 영역을 확장한 이유는 이렇게 반전했을 때 스케치 선 안쪽으로 깔끔하게 영역을 선택하기 위해서였습니다.

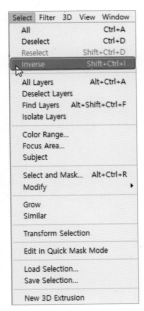

04 ❶ [Ctrl]+[Shift]+[N]과 [Enter]를 눌러 새 레이어를 추가하고 ❷ 스케치 레이어 아래로 옮깁니다. ❸ 상단 메뉴에서 [Edit – Fill]([Shift]+[F5])을 누르고 ❹ Contents: 50% Gray로 선택하고 ❺ [OK]를 클릭합니다.

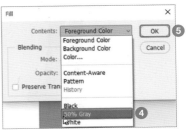

05 50% Gray로 영역을 만든 레이어 위쪽에 [Ctrl]+[Shift]+[N]과 [Enter]를 눌러 새 레이어를 추가하고 클리핑 마스크로 만들어 줍니다. [Brush Tool]을 선택한 후 드래그하여 색을 입히면 영역 안에만 색칠이 되어 편리하게 작업할 수 있습니다.

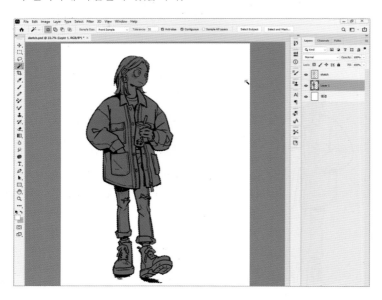

06 제일 먼저 Foreground Color: #ffd060로 얼굴과 손, 손목, 발목 부분을 채색해 봤습니다. 저는 얼굴 부분의 기본 색상을 입히면서 볼과 입술의 홍조와 눈동자 부분을 미리 묘사해 두었어요. 눈은 **Foreground : #ffffff**로, 홍조는 **Foreground Color: #f3b296**으로 설정하고 채색했습니다.

07 영역이 큰 부분은 [Magic Wand Tool]을 이용하여 색을 채워 주어도 좋습니다. Layers 패널에서 스케치 레이어를 선택한 상태에서 ❶ [Magic Wand Tool]을 이용해 원하는 영역을 선택합니다. 처음 영역을 선택했을 때와 마찬가지로 ❷ [Select - Modify - Expand]를 이용해 ❸ 선택 영역을 **2px** 정도 확장합니다. ❹ [OK]를 클릭합니다.

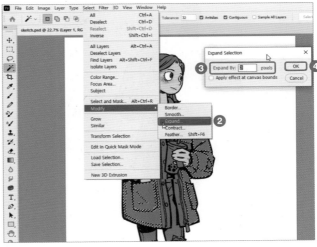

08 이때 스케치 레이어를 선택한 상태에서 선택 영역을 정한 뒤, 미리 지정해 둔 회색 영역 레이어를 다시 선택하고 새 레이어를 추가하는 것을 잊지 마세요. ❶ Ctrl + Shift + N 과 Enter 를 눌러 [jacket] 레이어를 만든 뒤 ❷ Foreground Color: #d0a674를 설정하고 ❸ Alt + Delete 을 눌러 색을 채웁니다.

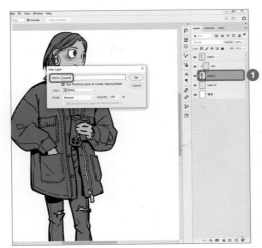

09 색을 채운 다음 Ctrl+D를 눌러 선택 영역을 해제하세요. [Brush Tool](B)을 선택하고 색이 채워지지 않은 부분을 드래그하여 꼼꼼하게 칠합니다.

10 재킷처럼 스케치의 영역이 깔끔하게 막혀 있는 곳이라면 [Magic Wand Tool]로 한 번에 선택할 수 있지만, 머리카락처럼 한 군데라도 영역이 뚫려 있는 부분은 선택하기가 쉽지 않죠. 그럴 때는 ❶ [Lasso Tool]을 선택하고 ❷ 원하는 영역을 드래그하여 선택한 다음에 ❸ 마찬가지로 새 레이어를 추가하여 색을 입히면 됩니다.

11 ❶ 머리카락을 채색하기 위해 새 레이어 [Hair]를 추가하고, ❷ 전경색은 **#f62ec8**로 설정해서 채웠습니다.

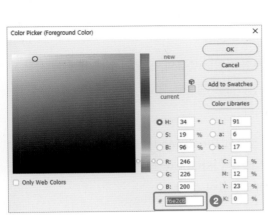

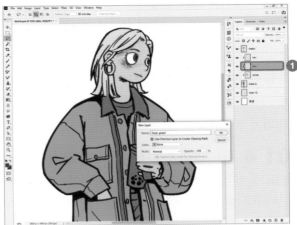

> **TIP** 다른 색깔별로, 혹은 헤어, 재킷, 하의 등 영역별로 레이어를 추가하여 이름을 정해 두고 클리핑 마스크로 만들어 주면 나중에 헷갈리지 않고 개별적으로 색상을 수정하기 쉽습니다.

12 남은 부분도 같은 방식으로 [Magic Wand Tool]이나 [Lasso Tool]로 영역을 선택하고 새 레이어 추가한 뒤 [Alt]+[Delete]로 색상을 채우거나 [Brush Tool]로 드래그하여 채색하는 작업을 반복합니다.

레이어 블렌드 모드로 명암 표현하기

캐릭터의 기본 색상이 꼼꼼하게 다 칠해졌으면 레이어 블렌드 모드를 이용해 명암 작업을 하는 방법을 알아보겠습니다. 여기서는 레이어 블렌드 모드로 **Multiply**를 쓰는데, 이 경우 기존에 있던 색 위에 선택한 색상을 덧칠하는 방식으로 채색되기 때문에 명암을 표현할 때 유용합니다.

그림자는 한 가지 색상만 쓰려고 합니다. 세부적으로 따지자면 광원의 종류와, 물체의 원래 색상, 반사광 등에 따라 그림자의 색상이 모두 다른 것이 맞겠지만, 지금 실습하는 캐릭터 드로잉처럼 간단한 그림에서는 한 가지 색상의 그림자로 통일감을 주는 것도 좋은 방법입니다.

01 ❶ Ctrl+Shift+N을 누릅니다. ❷ New Layer 창에서 **Blend Mode: Multiply**로 설정하고 ❸ [OK]를 눌러 Layers 패널 중 채색 레이어들의 맨 위에 새 레이어 [Shadow]를 추가합니다. ❹ 아래쪽 레이어와의 경계 부분을 Alt+클릭하여 클리핑 마스크 레이어로 만들어 줍니다.

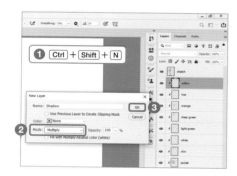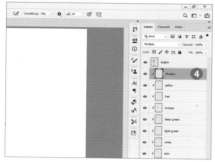

02 여기에서는 그림의 전체적인 분위기를 따뜻하면서도 생기 있게 하기 위해 전경색을 약간 붉은 계열의 색상인 **#d5bebe**로 설정했습니다. 그리고 [Brush Tool] (B)을 이용해 그림자가 생기는 부분을 칠해 보았습니다. 이때 브러시는 경계가 분명한 모양의 브러시로, **Opacity: 100%, Flow: 100%**으로 설정한 뒤 칠해 주세요.

TIP 그림자를 칠할 때는 빛이 오는 방향을 정해두고 물체의 덩어리감에 따라 빛이 받지 않는 부분을 드래그하여 칠합니다. 아직 명암 처리에 익숙지 않다면 일단 예제의 모양과 맞춰서 칠해 보세요.

03 그림자 부분을 칠해 주니 전체적인 입체감이 기본 색만 칠했을 때보단 살아났지만 조금 단순해 보이죠? 그림자의 경계, 농도 등을 조절하여 좀 더 풍부한 느낌으로 만들어 보겠습니다. ❶ 툴 바에서 [Smudge Tool]을 이용하여 ❷ 그림자의 경계 부분을 부드럽게 풀어 보세요.

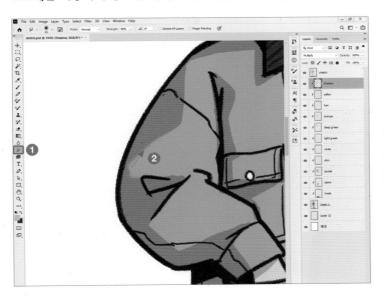

> **TIP** [Smudge Tool]은 예제와 같이 레이어 하나의 경계를 흐리게 해 줄 때도 쓰이지만 두 가지 색상을 자연스럽게 혼합할 때에도 많이 쓰입니다.

04 이때 전체적으로 다 문지르면 입체적인 느낌이 오히려 없어질 수 있습니다. 옷이 딱 꺾이는 부분이나 면이 가파르게 꺾이는 부분은 그대로 두고 빛을 직접적으로 받지 않는 부분이나 부드럽게 넘어가는 부분 등을 [Smudge Tool]을 이용해 드래그하여 퍼지는 느낌으로 만들어 줍니다.

05 다음은 [Eraser Tool]을 이용하여 위에서 [Smudge Tool]로 부드럽게 풀어준 부분이나 상대적으로 덜 어두워도 되는 부분을 드래그하여 그림자의 농도를 옅게 만들어 줍니다. 이때 [Eraser] 브러시의 모양이 너무 작으면 선명하게 싹 지워지는 느낌이 되므로, 경계가 흐린 모양의 브러시로 **Opacity: 80%, Flow: 30%** 정도로 약하게 설정하고 살짝 털어 준다는 느낌으로 드래그합니다.

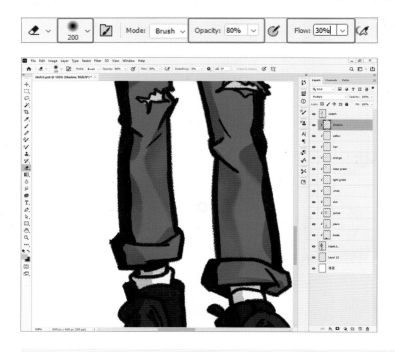

TIP 그림자의 입체감을 살리기가 어렵다면 비슷한 모양의 사진들을 참고해도 좋아요. 빛이 닿는 부분과 닿지 않는 부분의 경계가 날렵하고 각지거나, 뒷면과 가까이 붙어 있는 부분은 그림자가 진하고 선명하며 면이 완만하고 빛을 직접적으로 닿지 않은 부분은 그림자가 전체적으로 퍼진다는 점을 기억하면 좋습니다.

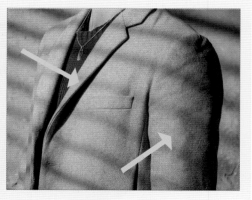

06 그림자가 어느 정도 완성되면 캔버스를 확대하고 [Brush Tool]([B])을 이용하여 부츠나 얼굴 부분 등 세부적인 부분을 묘사해 줘도 좋습니다. 저는 빨대에서 사용한 주황색(**#ffd0b0**)으로 부츠의 봉제선을 그려 넣었습니다.

스케치 색상을 부분적으로 변경하기

스케치의 색상도 부분적으로 변경해 보겠습니다. 외곽 스케치 라인은 진하게 둔 상태로 영역별로 그 영역의 색상과 어울리게 스케치 색상을 바꿔 주면 그림이 좀 더 부드러우면서 정리된 느낌을 줄 수 있습니다.

01 [Ctrl]+[Shift]+[N]과 [Enter]를 눌러 스케치 레이어 상단에 새 레이어를 추가하고 클리핑 마스크 레이어로 만들어 줍니다. 레이어 마스크를 이용하는 방법도 있지만 여기서는 클리핑 마스크 레이어 기능을 충분히 익히고 간다고 생각하고 연습해 보세요!

02 스케치 레이어를 클리핑 마스크의 바탕 레이어로 설정했기 때문에 원하는 색상을 지정하고 [Brush Tool](B)을 이용하여 드래그하면 드래그한 부분의 스케치의 색상이 바뀌는 것을 볼 수 있습니다. 먼저 머리카락 전체를 **#f6e2c8**로 채색하고, 안쪽 스케치 선은 머리카락 색보다 약간 더 어두운 색으로 지정합니다. 안쪽 스케치 선의 색상을 정할 때는 Color Picker 창이 열린 상태에서 그 영역을 [Eyedropper Tool](I)로 찍어 선택한 뒤, 같은 색상 내에서 어두운 명도의 부분을 클릭하여 선택하면 쉽습니다.

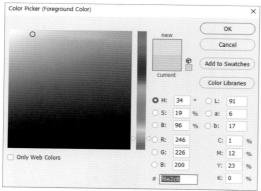

▲ 머리카락 부분을 스포이트로 선택

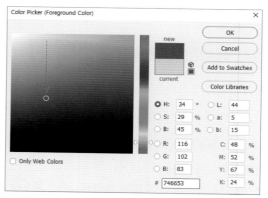

▲ 같은 색상내에서 아래쪽 부분에 명도가 낮은 부분 선택

TIP 만약 여기서 클리핑 레이어를 해제한다고 하면 이런 식으로 색이 입혀졌다고 생각하면 됩니다.

Overlay를 이용하여 빛 느낌 표현하기

위의 상태대로 끝내도 되지만 레이어 블렌드 모드를 이용하여 자연스럽게 빛 받는 느낌을 내 볼게요. 기존 레이어를 밝게 해 주는 모드에는 **Screen**, **Lighten**, **Soft Light**, **Overlay** 등이 있는데요. 여기에서는 **Overlay**를 이용해 보겠습니다.

01 [Shadow] 레이어 아래에 **Blend Mode: Overlay**의 새 레이어를 추가하고 전경색으로 **#d89f84**를 선택해 보았습니다.

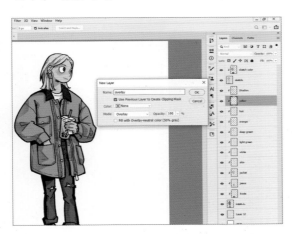 

> **TIP** 보통 [Overlay]를 이용하여 채색을 하면 선택한 색상 계열로 채도와 명도가 확 올라갑니다. 따라서 독특하고 쨍한 느낌을 주려면 고채도 고명도의 색상을 선택하고, 부드러운 느낌의 빛을 추가하려면 중간 정도의 채도와 밝기를 선택하면 됩니다.

02 색상을 선택한 뒤 [Brush Tool](B)에서 경계가 흐리고 사이즈가 큰 브러시를 20~30% 정도 낮은 **Opacity**와 **Flow**로 설정한 뒤 밝게 표현하고 싶은 부분만 드래그해 완성합니다. 전후를 비교해 보면 **Overlay** 효과를 준 부분이 밝고 선명해지면서 그림이 좀 더 입체적이고 화사해지는 것을 볼 수 있습니다.

Proof Setup에서 흑백 버전 동시에 보기

컬러 드로잉 작업을 하다 보면 그림의 전체적인 명도를 확인해야 할 때가 있습니다. 색조가 너무 많아지는 경우 흑백으로 전환하여 명도의 톤을 조율하면서 작업하면 훨씬 안정감 있게 그릴 수 있기 때문이죠. 이럴 때 일일이 흑백 모드로 전환할 필요 없이 그리는 동시에 흑백으로 확인할 수 있는 방법이 있습니다.

01 cap_girl.jpg 파일을 열어 보세요. 작업하는 캔버스가 열려 있는 상태에서 상단 메뉴의 [Window - Arrange - New Window for (파일명)]을 선택합니다. 동일한 파일의 캔버스가 복제됩니다.

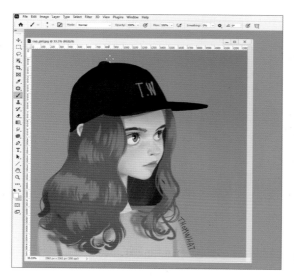 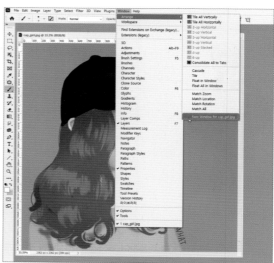

02 새로 복제된 캔버스를 선택한 뒤 상단 메뉴에서 [View - Proof Setup - Custom]을 클릭합니다.

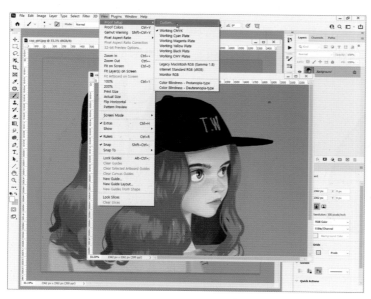

03 Customize Proof Condition 창에서 ❶ [Proof Conditions – Device to Simulate]를 클릭하고 맨 아래쪽 **sGray**를 선택한 뒤 ❷ [OK]를 클릭합니다.

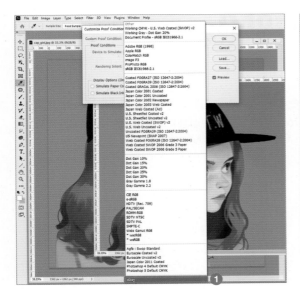
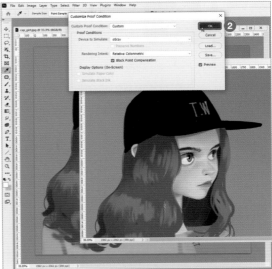

04 이제 다시 원래 캔버스를 선택하여 작업을 진행하면 진행 상황을 흑백으로 적용된 캔버스에서 실시간으로 확인할 수 있습니다.

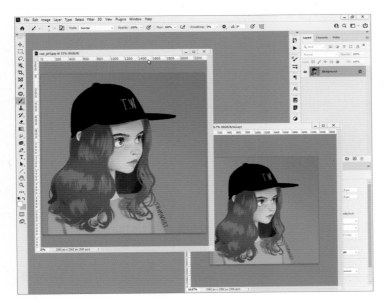

LESSON 04

브러시 활용하기

포토샵으로 선을 긋거나 색을 칠하는 도구가 많지만, 손 가는 대로 가장 자유롭게 이용할 수 있는 도구는 바로 [Brush Tool]이 아닐까 싶습니다. 여기서는 [Brush Tool]을 용도에 맞게 설정하고 활용하는 방법을 알아보겠습니다.

Brush Tool 옵션 창

① **Brush Preset Picker:** 조절 바를 드래그하거나 수치를 직접 입력하여 브러시의 크기와 강도를 설정할 수 있습니다.

② **Toggle the Brush Settings Panel:** 브러시의 모양과 속성들을 디테일하게 설정할 수 있는 옵션 창이 열립니다. 혹은 [Window – Brush Settings]를 선택하거나 F5를 눌러도 됩니다.

③ **Mode:** 브러시와 배경 이미지의 블렌드 모드를 설정합니다.

④ **Opacity:** 브러시의 투명도를 조절합니다.

⑤ **Tablet Pressure for Opacity:** 태블릿의 필압에 따라 불투명도가 조절됩니다.

⑥ **Flow:** 브러시의 잉크양, 즉 농도를 조절합니다.

⑦ **Airbrush–Style Build up:** 에어브러시와 같은 효과를 냅니다.

⑧ **Smoothing:** 브러시를 좀 더 부드럽게 만들어 주는 옵션입니다.

⑨ **Always Use Pressure for size:** 태블릿 필압을 이용하여 브러시 크기를 조절합니다.

TIP Opacity와 Flow의 차이

앞에서 Opacity는 투명도, Flow는 농도라고 설명했지만 보통 사용할 때는 두 가지의 차이점이 확 느껴지지 않을 수 있습니다. 둘의 차이점은 마우스를 떼지 않고 같은 선을 그려 보았을 때 가장 잘 나타나는데요. Opacity의 경우 전체적인 투명도이기 때문에 마우스를 떼지 않는 이상 같은 자리를 똑같이 지나가도 겹치는 부분이 없지만 Flow의 경우 낮게 입력한 상태에서 중첩하면 겹치는 부분의 색상이 점점 진해지는 것을 볼 수 있습니다. 이런 Flow의 중첩 효과는 다양한 톤을 그러데이션으로 표현하는 채색 작업에서 자주 쓰입니다.

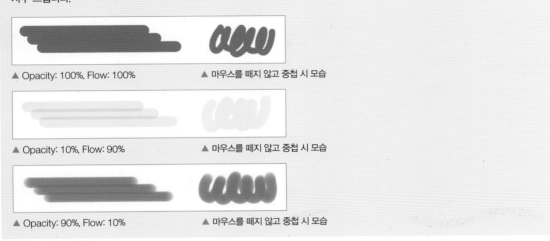

▲ Opacity: 100%, Flow: 100% ▲ 마우스를 떼지 않고 중첩 시 모습

▲ Opacity: 10%, Flow: 90% ▲ 마우스를 떼지 않고 중첩 시 모습

▲ Opacity: 90%, Flow: 10% ▲ 마우스를 떼지 않고 중첩 시 모습

브러시 Hardness와 Size 설정하기

Brush Preset Picker에서는 브러시의 **Hardness**와 **Size**를 설정할 수 있습니다. **Hardness** 값이 높을수록 경계가 선명한 브러시가 그려지고, 0에 가까워질수록 에어 브러시처럼 번지는 브러시가 됩니다. 이렇게 설정해 준 대로 사용하다가 크기를 바꿔야 할 때마다 매번 설정을 클릭하여 크기를 조정하려면 매우 불편하겠죠? 그럴 땐 키보드의 대괄호 [와]를 이용하여 브러시 크기를 간편하게 키우고 줄일 수 있습니다.

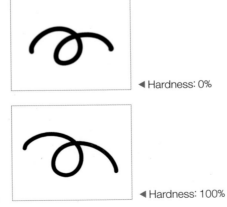

◀ Hardness: 0%

◀ Hardness: 100%

Brush Settings 패널에서 태블릿 필압 적용하기

Brush Settings 패널에서는 **Hardness**나 **Size** 말고도 더욱 정교하게 브러시 종류와 형태를 지정합니다. 태블릿을 사용하는 경우 펜에 힘을 주는 압력에 따라 선을 굵거나 가늘게 조절할 수 있습니다. [Shape Dynamics] 항목에서 **Control: Pen Pressure**로 선택하면 뭉툭했던 선의 양 끝에 필압이 적용되어 붓처럼 끝이 얇아집니다.

또한 [Transfer] 항목에서 **Control: Pen Pressure**를 선택하면 펜에 가해지는 압력에 따라 에어브러시처럼 브러시의 농도가 연하고 진하게 조절됩니다.

태블릿 필압 설정이 안 될 때 해결 방법

태블릿을 사용하는 경우, 태블릿의 필압이 포토샵에서 가끔 먹통이 되는 경우가 있습니다. 이럴 땐 다음과 같이 시도해 보세요.

01 윈도우 탐색기를 켜고 [C:\users\본인의 컴퓨터 username\AppData\Roaming\Adobe\ Adobe Photoshop 2021\Adobe Photoshop 2021 Settings]로 이동합니다.

02 텍스트 파일을 하나 만들고 열어서 **# Use WinTab Use SystemStylus 0**을 쓰고 저장합니다. 파일 이름을 **PSUser Config.txt**로 변경한 후 해당 폴더 내에 복사(PSUserConfig 파일이 있는 경우 덮어 쓰기) 혹은 이동하세요.

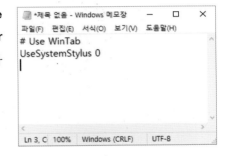

나만의 브러시 저장하기

참고영상

나만의 브러시를 만들어 두면 사진의 낙관이나 디자인 패턴 등에 다양하게 사용할 수 있습니다. 간단한 도형들은 그때 그때 만들 수 있지만 딱 원하는 모양을 찾기는 어려울 뿐더러, 자주 사용하는 경우 한번 만들어 두면 시간을 훨씬 절약할 수 있기 때문이죠.

01 프리셋으로 만들 **brush.psd** 파일을 불러옵니다. ❶ Layers 패널에서 모든 레이어를 선택하고 ❷ 상단 메뉴에서 [**Edit – Define Brush Preset**]을 선택합니다.

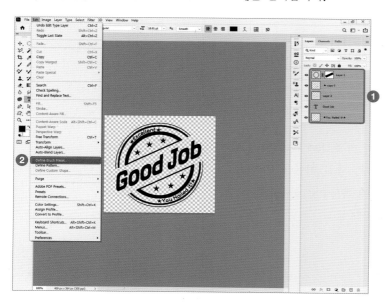

02 ❶ 브러시 이름을 입력하고 ❷ [**OK**]를 클릭하세요. ❸ [**Brush Tool**]([B])을 선택하고 상단의 브러시 목록을 펼치면 만들어 둔 프리셋이 저장된 것을 확인할 수 있습니다.

03 임의로 이미지 파일을 하나 불러온 뒤 저장된 브러시 프리셋으로 낙관을 찍어 보았습니다.

브러시 설치하기

01 임의의 새 창을 만들고 ❶ [Brush Tool](B)을 선택합니다. ❷ 상단 옵션에서 [Brush Preset Picker]를 엽니다. ❸ 오른쪽 상단 [설정] ⚙ 아이콘을 클릭하고 ❹ [Import Brushes]를 클릭합니다.

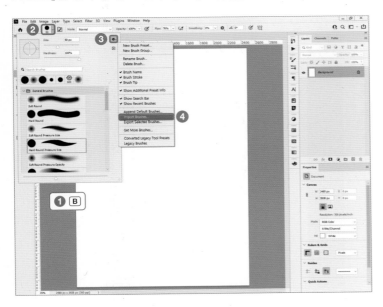

02 Load 창에서 브러시 파일이 있는 경로로 이동한 뒤 불러오고 싶은 브러시 파일(.abr)을 선택해 [Load]를 클릭합니다. 여기서는 물감 파편 모양의 브러시 세트인 **Splatter Brush Set.abr** 예제 파일을 열 어 보겠습니다.

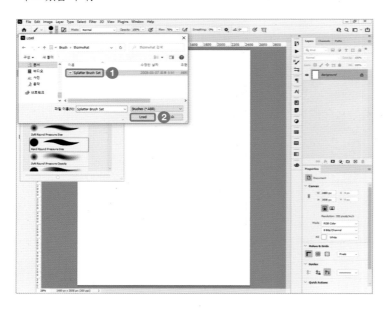

03 기존 브러시 목록에서 스크롤을 아래로 내리면 새로 추가된 브러시의 획이 보입니다. [**Brush Tool**] 을 이용해 불러온 브러시를 자유롭게 사용할 수 있습니다.

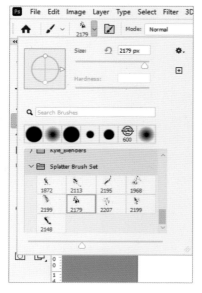

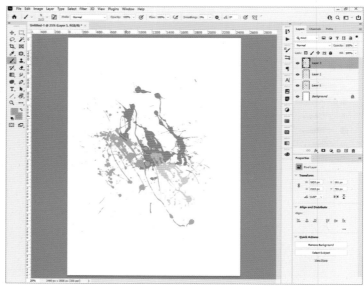

CHAPTER

04

실무에서
써먹기

이번 시간에는 포토샵의 핵심 기능을 이용해
다양한 실무 예제를 제작해 보겠습니다.
조정 레이어와 레이어 스타일을 사용하면
여러 요소에 동시에 같은 효과를 일괄 적용할 수 있습니다.
마스크와 레이어 블렌드 기능은 서로 다른 이미지를
자연스럽게 연결해 주어 감각적인 이중 노출 효과를 낼 수 있습니다.
패스를 이용해 일러스트의 밑그림을 그리고 채색한 뒤
레이어 블렌드 모드와 필터 효과로 정교한 명암을 나타낼 수도 있습니다.
앞서 연습했던 누끼 따기로 이미지를 부각하고 문자와 프레임 기능을 활용해
쇼핑몰 상세 페이지도 만들어 보겠습니다.
실무에서 자주 쓰는 포토샵 기능을 적극 활용해
내가 원하는 결과물을 만들어 보세요.

LESSON 01

네온사인 효과의
배너 만들기

어두운 담벼락에 환하게 반짝이는 네온사인 이미지를 만들어 보겠습니다. 담벼락 이미지에 조정 레이어를 이용하여 밤거리 느낌으로 톤을 조절한 뒤, [Shape Tool]과 [Type Tool]로 SALE 문구를 만들고 레이어 스타일로 네온사인 효과를 표현해 보았습니다.

- **주요 기능:** 조정 레이어, 레이어 스타일
- **사용 폰트:** 스웨거, G마켓 산스
- **주요 색상:** #ff4fb2, #63cdff
- **크기:** 900×600px
- **예제 파일:** wall.jpg
- **완성 파일:** neonlight_.psd

▶ 참고영상

결과 미리보기

어두운 담벼락 만들기

먼저 어두운 담벼락을 만들어 보겠습니다. 사진 자체의 색감을 조절하면 더 쉽긴 하겠지만 이번 작업처럼 나중에 추가되는 요소들과 색감을 맞추기 위해선 조정 레이어를 이용해야 작업 중 수정하기 더 편합니다.

01 Width: 900px, Heigh: 600px, Resolution: 100의 새 문서를 만듭니다. **wall.jpg** 파일을 불러와 ❶ [Move Tool]([V])로 ❷ 클릭&드래그하여 이동시킵니다.

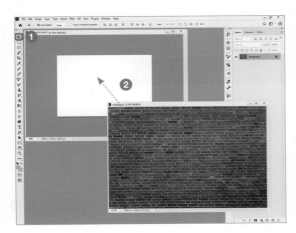
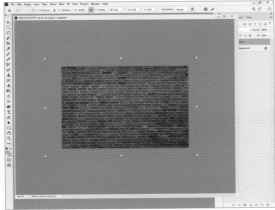

02 ❶ Layers 패널 하단의 조정 레이어 ◉ 아이콘을 클릭하고 ❷ [Brightness/Contrast]를 선택합니다. ❸ Properties 패널에서 **Brightness: −150, Contrast: 73**으로 조절하면 담벼락이 전체적으로 어두워집니다.

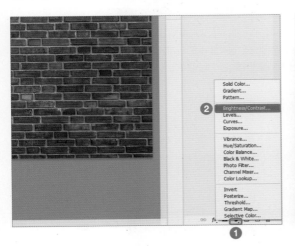
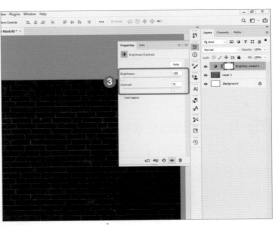

03 ❶ 같은 방법으로 [Hue/Satura tion] 조정 레이어를 생성하세요. 밤거리와 네온 사인 불빛을 생각해서 약간 보랏빛을 띠는 느낌을 내기 위해 ❷ Hue: −43, Saturation: −30, Lightness: −9로 조절합니다.

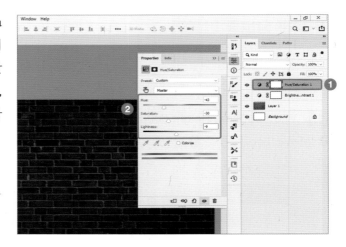

04 ❶ 이번엔 [Color Balance] 조정 레이어를 추가하세요. 이 디자인에서는 어두운 색감이 가장 중점적이기 때문에 모든 레이어에 낮은 명도가 적용되게끔 ❷ 맨 먼저 만든 [Brightness/Contrast] 조정 레이어를 가장 위로 드래그해서 올려 줍니다. ❸ [Color Balance] 조정 레이어의 값을 Cyan/Red :−7, Magenta/Green: +33, Yellow/Blue: +94로 조절합니다.

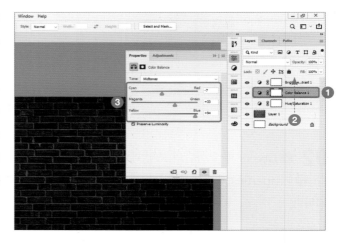

> **TIP** [Hue/Saturation]과 [Color Balance]는 얼핏 느끼기엔 같은 것으로 생각할 수도 있지만 [Hue/Saturation]의 경우 색상을 강조하거나 색상을 줄이는 기능이며, [Color Balance]는 색상 자체를 변경하는 기능입니다.

05 Layers 패널에서 [Layer 1]을 선택하고 각 조정 레이어의 중간 부분을 Alt +클릭하여 클리핑 마스크를 만들어 줍니다. 클리핑 레이어를 만드는 이유는 세 조정 레이어의 효과가 [Layer 1]에만 적용되도록 하기 위해서입니다.

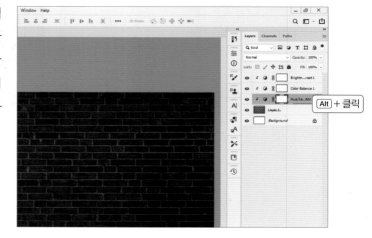

06 주변부가 더 어두운 비네팅 효과를 내기 위해 ❶ Ctrl + Shift + N과 Enter를 눌러 [Layer 2]를 추가하겠습니다. ❷ [Rectangular Marquee Tool](M)로 ❸ 캔버스 전체를 드래그하여 영역을 선택합니다.

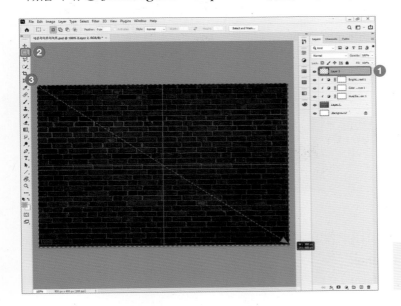

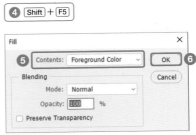

TIP 혹은 Ctrl + A 를 누르면 캔버스 전체를 선택할 수 있습니다.

07 ❶ 전경색을 클릭하고 ❷ Color Picker 창에서 **Color: #0a0d40**을 선택합니다. ❸ [OK]를 클릭하세요. ❹ Shift + F5 를 누르고 ❺ **Contents: Foreground Color**가 지정된 상태로 ❻ [OK]를 클릭해 전체를 칠해 줍니다. ❼ Ctrl + D 를 눌러 영역 선택을 해제합니다.

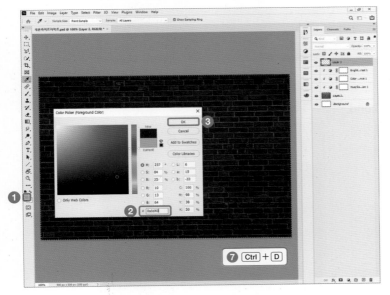

08 Layers 패널에서 [Layer 2]와 조정 레이어 사이를 Alt+클릭해서 클리핑 마스크로 만들어 줍니다.

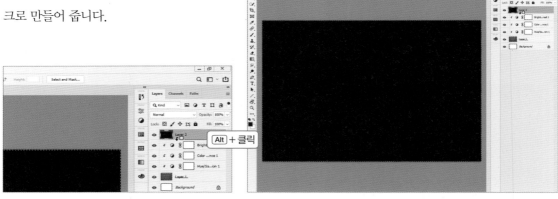

09 ① [Elliptical Marquee Tool]을 선택한 뒤 ② 상단 옵션 패널에서 **Feather: 100px**로 설정하고 ③ 큰 타원을 선택합니다. ④ 이 상태로 Delete를 눌러 지웁니다. Feather 값이 크면 클수록 선택 영역의 경계선이 흐려집니다. ⑤ Ctrl+D를 눌러 선택을 해제합니다.

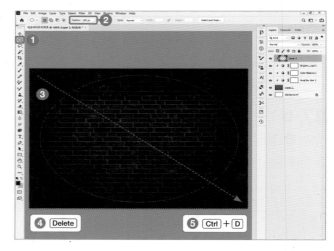

10 Layers 패널에서 [Layer 2]를 **Blend Mode: Multiply, Opacity: 80%**로 변경해 줍니다.

11 ❶❷ 이번에는 [Gradient] 조정 레이어를 만들어 줍니다. ❸ Gradient Fill 창에서 그러데이션 조절 바를 클릭합니다. ❹ 그러데이션 왼쪽 끝을 더블클릭한 뒤 ❺ Color Picker 창에서 색상 값을 **#010c42**로 설정하고 ❻ [OK]를 클릭합니다.

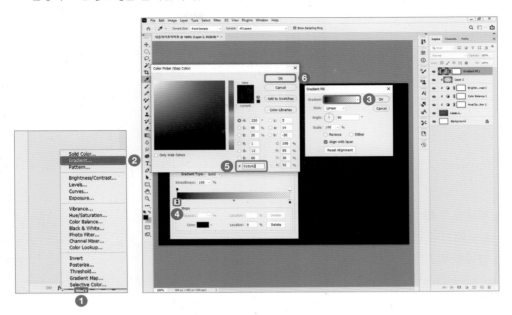

12 ❶ 이번에는 그러데이션 오른쪽 끝을 클릭합니다. ❷ Color Picker 창에서 색상 값을 **#45005f**로 설정하고 ❸ [OK]를 클릭하세요. 이때 양쪽 모두 투명도가 적용되지 않도록 ❹ 그러데이션 오른쪽 상단 끝을 클릭하고 ❺ **Opacity: 100**으로 설정하세요. ❻ [OK]를 클릭합니다.

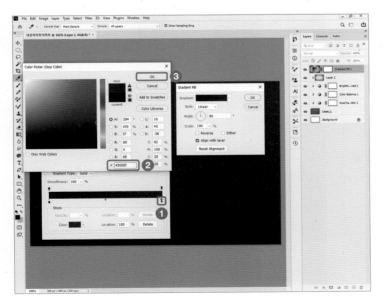

13 Gradient Fill 창으로 돌아와 **①** **Angle: 135**로 지정하고 **②** [OK]를 클릭합니다.

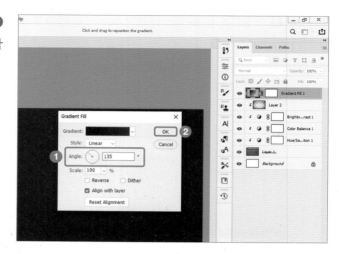

14 Layers 패널에서 **①** [Layer 2]와 [Gradient] 조정 레이어 사이의 경계를 Alt+클릭하여 클리핑 마스크를 만들고 **②** **Opacity: 30%**로 조절합니다.

15 **①** Layers 패널 하단의 그룹 📁 아이콘을 클릭하여 그룹을 만들고 **②** 더블클릭해 임의로 이름을 입력하세요. **③** 그런 다음 지금까지 만든 레이어들을 모두 드래그해 넣어줍니다. 이렇게 그룹화하면 나중에 레이어가 많아져도 관리하기 편해집니다.

> **TIP** 혹은 레이어들을 선택하고 Ctrl+G를 누르면 그룹화할 수 있습니다. 선택한 그룹을 해제하는 단축키는 Shift+Ctrl+G입니다.

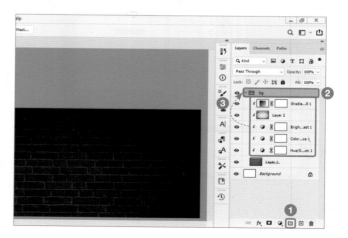

네온사인용 테두리와 문자 만들기

01 ❶ [Rectangle Tool]을 선택하고 ❷ 상단 옵션에서 **Fill: 없음, Stroke: #ffffff, 8px**로 지정하고 ❸ **곡 선 값: 40px**을 지정합니다.

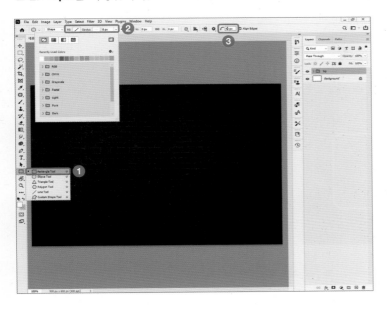

02 ❶ 가운데 정도 위치에 드래그해 가장자리가 둥근 사각형을 만들어 줍니다. ❷ Properties 패널에서 **W: 704px, H: 286px**을 지정합니다. 이 크기는 딱 맞지 않아도 됩니다.

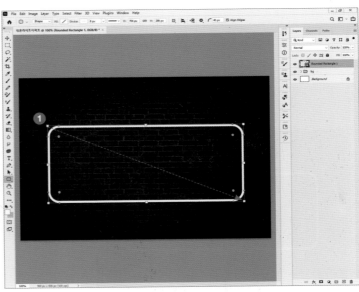

03 사각형의 위치를 가운데로 정렬해 보겠습니다. ❶ `Ctrl`+`A`를 눌러 캔버스 전체를 선택한 뒤 ❷ [Move Tool](`V`)을 클릭합니다. 상단 옵션에서 ❸ 수직 방향 가운데 ⊞ 아이콘과 ❹ 수평 방향으로 가운데 ⊞ 아이콘을 클릭하여 정중앙으로 맞춰 줍니다. 사각형 영역을 선택하면 그 안에서 정렬이 맞춰지는 방식입니다.

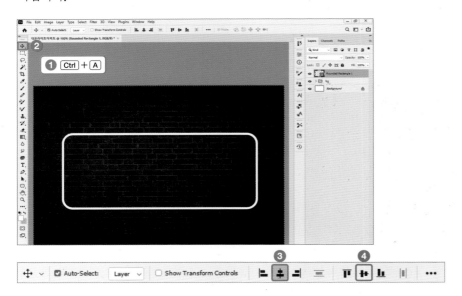

04 ❶ [Type Tool](`T`)을 선택한 뒤 ❷ 상단 옵션에서 **Font: 스웨거, Size: 45, Color: #ffffff**로 설정합니다. ❸ 사각형의 상단 가운데를 드래그해서 텍스트 영역을 만듭니다. 대문자로 **SEASON OFF**라고 입력해 보겠습니다. 이때 문자의 2/3 지점이 사각형 윗변에 걸리도록 위치를 조정합니다.

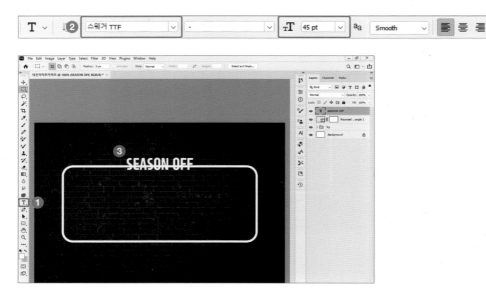

05 ❶ 다시 둥근 사각형이 그려진 레이어를 선택하고 ❷ Layers 패널 하단의 레이어 마스크 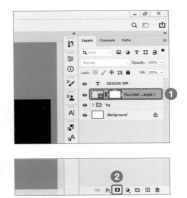 아이콘을 클릭합니다. 해당 레이어 오른쪽에 흰 섬네일이 나타납니다. 이 부분이 레이어 마스크입니다.

06 ❶ 레이어 마스크의 전경색을 검은색 #000000으로 설정한 뒤 ❷ [Brush Tool] (B)을 선택하고 ❸ 글자와 사각형이 겹치는 부분을 드래그하여 지워 줍니다. 이때 네온사인 형광등 느낌이 나도록 끝부분을 둥글게 하는 것이 포인트입니다.

07 ❶ 다시 [Type Tool](T)을 선택하고 ❷ Font: G마켓 산스 Bold, Color: #ffffff, Size: 140px로 설정합니다. ❸ 둥근 사각형 안에 Shift +클릭하고 대문자로 **SALE**을 입력합니다.

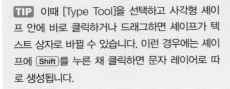

> **TIP** 이때 [Type Tool]을 선택하고 사각형 셰이프 안에 바로 클릭하거나 드래그하면 셰이프가 텍스트 상자로 바뀔 수 있습니다. 이런 경우에는 셰이프에 Shift 를 누른 채 클릭하면 문자 레이어로 따로 생성됩니다.

08 [Move Tool](V)을 이용해 글자의 위치를 조정합니다. 글자를 선택하고 둥근 사각형 가운데 지점 근처로 드래그하면 자동으로 나오는 가이드라인을 따라 가볍게 스냅이 걸리며 정렬을 맞출 수 있습니다.

09 SALE 글자도 가장자리 사각형처럼 네온사인 조명처럼 만들어 보겠습니다. Layers 패널에서 ❶ [SALE] 레이어 앞의 ▣ 아이콘을 (Ctrl)+클릭하면 레이어의 글자 부분만 선택됩니다. ❷ [SALE] 레이어 앞의 눈 모양 ◉ 아이콘을 꺼 주면 선택된 영역이 나타납니다.

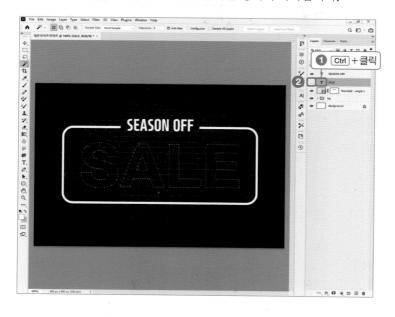

10 끝부분이 너무 각져 있으면 네온사인 같아 보이지 않겠죠? 선택된 영역의 모서리 부분을 둥그렇게 바꿔 보겠습니다. ❶ 상단 메뉴에서 [Select - Modify - Smooth]를 클릭합니다. Smooth Selection 창에서 ❷ **Sample Radius: 7px**을 입력하고 ❸ [OK]를 클릭하면 선택 영역의 모서리 부분이 둥글게 바뀝니다.

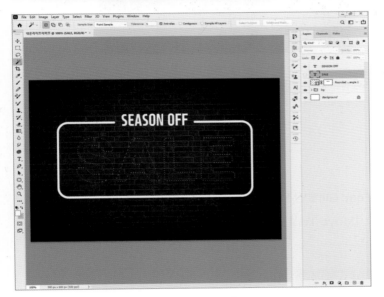

> **TIP** Sample Radius 값이 클수록 선택 영역의 곡선이 더 완만하고 크게 표현됩니다.

11 글자 부분이 선택된 상태에서 ❶ 새 레이어를 하나 추가하고 ❷ 상단 메뉴에서 [Edit - Stroke]를 선택합니다.

12 Stroke 창에서 처음 사각형을 만들 때의 Stroke 값과 마찬가지로 ❶ **Stroke: 8px, Color: #ffffff,** **Location: Center**로 체크하고 ❷ **[OK]**를 클릭하세요.

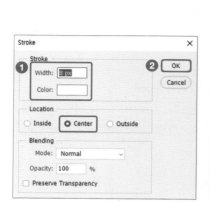 

> **TIP** Location 옵션 중 [Inside]는 선택 영역의 안쪽, [Center]는 선택 영역 을 중심으로 가운데, [Outside]는 선택 영역의 밖에 선이 그려집니다.

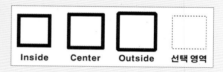

13 **[Type Tool]**(T)을 선택하고 **Font: G마켓 산스 Medium, Color: #ffffff, Size: 20px**로 설정한 뒤 세 일 기간을 나타내는 날짜를 입력합니다. **[Move Tool]**(V)로 가운데 정렬을 맞춰 줍니다.

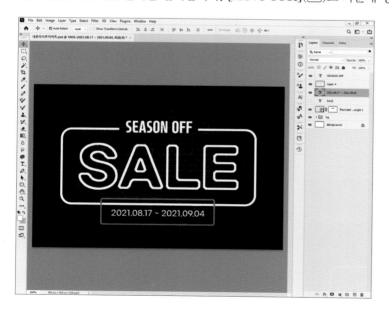

14 [Ctrl] + [+]를 눌러 화면을 확대합니다. ❶ [SALE] 레이어를 선택한 상태에서 ❷ [Eraser Tool]을 이용하여 ❸ 형광등 끝부분처럼 일정 부분을 동그란 느낌으로 드래그하여 지우세요.

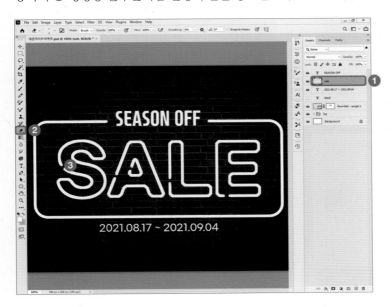

네온사인 효과 주기

01 Layers 패널에서 ❶ [SEASON OFF] 레이어를 선택하고 ❷ 상단 메뉴에서 [Layer – Layer Style – Inner Glow]를 선택합니다. [Inner Glow]는 레이어 내부로 빛이 발생하는 듯한 효과를 줍니다.

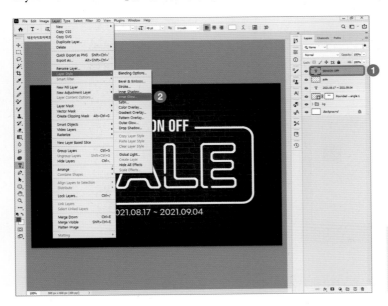

> **TIP** 혹은 해당 레이어의 이름 오른쪽 빈 공간을 더블클릭해도 레이어 스타일을 지정할 수 있습니다.

02 핑크색 느낌의 네온 불빛을 표현하기 위해 Layer Style 창 상단의 ❶ **Structure**에서 색상 칸을 클릭한 뒤 ❷ Color Picker 창에서 **#ff4fb2**를 지정하고 ❸ [**OK**]를 클릭합니다.

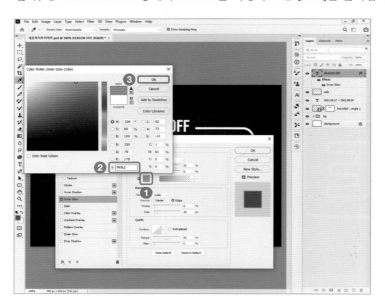

03 Blend Mode: Normal, Opacity: 100%, Choke: 2%, Size: 4px로 지정합니다. **Choke**와 **Size** 값이 커질수록 테두리가 더 굵고 넓은 영역까지 밝게 변하는 것을 볼 수 있습니다.

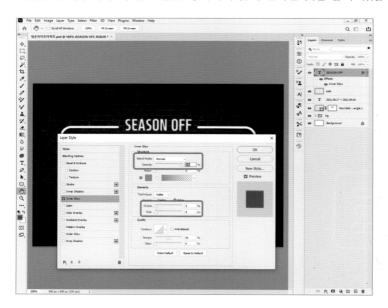

TIP 바로 숫자를 입력하기 전에 조절 바를 좌우로 드래그하면서 각 항목에 따라 어떤 부분이 변하는지 눈으로 익혀 보세요.

04 창을 끄지 않은 상태로 ❶ 바로 왼쪽 [Outer Glow]를 체크하고 ❷ Color: #ff4fb2, Blend Mode: Screen, Opacity: 100%, Noise: 0%, Technique: Softer, Spread: 2%, Size: 10px, Range: 80%로 각각 입력합니다. [Outer Glow]는 레이어 바깥 부분으로 빛이 퍼져나가는 효과를 줍니다.

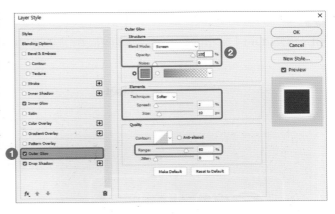

05 ❶ [Drop Shadow]를 체크해 글자 바로 아래의 반사광을 표현해 보겠습니다. 보통 객체 뒤에는 그림자가 지지만 형광등 같은 빛나는 객체라면 뒷부분도 반사광을 받게 됩니다. ❷ 여기서는 설정 값을 Color: #ff4fb2, Blend Mode: Color Dodge, Opacity: 72%, Angle: 90, Distance: 0%, Spread: 30%, Size: 114px로 입력해 보았습니다. 원하는 만큼의 효과가 나타났다면 ❸ [OK]를 클릭합니다.

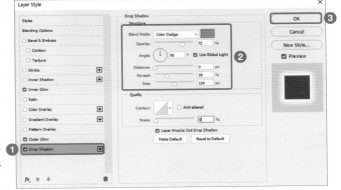

06 한번 레이어 스타일을 만들어 두었다면 그 옵션 값을 다른 레이어에 복제할 수 있습니다. ❶ [SEASON OFF] 레이어를 우클릭하고 ❷ [Copy Layer Style]을 선택합니다.

07 ❶ [SALE] 레이어와 ❷ 사각형 레이어 각각에 우클릭하고 ❸ [Paste Layer Style]을 선택합니다. [SEASON OFF] 레이어에 지정한 스타일이 그대로 적용됩니다.

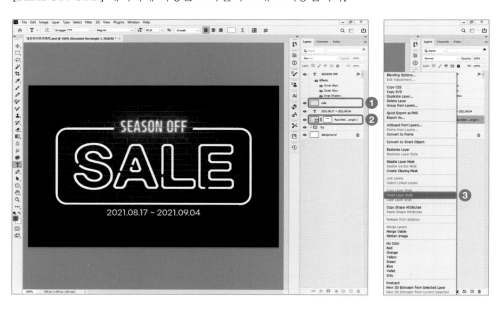

08 테두리 사각형 부분 색상을 파란색 조명으로 교체해 보겠습니다. Layers 패널에서 사각형 레이어 바로 아래 보이는 ❶ [Effects]를 더블클릭해서 Layer Styles 창을 불러옵니다. ❷ 복사된 [Inner Glow], [Outer Glow], [Drop Shadow]의 색상 값만 **Color: #63cdff**로 변경하세요. ❸ [OK]를 클릭합니다.

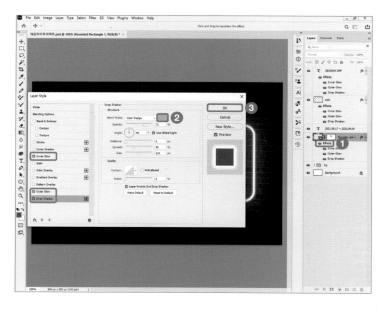

09 네온사인이 강조되도록 아까 만든 그룹 폴더 안의 [Layer 2]를 **Opacity: 100%**로 조절했습니다. 비네팅 효과가 강해지며 글씨가 더 환하게 보입니다.

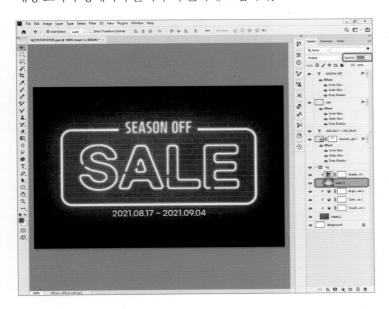

10 이제 마지막 세일 기간을 적었던 날짜 레이어도 우클릭하고 [**Paste Layer Style**]을 선택해 아까 복사해 둔 레이어 스타일을 붙여 넣습니다. 그런 다음 [**Inner Glow**], [**Outer Glow**], [**Drop Shadow**]의 색상 값을 **#4860ed**로 바꿔 줍니다.

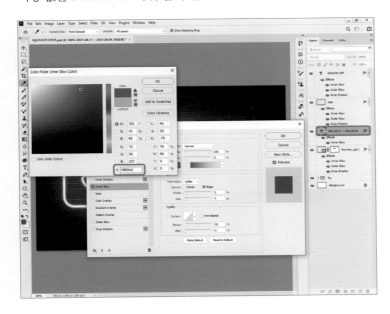

11 세일 기간을 적은 글자는 위쪽의 SEASON OFF, SALE 글자나 사각형보다는 작은 폰트로 입력했기 때문에 가독성을 높이기 위해 옵션 값들을 조금 바꿔 보겠습니다. 같은 레이어 스타일이라도 글자 크기나 기존 레이어의 선 굵기가 다르다면 이렇게 조절하는 단계가 필요합니다. ❶ Layer Style 창에서 [Inner Glow]를 ❷ **Choke: 0, Size: 0, Range: 85%**로 수정합니다.

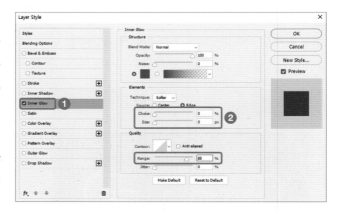

12 ❶ [Outer Glow]로 이동하여 ❷ **Spread: 17%, Size: 8px**로 수정합니다.

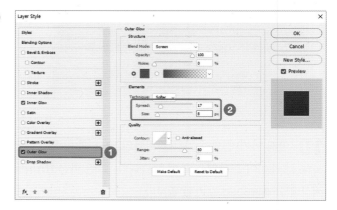

13 ❶ [Drop Shadow]로 이동하여 ❷ **Opacity: 100%, Spread: 0%, Size: 25px**로 변경하여 작은 글자를 더 선명하게 만들고 마무리합니다. ❸ [OK]를 클릭하세요.

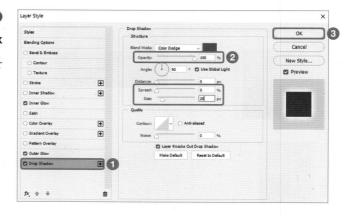

이중 노출 효과 만들기

2개 이상의 이미지를 결합하여 하나의 이미지로 표현하는 이중 노출 효과를 만들어 보겠습니다. 영화 포스터, 광고 등에 많이 쓰이는 이 효과는 꼭 인물 사진이 아니더라도 다양하게 활용할 수 있습니다.

- **주요 기능:** Object Selection Tool, 마스크, 레이어 블렌드, 조정 레이어
- **사용 폰트:** 스웨거
- **주요 색상:** #fdf8f4
- **크기:** 3000×2000px
- **예제 파일:** bear.jpg, forest.jpg
- **완성 파일:** double_exposure_bear.jpg

 참고영상

결과 미리보기

Object Selection Tool로 누끼 따기

01 **bear.jpg** 예제 파일을 불러옵니다. 구도를 맞추기 위하여 각도와 여백을 조절해 보겠습니다. ❶ [Crop Tool](ⓒ)을 선택하고 ❷ 상단 옵션에서 가로세로 비율을 **3:2**로 입력합니다.

02 사각형의 [Crop] 영역이 선택되면 모서리 부분을 드래그하여 크기를 줄이거나 각도를 조절할 수 있습니다. 곰의 방향과 여백을 적당히 맞춘 뒤 [Enter]를 누릅니다.

03 ❶ 툴바에서 [Object Selection Tool]을 선택하고 ❷ 곰 부분을 클릭&드래그하면 곰의 모양대로 선택 영역이 생깁니다. 더 정확하게 누끼를 따기 위해 ❸ 상단 옵션의 [Select and Mask]를 클릭합니다.

04 ❶ 마스크 옵션 패널에서 **View Mode**를 **View: Overlay**로 지정하면 선택되지 않은 부분이 빨갛게 표시됩니다. ❷ 툴바 두 번째 ✍ 아이콘을 선택하고 ❸ [Edge Detection]에서 **Radius: 10** 정도로 조절한 뒤 ❸ 눈밭 부분을 제외한 곰만 선택되도록 털의 경계 부분을 살살 드래그하여 색칠합니다. ❹ **Output to: Layer Mask**를 지정하고 ❺ [OK]를 클릭합니다.

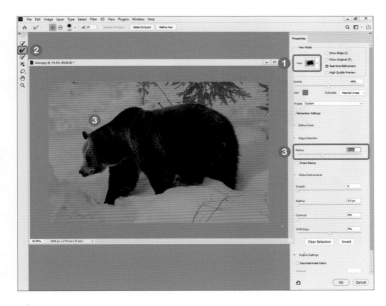

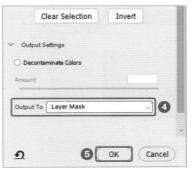

> **TIP** Overlay 상태에서는 붉은 색 영역 이외의 부분이 선택됩니다. 상단 옵션의 + 상태에서는 붉은 색이 칠해지고, Alt 를 누른 채 드래그하면 −로 표시되며 붉은 색 영역이 지워집니다.

05 배경이 마스크로 지워지고 깔끔하게 곰의 누끼가 따졌습니다. ❶ Layers 패널 하단의 조정 레이어 ◉ 아이콘을 클릭하고 ❷ [Solid Color]를 선택합니다.

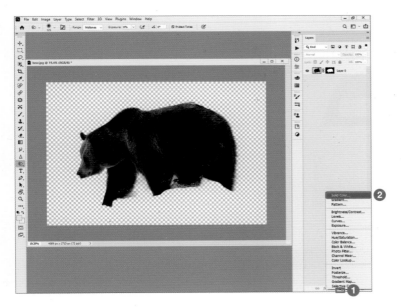

06 ❶ Color Picker 창에서 **Color: #fffcf6**을 선택한 뒤 ❷ [OK]를 클릭해 색을 채웁니다. ❸ Layers 패널에서 조정 레이어의 위치를 곰 레이어 아래로 옮겨 줍니다.

07 ❶ 곰 레이어를 선택한 상태에서 상단 메뉴에서 ❷ [Image – Adjustments – Desaturate](Ctrl +Shift+U)를 선택해 흑백으로 변환합니다. ❸ Ctrl+M을 눌러 ❹ Curves 창에서 곡선을 살짝 위로 드래그하여 밝은 부분의 디테일이 잘 보이도록 조절합니다. ❺ [OK]를 클릭하세요.

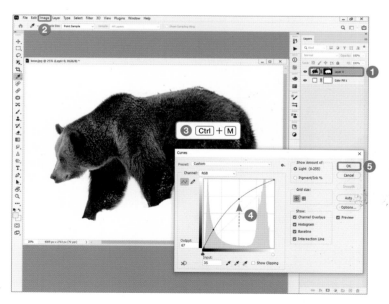

2개의 이미지 합성하기

01 ❶ Ctrl+O를 눌러 **forest.jpg** 예제 파일을 불러옵니다. 그런 다음 ❷ [Move Tool](V)로 ❸ **Forest.jpg** 이미지를 드래그하여 옮깁니다.

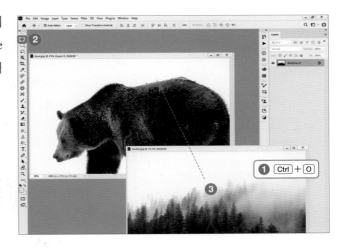

02 숲 레이어를 어디에 배치할지 가늠하기 위해 ❶ **Opacity: 60%**로 조절했습니다. 곰의 얼굴 부분보다 뒷부분에 나무가 많게 배치하는 것이 좋을 것 같네요. ❷ Ctrl+T를 눌러 [Free Transform] 상태에서 조절점을 드래그해 크기를 키운 뒤 ❸ 우클릭하고 [Flip Horizontal]을 선택하여 좌우를 반전합니다.

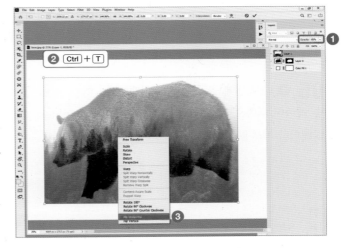

03 좌우 반전된 상태에서 이미지 모서리 부근으로 커서를 옮겨 클릭&드래그하여 숲 부분이 곰 이미지의 3/2 이상 되도록 크기를 조절한 뒤 Enter를 눌러 줍니다.

04 Layers 패널에서 곰 이미지의 레이어 마스크 부분을 선택합니다. 숲 레이어로 Alt +드래그하여 복사해 줍니다. 레이어 마스크 모양대로 숲 이미지가 남게 되었습니다.

05 ❶ 다시 원래 곰 레이어를 선택한 뒤 Ctrl + J 를 눌러 레이어를 복제합니다. ❷ 복제된 곰 레이어를 숲 레이어 위쪽으로 옮긴 뒤 ❸ **Blend Mode: Lighten, Opacity: 80%**으로 변경합니다. 이 레이어는 곰의 디테일한 부분을 나타냅니다.

06 ❶ Blend Mode: Lighten으로 변경한 곰 레이어 [Layer 0 Copy]의 마스크 부분을 선택하세요. ❷ 툴바에서 [Brush Tool](B)을 선택하고 ❸ Size: 800px, Opacity: 63%, Color: #000000을 지정해 경계가 흐린 브러시를 만듭니다. ❹ 숲과 겹쳐 희끗희끗하게 보이는 곰의 다리 부분을 살짝 지웁니다. 이때 얼굴 쪽은 지우지 마세요.

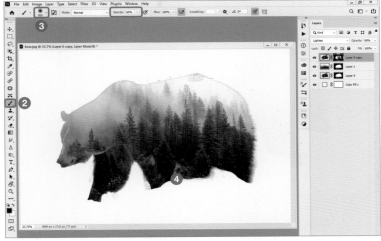

TIP 마스크 레이어를 선택한 상태에서 전경색을 검은색(#000000)으로 지정하고 브러시로 드래그하면 레이어 이미지가 지워집니다. 반대로 전경색을 흰색(#ffffff)으로 지정하고 브러시로 드래그하면 마스크로 가려진 이미지가 나타납니다. 일반 레이어와 달리 마스크 레이어에서 브러시를 사용할 때는 '칠한다/지운다'가 아니라 '가린다/나타낸다'의 느낌으로 이해하면 덜 헷갈릴 거예요.

07 이번에는 곰의 얼굴 디테일과 겹치는 숲 부분을 지워 보겠습니다. ❶ 숲 레이어 [Layer 1]의 마스크 부분을 선택하고 이전 단계와 마찬가지로 ❷ 경계가 흐린 브러시 Size: 300px, Opacity: 40%로 ❸ 드래그하여 곰 얼굴 디테일이 살아나도록 합니다. 이때 각 레이어들의 경계가 딱딱 떨어지지 않도록 조금씩 자연스럽게 지워 가는 것이 포인트입니다.

08 [Layer 0 Copy]가 곰의 디테일이라면 [Layer 0]은 전체 실루엣을 나타내는 레이어입니다. ❶ [Layer 0]의 마스크 부분을 선택하고, ❷ 경계가 흐린 브러시 **Size: 250px, Opacity: 100%**로 ❸ 위쪽 부분을 드래그하여 숲의 하늘 부분이 바탕색과 자연스럽게 섞이도록 만들어 줍니다.

09 ❶ 다시 [Layer 1]의 마스크 부분을 선택한 뒤 ❷ 곰의 귀 부분 쪽을 경계가 흐린 브러시로 드래그하여 디테일이 나타나도록 만들어 줍니다. ❸ 툴바에서 [Eraser Tool]을 선택하고 ❹ 곰의 어깨 부분에 나무 한 두 그루가 곰 실루엣 바깥으로도 보일 수 있도록 경계 부분을 살살 드래그해 줍니다.

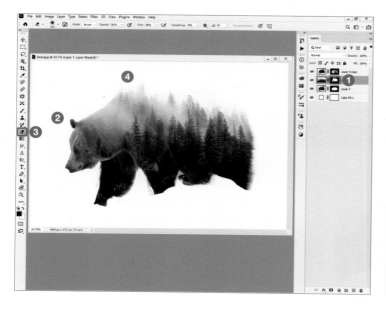

> **TIP** 마스크 레이어를 선택한 상태에서 지우개는 전경색이 검은색(#000000)이면 레이어 이미지가 나타나고, 전경색이 흰색(#ffffff)인 상태에서 지우개를 적용하면 이미지가 지워집니다. 앞서 마스크 레이어에서 브러시를 사용할 때와 반대로 적용된다고 기억하면 좋습니다.

전체적인 색감 보정하기

01 합성된 이미지의 색감을 갈색 느낌으로 보정해 보겠습니다. ❶ Layers 패널 하단의 조정 레이어 ◑ 아이콘을 클릭하고 ❷ [Color Balance]를 선택합니다. ❸ 조정 레이어 옵션을 **Cyan/Red: +24, Magenta/Green: +35, Yellow/Blue: +22**로 설정합니다. ❹ 레이어 중간 부분을 Alt+클릭하여 [Layer 0 Copy]에 속하는 클리핑 마스크로 만들어 줍니다.

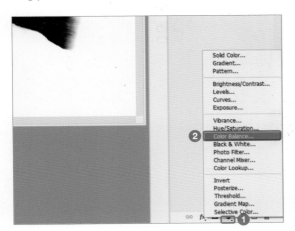

02 배경색이 [Layer 1]의 하늘 색상과 잘 연결되도록 ❶ 맨 아래 [Color Fill 1] 레이어의 섬네일을 더블클릭하고 ❷ 색상 값을 **Color: #fdf8f4**로 변경합니다. ❸ [OK]를 클릭합니다.

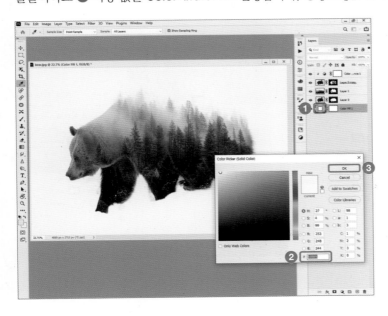

03 실루엣이 더 명확하게 보이도록 ❶ [Layer 1] 상단에 [Curves] 조정 레이어를 추가한 뒤 ❷ 조절 바를 살짝 아래쪽으로 드래그하여 이미지 밝기의 중간 영역을 좀 더 어둡게 만들어 줍니다.

04 ❶ 바로 아래 [Color Balance] 조정 레이어를 추가하고 ❷ [Midtones]는 Cyan/Red: +63, Magenta/Green: +0, Yellow/Blue: +27로, ❸ [Shadows]는 Cyan/Red: +38, Magenta/Green: +27, Yellow/Blue: +14로 변경한 뒤 ❹ 03 단계의 [Curves] 조정 레이어와 [Color Balance] 조정 레이어를 [Layer 1]의 클리핑 마스크로 만들어 줍니다.

클리핑 레이어 마스크를 이용하여 글씨 입력하기

01 ❶ 툴바에서 [Type Tool](T)을 선택하고 ❷ Font: 스웨거로 설정한 뒤 ❸ GRIZZLY BEAR라고 입력하고 [Move Tool](V)을 이용하여 위치를 조절해 줍니다. 색상은 아무 색으로 입력해도 괜찮습니다.

02 글자에 숲 레이어 텍스처를 입혀 보겠습니다. ❶ [Rectangular Marquee Tool]을 이용하여 ❷ 숲 부분을 **01** 단계에 입력한 문자보다 크게 드래그해서 선택한 뒤 ❸ [Edit-Copy Merged](Shift+Ctrl+C)를 눌러 복사합니다. [Copy Merged] 기능을 사용하면 여러 레이어로 분리된 이미지 요소를 하나의 클립보드로 복사할 수 있습니다.

03 ❶ 병합하여 복사된 이미지를 Ctrl+V를 눌러 붙여 넣고 ❷ [Move Tool]로 ❸ 글자 부분 위에 배치합니다. ❹ 복사한 이미지 레이어와 문자 레이어 사이를 Alt+클릭하여 문자 레이어에 속하는 클리핑 마스크로 만들어 줍니다.

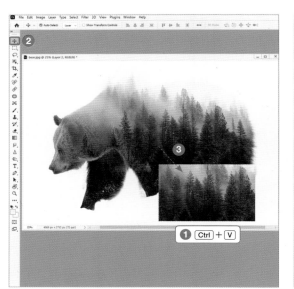

> **TIP** [Move Tool]로 복제한 레이어를 클릭할 때 다른 레이어가 선택된다면, 옵션 상단의 [Auto-Select]를 체크 해제하고 Layers 패널에서 복제한 레이어를 선택한 뒤 이동하세요.

04 Ctrl+Alt+I를 눌러 Image Size 창에서 이미지를 원하는 크기로 조절합니다.

패스, 클리핑 마스크를 이용한 풍경 일러스트 그리기

LESSON 03

패스를 이용하여 밑그림을 그리고 레이어 블렌드 모드로 자연스러운 음영을 채운 일러스트입니다. 복잡한 브러시 없이도 이미지의 밀도감을 표현할 수 있는 좋은 방법입니다.
복잡해 보이지만 간단한 기능의 반복이므로 쉽게 따라할 수 있습니다.

- **주요 기능**: 패스, 레이어 블렌드 모드, 클리핑 마스크
- **주요 색상**: : #6dc6d3,
- **크기**: 210×148 mm, 300 dpi
- **예제 파일**: sketch.jpg
- **완성 파일**: landscape.psd

 참고영상

결과 미리보기

펜 툴을 이용하여 개체 그리기

01 Ctrl+N을 누르고 New Document 창의 ❶ [Print] 탭에서 ❷ [View All Presets]를 클릭하고 [A5]를 선택합니다. ❸ [가로 방향] 🖼 아이콘을 클릭하고 ❹ [Create]를 클릭하여 새로운 작업 창을 만듭니다.

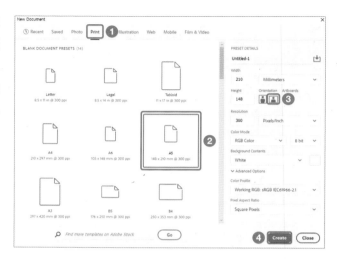

02 **sketch.jpg** 예제 파일을 열어 새로 만들어 둔 캔버스 위에 이동하고, Ctrl+T를 눌러 크기와 위치를 조절해 줍니다.

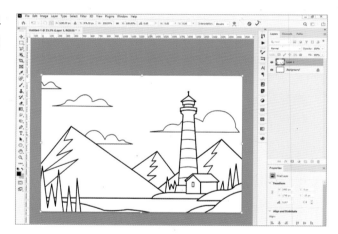

03 스케치 레이어를 **Opacity: 30%** 정도로 낮춰 패스를 따기 쉽게 만들어 줍니다. 스케치가 너무 진하다면 패스를 따는 과정에서 헷갈릴 수 있기 때문입니다.

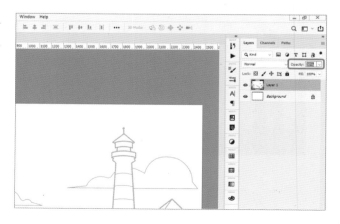

04 ❶ [Background] 레이어를 선택한 뒤 Layers 패널 하단의 ❷ 조정 레이어 ◑ 아이콘을 클릭하고 [Solid Color]를 선택합니다. ❸ Color: #bde4e3을 선택하고 ❹ [OK]를 클릭합니다.

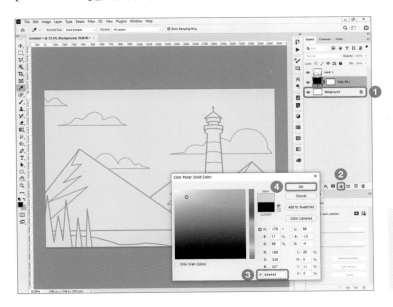

TIP 이 단계에서의 모든 색상 값들은 마지막에 색상을 조율하는 단계에서 보정이 가능하기 때문에 꼭 같은 색으로 하지 않아도 괜찮습니다.

05 패스를 새로 만들 때마다 점점 위로 레이어가 생성되기 때문에 그림에서 맨 뒤에 있다고 생각되는 부분부터 패스를 따는 것이 좋습니다. 여기서는 구름부터 먼저 따 볼게요. ❶ 툴바에서 [Pen Tool](ℙ)을 선택하고 ❷ 상단 옵션에서 Shape, Fill: #ffffff, Stroke: 0px로 설정합니다.

06 시작점을 클릭하면 패스 레이어가 생깁니다. 패스를 따다 보면 밑그림이 보이지 않아 헷갈릴 수 있어서 **①** 패스 레이어의 투명도를 **Opacity: 80%** 정도로 낮춰 주세요. **②** 시작점을 클릭한 뒤 **③** 끝부분을 Shift +클릭하여 수평으로 패스를 그려 줍니다.

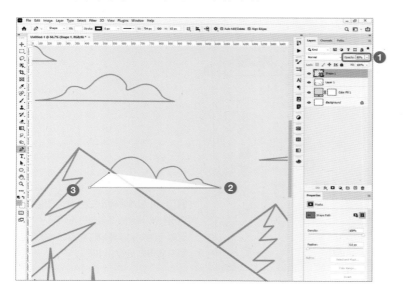

07 다음 지점을 클릭한 뒤 나오는 방향선을 클릭&드래그하여 곡선을 만들고, 원하는 만큼의 곡선이 그려지지 않을 땐 패스의 끝부분을 Alt +클릭하여 기존의 방향선을 끝내고 원하는 방향으로 곡선 패스를 이어 그려 갑니다. 구름 모양으로 마감된 패스를 다시 **Opacity: 100%**로 변경합니다.

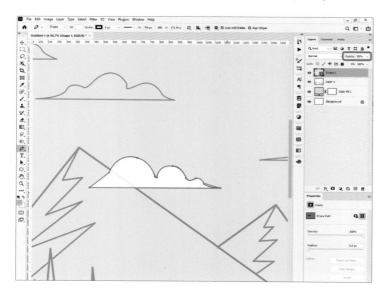

08 06~07 단계와 같은 방법으로 ❶ 네 개의 구름 패스를 만든 뒤 레이어를 ⌈Shift⌋＋클릭하여 모두 선택하고 ❷ 레이어 패널 하단 그룹 ▢ 아이콘을 클릭하여 그룹으로 만들어 줍니다. ❸ 그룹 이름 부분을 더블 클릭하고 **구름**이라고 입력했습니다.

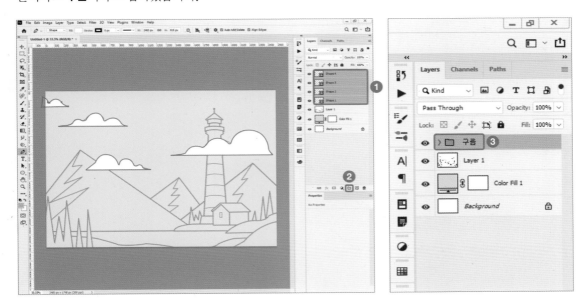

09 이번엔 겹겹이 쌓인 산들을 만들어 보겠습니다. 산은 직선으로만 이루어져 있어서 훨씬 쉽습니다. 가운데 산은 [Pen Tool]의 옵션 패널에서 **Shape, Fill: #71bbbd, Stroke: 0px**로 설정해서 그리고, 앞쪽 두 산은 **Shape, Fill: #6dc6d3, Stroke: 0px**로 설정하여 패스를 만들었습니다.

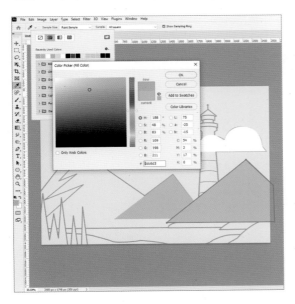
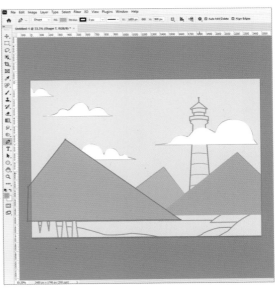

10 산 패스 레이어들도 동시에 선택해 준 뒤 **산** 이름으로 그룹화합니다. **구름**과 **산** 그룹을 선택하고 **Opacity: 80%**으로 입력하여 투명도를 낮췄습니다. 이렇게 하면 패스 하나하나의 투명도를 조절하지 않아도 일괄적으로 변경할 수 있기 때문에 작업하기 편해집니다.

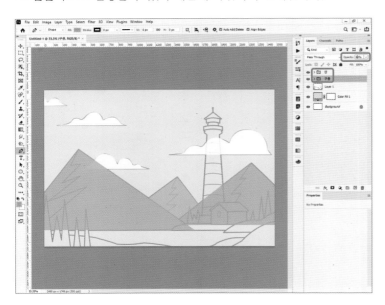

11 집 주변 나무, 등대, 집 순서로 패스를 따 볼게요. 오른쪽 나무는 **Shape, Fill: #22247b, Stroke: 0px**로 설정하고 패스를 그립니다. 가급적 한 덩어리로 패스를 만들면 나중에 수정하기 쉬워져요.

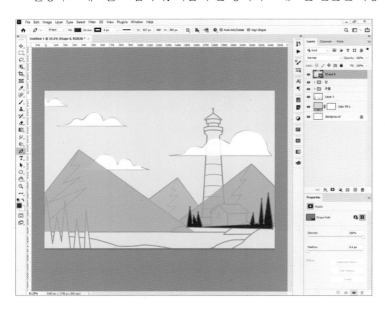

12 조금 복잡한 모양의 등대를 만들어 보겠습니다. 구조가 복잡한 이미지는 여러 부분으로 나누어 패스를 따는 게 편리합니다. 기본 기둥은 **Shape, Fill: #22247b, Stroke: 0px**로 패스를 따 줍니다. 등대 아래 받침 부분도 설정 그대로 패스를 딴 다음에 상단 옵션에서 색상을 **Fill: #f4715c**로 변경합니다.

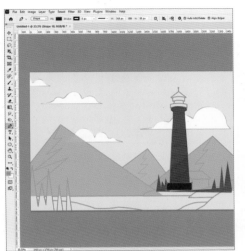
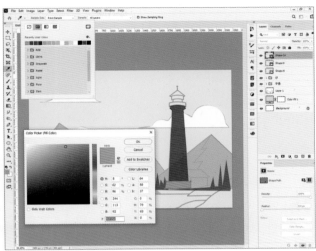

TIP 이렇게 색이 다른 패스를 연달아 만들 때, 미리 옵션 값을 변경하면 마지막 작업한 패스의 색상이 변할 수 있으므로 패스를 먼저 만들고 나서 옵션 값을 수정하는 것이 좋습니다.

13 아래 받침과 같은 색상으로 등대 윗부분의 패스도 밑그림을 따라 만들어 줍니다. 그다음 전망대 부분도 패스를 따 준 뒤, **Shape, Fill: #0f1753, Stroke: 0px**으로 색상을 변경합니다.

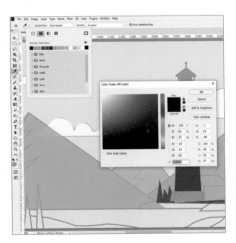

TIP 패스로 가로나 세로로 평행하는 직선이나 대각선을 그릴 때는 원하는 방향에서 [Shift]+클릭하면 됩니다.

14 이번에는 등대의 줄무늬를 만들어 보겠습니다. **Shape, Fill: #f4715c, Stroke: 0px**로 설정하고 패스를 땄습니다.

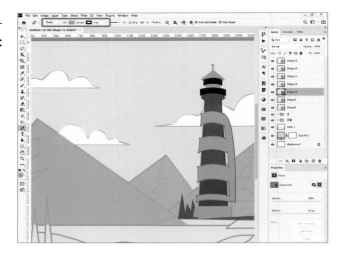

15 이제 이 줄무늬 부분을 등대 기둥 안쪽에서만 보이게 해야겠죠? 물론 간단하게 클리핑 마스크를 이용할 수도 있겠지만, 나중에 각각 부분의 명암 색상을 다르게 주기 위해 레이어 마스크 기능을 이용해 보겠습니다. Layers 패널에서 등대 기둥 레이어의 섬네일을 Ctrl+클릭하면 해당 영역만 선택됩니다.

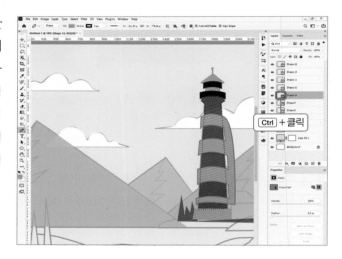

16 그다음 레이어 패널 하단의 레이어 마스크 아이콘을 클릭하여 선택한 영역 이외의 부분을 마스크로 지정합니다.

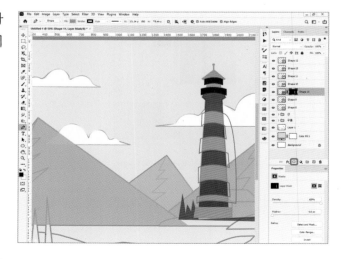

17 ① 등대 패스들도 모두 선택하여 **등대** 그룹으로 만든 뒤 ② **Opacity: 80%**로 조절 했습니다.

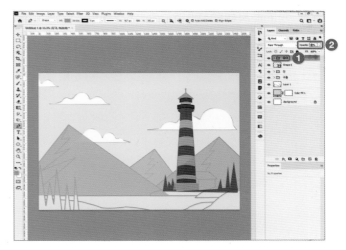

18 패스를 이용해 집 전체 모양을 **Shape, Fill: #305470, Stroke: 0px**로 그린 다음, 지붕(**Fill: #0b1142**) 밝은 앞 벽(**Fill: #ff996c**)을 그립니다. 집 전체 모양 레이어를 Ctrl+클릭하여 영역을 선택하고 레이어 마스크를 만든 뒤 지붕과 벽 레이어를 적용합니다. 세 레이어도 **집** 그룹으로 묶어 주세요.

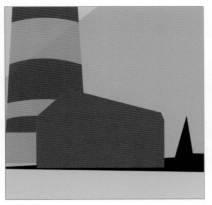

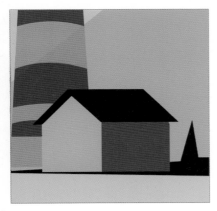

19 땅(**Fill: #44869c**)과 호수(**Fill: #72efd0**)도 차분히 패스를 만들어 줍니다. 손이 많이 가는 작업이지만 패스 기능을 연습하기에 좋아요.

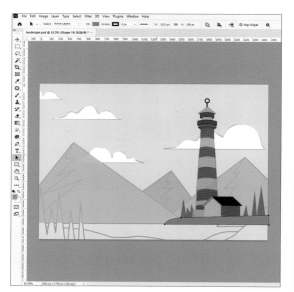
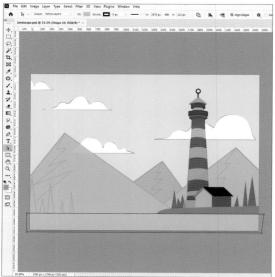

20 마을 앞 언덕(**Fill: #2c7587**)과 호수 앞쪽의 언덕(밝은 색 **Fill: #3ca7ab**, 어두운 색 **Fill: #15535c**)과 나무(**Fill: #072940**)도 패스를 만들어 줍니다.

개체 디테일 묘사하기

01 3개의 산의 밝은 면 부분을 **Shape, Fill: #e8f9f7, Stroke: 0px**로 패스를 각각 만듭니다. 등대에서 줄무늬를 적용했던 방법대로 산 모양 레이어에 선택 영역을 지정한 뒤 마스크 레이어를 입힙니다.

02 **Shape, Fill: #051740, Stroke: 0px**로 지정하고, 등대의 부분 부분들도 세부적으로 패스를 만들어 줍니다.

03 등대의 끝부분을 만들어 보겠습니다. 각각 [Pen Tool]과 [Ellipse Tool]로 Shape, Fill: 없음, Color: #000000, 선 굵기: 10px로 설정한 뒤 [Shift]를 누른 채 수직으로 선을 긋고 원을 그립니다.

 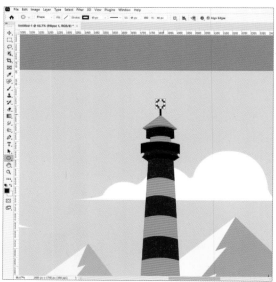

TIP 이전 버전에서는 [Stroke]가 가장자리의 선이 추가되고 [Weight]로 선의 두께를 조절했는데요. 2021 버전부터는 [Weight] 항목 대신 [Stroke]로 선 자체의 두께를 조절하게 되었습니다.

04 집의 창문(#305470), 호수의 물결(#a3fae4)도 패스로 만들면 기본 그림이 완성됩니다. 이제 밑그림 레이어는 가려 주세요.

레이어 블렌드 모드를 이용하여 명암 표현하기

01 브러시를 이용하지 않고 음영을 넣어 간단히 명암을 표현할 수 있어요. 맨 앞부분의 산부터 시작해 보겠습니다. 산 레이어 바로 위에 새 레이어 하나를 생성해 클리핑 마스크로 만들어 줍니다. 클리핑 마스크 가 적용되지 않으면 두 레이어 사이를 Alt+클릭하세요.

TIP 레이어가 많아졌을 경우, 마우스 커서를 원하는 개체에 위치한 뒤 Ctrl+ 우클릭하여 레이어를 찾을 수 있습니다.

02 ❶ 툴바에서 [Lasso Tool](L)을 선택하고 ❷ 어둡게 하고 싶은 부분의 영역을 선택합니다.

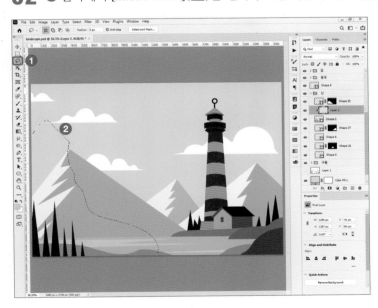

03 ❶ 툴바의 전경색을 선택하고 ❷ ❸ Color: **#51a5b7**로 지정한 뒤 ❹ [Shift]+[F5]를 누르고 ❺ [OK]
를 클릭해 선택한 영역을 채워 줍니다. ❻ [Ctrl]+[D]를 눌러 선택을 해제합니다.

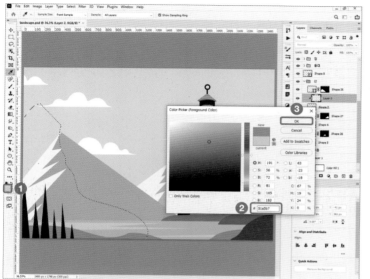

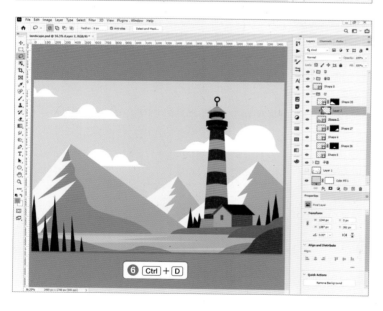

04 ❶ 상단 메뉴에서 [Filter – Blur – Gaussian Blur]를 선택하고 ❷ **Radius : 50px**로 조절한 뒤 ❸ [OK]를 클릭합니다. **Radius** 조절 바를 드래그하여 원하는 흐림의 정도를 조절하는데 **Radius** 값이 높을수록 흐림의 반경이 넓어집니다.

05 Layers 패널 상단에서 블러 처리된 레이어의 블렌드 모드를 **Normal**에서 **Dissolve**로 변경합니다.

06 상단 메뉴에서 [Filter – Blur – Gaussian Blur]를 다시 선택한 뒤 **Radius** 조절 바를 더 높여 음영의 흐려지는 반경이 좀 더 자연스럽도록 만들었습니다.

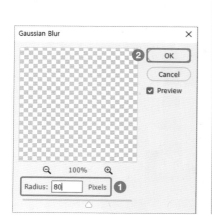

07 오른쪽 산도 같은 방식으로 클리핑 마스크를 생성하고 어두운 색(**51a5b7**)을 채운 뒤 [Gaussian Blur]와 레이어 블렌드 모드 **Dissolve**를 이용해 음영을 표현합니다.

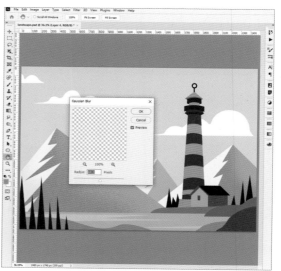

TIP 어두운 색을 선택할 때는 꼭 정해진 값이 아니더라도 Color Picker 창에서 기존 색상을 선택한 뒤 조금 더 어두운 쪽의 색상을 선택하면 됩니다.

08 면적이 넓은 경우엔 레이어를 한 번 더 추가하여 같은 방법으로 반복하면 조금 더 풍부한 단계를 나타낼 수 있습니다. 맨 뒤의 산도 같은 방법으로 명암 처리를 해 줍니다.

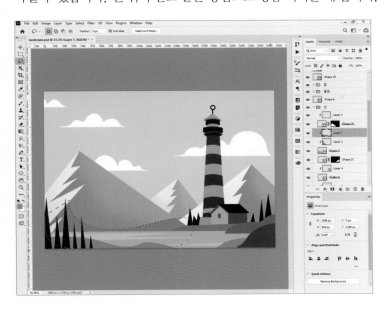

09 ❶ 하늘 레이어 상단에 새 레이어를 추가하고 ❷ [Rectangle Tool]로 ❸ 좀 더 밝은 색(**#d1f4f3**)의 직사각형을 그린 다음 ❹ 레이어 마스크 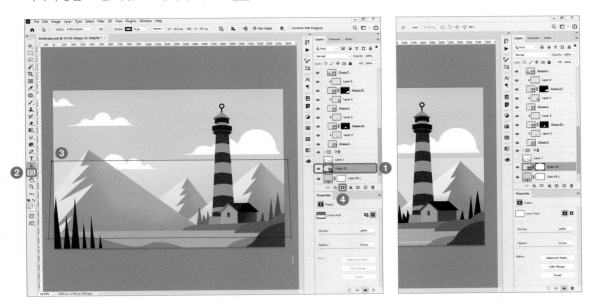 아이콘을 클릭합니다.

10 ❶ 레이어 마스크를 선택한 상태에서 ❷ 툴바에서 [Gradient Tool]을 선택하고 ❸ 레이어 마스크 부분을 오른쪽 끝부분부터 가운데 방향으로 드래그하여 자연스럽게 기존 하늘과 연결되도록 만들어 줍니다.

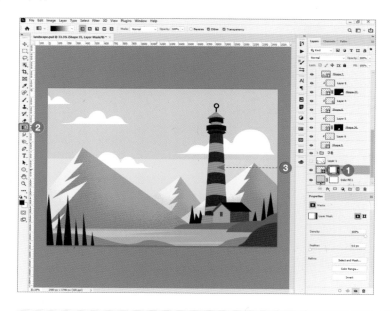

TIP [Gradient Tool]을 적용할 때 전경색은 [#000000], 배경색은 [#ffffff]로 지정되어 있어야 합니다.

11 이번엔 레이어 블렌드 모드를 이용한 효과가 아닌 필터 갤러리를 이용한 그레인 효과를 만들어 보겠습니다. **Dissolve** 블렌드 모드와 느낌이 어떻게 다른지 차이점을 느껴 보세요. 하늘 레이어 위에 새 레이어를 생성합니다. 툴바에서 [Lasso Tool]을 선택하고 상단 옵션에서 **Feather: 100**을 입력합니다.

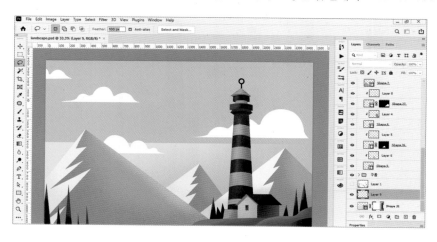

12 그림 가장자리에 어두운 비네팅 효과를 주려고 합니다. **❶** Ctrl+A를 눌러 전체 화면을 선택하고, **❷** 가운데 부분을 Alt+드래그해서 선택 영역에서 제외합니다. **❸** 전경색을 **Color: #abd9bd**로 지정하고 **❹** Shift+F5를 눌러 남은 선택 영역에 전경색을 채워 줍니다.

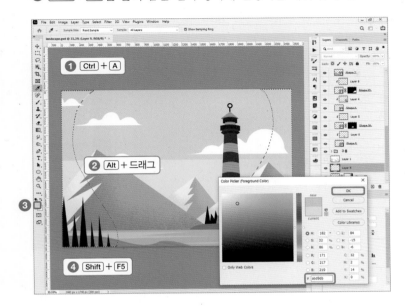

13 **❶** Ctrl+D를 눌러 선택을 해제합니다. Feather 값을 적용했기 때문에 Gaussian Blur 효과를 준 것처럼 색상이 입혀졌습니다. **❷** 레이어 블렌드 모드를 **Darken**으로 변경해 줍니다.

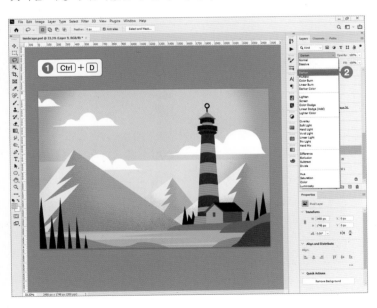

14 그다음 상단 메뉴에서 [Filter – Filter Gallary]를 선택합니다. ❶ 옵션 창에서 [Artistic – Film Grain]을 선택하고 ❷ Grain: 4, Highlight Area: 0, Intensity: 0으로 지정한 뒤 ❸ [OK]를 클릭합니다. 이 때 Grain 조절 바가 오른쪽으로 갈수록 입자가 거칠어지고, 왼쪽으로 갈수록 입자가 고와지는 것을 볼 수 있습니다. 레이어 투명도를 Opacity: 60% 정도로 낮춥니다.

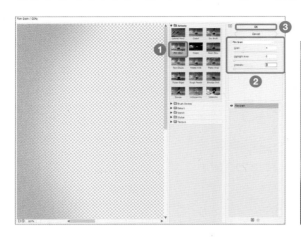

15 어느 정도 음영을 넣다 보니 맨 뒤의 산이 조금 밝아 보이네요. ❶ 산을 선택하고 ❷ 색상을 Color: #71bbbd로 변경합니다. ❸ 그 위의 음영 레이어를 선택하고 Ctrl+U를 눌러 ❹ Hue/Saturation 창에서 Hue: +2, Saturation: −5, Lightness: −14로 변경한 뒤 ❺ [OK]를 클릭합니다.

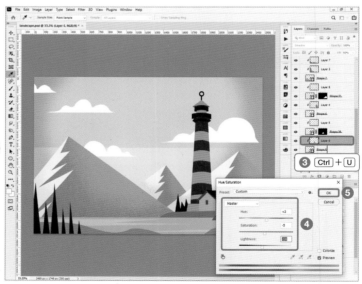

> **TIP** 작업을 하다 보면 이렇게 처음 정해 놓은 색상 값이 주변의 진행 정도에 따라 다르게 느껴지는 경우가 많습니다. 전체적인 조화를 수시로 확인해 가면서 작업하는 것이 좋겠죠?

16 산에서 어두운 음영과 반사광을 그리면 입체감을 살릴 수 있어요. 음영을 추가할 때와 마찬가지로 가운데 산 레이어 위에 새 레이어를 추가합니다. ❶ [Lasso Tool]로 산 비탈면만 선택하고 ❷ 색상(**#a9c8e1**)을 칠한 다음 ❸ Gaussian Blur로 경계를 부드럽게 다듬습니다.

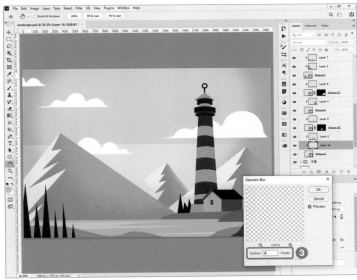

17 ❶ Ctrl + U 를 눌러 색감을 조정하고 ❷ 레이어 블렌드 모드를 **Dissolve**로 변경하면 됩니다.

TIP 반사광은 주요색의 보색 계열로 지정하거나, 주변 개체의 색감과 비슷하게 설정하면 좋습니다.

18 다른 두 산에도 같은 방식으로 반사광을 표현해 보세요.

19 이제 다른 개체들도 명암 처리를 해 보겠습니다. 등대 붉은 줄무늬의 어두운 부분은 **#c04734**로 칠했습니다.

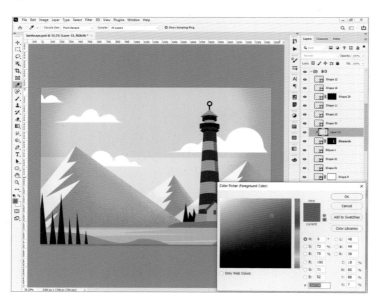

20 단계가 좀 더 부드럽게 넘어가게 하기 위해서 중간 부분을 드래그하여 **#dc614e**로 색을 채워 넣고 Gaussian Blur를 주었습니다.

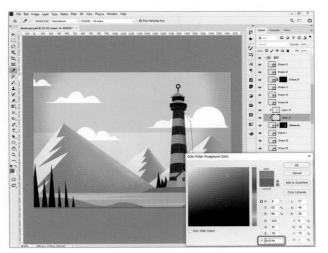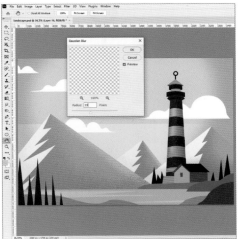

21 Gaussian Blur가 어느 정도 감이 익었다면 아까 하늘 부분의 영역을 선택했을 때처럼 [Lasso Tool]의 옵션 창에서 **Feather** 값을 설정한 뒤 바로 색칠하면 좀 더 빠르게 작업할 수 있습니다. 이때 좁은 영역에서는 **Feather** 값을 작게, 넓은 면적에서는 **Feather** 값을 크게 설정하면 됩니다.

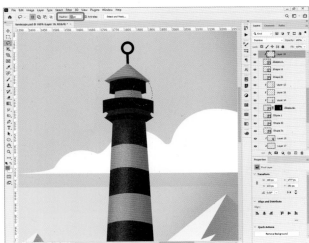

22 이번에는 반사광도 추가합니다. 반사광의 색은 기존의 색보다 약간 연한 색을 지정하세요.

23 하늘 부분에도 레이어를 하나 더 추가하여 중간 단계의 명암을 넣어 주었습니다.

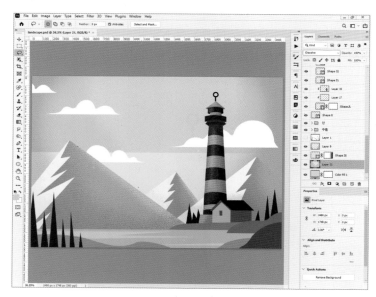

24 나머지 호수와 언덕, 나무들도 빼먹지 않고 같은 방법으로 명암 처리를 해 보겠습니다.

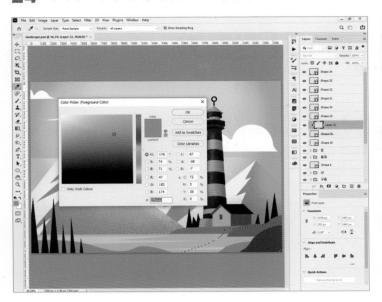 

25 각 부분의 색감, 밝기 등을 어색하지 않도록 조절해 가며 그림을 완성시킵니다.

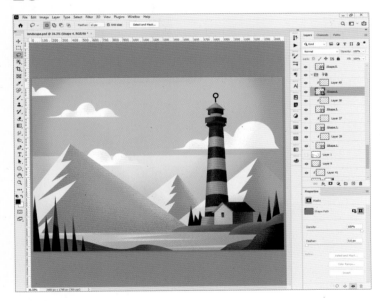

상세 페이지 만들기

쇼핑몰에서 물건을 구매할 때 한 번씩 보게 되는 상세 페이지는 판매하려는 상품의 종류에 따라 분위기, 톤, 레이아웃도 매우 다양한데요. 이번에는 종류와 상관없이 많이 쓰이는 제품 누끼 따기와 프레임 기능 등을 이용하여 간단한 화장품 상세 페이지를 만들어 보겠습니다.

- 주요 기능: 누끼 따기, 프레임 기능
- 사용 폰트: G마켓 산스
- 주요 색상: #b7add5, #fdf8f4
- 크기: 860×2200px, 72 ppi
- 예제 파일: 제품사진01~05.jpg
- 완성 파일: page.jpg

결과 미리보기

▶ 참고영상

첫 번째 영역 만들기

01 New Document 창에서 ① **Width: 860px, Height: 2200px, ppi: 72**로 설정한 뒤 ② [OK]를 클릭해 새 창을 만듭니다.

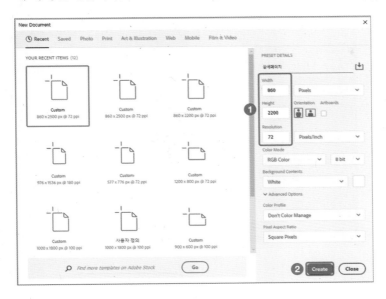

02 메인 화장품 이미지, 세부 설명1, 세부 설명2의 세 부분으로 나누어 작업해 볼게요. ① 전경색을 **#f3f3ff**로 지정한 뒤 ② [Rectangle Tool]을 선택하고 캔버스를 클릭합니다. ③ **Width: 860px, Height: 1000px**로 설정하고 ④ [OK]를 클릭해 사각형을 만듭니다. ⑤ 캔버스 상단에 딱 맞게 배치합니다.

03 같은 방법으로 **Fill Color: #f3f3ff, Width: 860px, Height: 720px**의 사각형 셰이프를 만들어 하단에 배치합니다.

 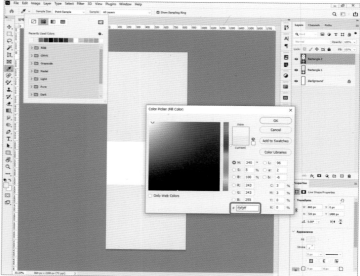

04 **제품사진01.jpg** 예제 파일을 불러 온 뒤 ❶ 툴바에서 [Object Selection Tool]을 이용하여 ❷ 제품 이미지를 클릭&드래그합니다. ❸ [Select and Mask]를 클릭하여 정확하게 영역을 지정해 보겠습니다.

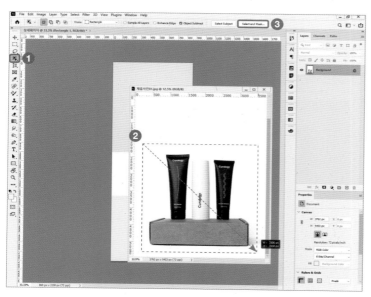

05 ❶ 오른쪽의 옵션 패널에서 **View Mode: Overlay**로 설정한 상태에서 ❷ 왼쪽 툴바의 세 번째 🖌 아이콘을 이용하여 ❸ 상품 바깥 배경 부분을 꼼꼼히 선택한 뒤 ❹ [OK]를 누릅니다.

> **TIP** 브러시로 선택할 때 제품 부분까지 침범해서 선택하기 어렵다면 화면을 더욱 확대하고, 브러시 크기를 아주 작게 줄여서 드래그합니다.

06 ❶ 정확하게 선택 영역이 지정되었으면 제품 레이어를 복제(Ctrl+J)합니다. 선택한 모양대로 레이어가 추가됩니다. ❷ 누끼 따진 제품 레이어를 [Move Tool](V)로 선택한 뒤 ❸ 드래그하여 작업 중이었던 캔버스로 옮기고 Ctrl+T를 눌러 크기를 적당히 줄입니다.

07 ❶ Fill: #b7add5, Width: 860px, Height: 780px의 사각형 셰이프를 그리고 ❷ 제품 레이어 아래에 배치해 줍니다. ❸ 새로 만든 [Rectangle 3] 레이어 위에 새 레이어를 추가한 뒤 두 레이어 사이를 Alt + 클릭하여 클리핑 마스크로 만들어 줍니다.

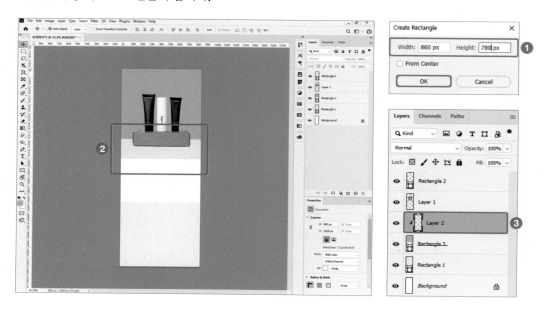

08 공간감을 내기 위해 벽면에 빛 느낌을 추가해 보겠습니다. ❶ 툴바에서 [Elliptical Marquee Tool]을 선택하고 ❷ 상단 옵션에서 Feather: 150px로 설정한 뒤 ❸ 캔버스 왼쪽 상단에 원형 선택 영역을 만듭니다. 이때 선택 영역을 캔버스 바깥까지 크게 선택해 줍니다.

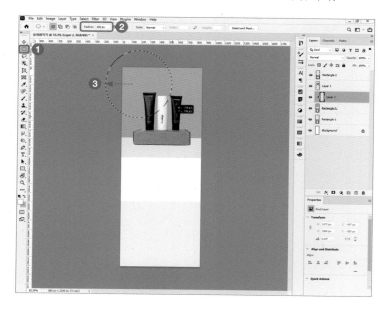

09 ❶ 전경색을 **#ffffff**로 지정하고 ❷ Shift+F5를 눌러 선택된 영역을 흰색으로 채웁니다. ❸ [OK]를 클릭합니다. ❹ 레이어 블렌드 모드를 Overlay, Opacity: 60%로 변경해 줍니다.

10 이번에는 조정 레이어를 이용해 제품 바닥에도 빛을 받는 느낌을 줘 볼게요. ❶ Layers 패널에서 [Rectangle 1]을 선택하고 ❷ [Gradient] 조정 레이어를 추가합니다. ❸ Color: **#ffffff→투명**, Style: Linear, Angle: **−22**로 설정합니다. ❹ [OK]를 클릭합니다.

11 바닥에 제품의 그림자를 만들어 보겠습니다. ❶ 새 레이어를 추가하고 ❷ 툴바에서 [Lasso Tool]을 선택한 뒤 ❸ 상단 옵션에서 **Feather: 10px**로 설정하고 ❹ 그림자를 표현할 영역을 선택합니다.

12 ❶ 전경색으로 **#9d97ae**를 선택한 뒤 ❷ Shift + F5 를 눌러 색을 채워 주고 ❸ [OK]를 클릭합니다. ❹ **Blend Mode: Multiply**로 변경해 줍니다.

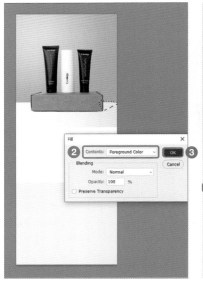
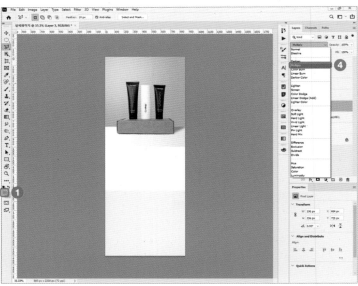

13 벽 부분에도 은은한 느낌의 그림자를 만들어 보겠습니다. ❶ 벽 레이어 [Rectangle 3] 위에 새 레이어를 추가해 클리핑 마스크로 만들고 ❷ [Lasso Tool]을 이용하여 ❸ Feather: 70px의 ❹ 선택 영역을 지정합니다.

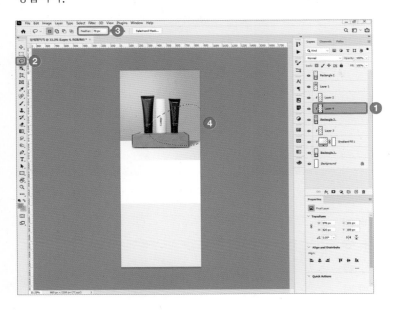

14 ❶ Shift + F5 를 눌러 영역 안에 Color: #dad5eb의 색상을 채웁니다. ❷ Blend Mode: Multiply로 변경합니다. ❸ 바닥 그림자와 자연스럽게 연결되도록 [Move Tool](V)로 이동시켜 줍니다.

15 ❶ 툴바에서 [Type Tool](T)을 선택한 뒤 ❷ Font: G마켓 산스 Medium, Size: 40pt, Color: #3a3652로 ❸ 첫 번째 문구를 입력합니다.

16 ❶ Font: G마켓 산스 Bold, Size: 50pt 로 지정하고 두 번째 문구를 작성합니다. ❷ [Move Tool](V)을 선택한 상태에서 ❸ Layers 패널에서 두 문자 레이어를 함께 선택하고 ❹ 가운데 위치로 정렬합니다.

17 ❶ 툴바에서 [Line Tool]을 선택한 뒤 ❷ 상단 옵션에서 Shape, Fill: #3a3652, Stroke: 1px로 지정합니다. ❸ Shift를 누른 채 클릭&드래그하여 수직선을 그립니다.

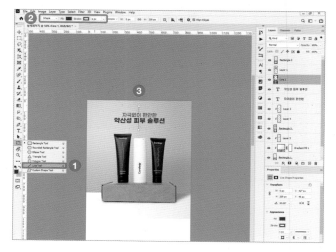

18 레이어 패널 하단의 레이어 마스크 🔲 아이콘을 클릭합니다.

19 전경색을 검은색(#000000)으로 지정합니다. 문구와 겹치는 부분을 브러시로 드래그하여 마스크를 입혀 줍니다.

20 ❶ 첫 번째 영역 레이어들을 모두 선택한 뒤 ❷ Layers 패널 하단의 그룹 🔲 아이콘을 클릭해 그룹화합니다.

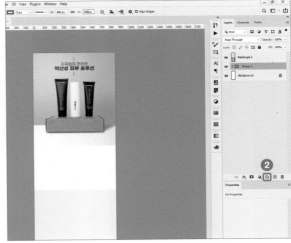

두 번째 영역 만들기

01 ❶ 상단 메뉴에서 [View – New Guide]를 선택한 뒤 ❷ **Vertical: 80px**을 지정하고 ❸ [OK]를 클릭합니다. ❹ 같은 방법으로 **Vertical: 760px**을 지정해 양 옆에 2개의 가이드라인을 만듭니다. ❺ 상단 줄자에서 아래로 클릭&드래그해서 상자 아래 선에 맞춰 가이드라인을 추가합니다.

TIP 또는 마우스로 세로 방향의 줄자(Ctrl + R)부터 각각 80px, 760px의 위치까지 드래그하여 가이드라인을 만들어도 됩니다.

02 ❶ [Rectangle Tool]을 선택하고 ❷ 화면을 클릭한 뒤 ❸ **Fill: #d2c5f1, Stroke: 0px**, ❹❺ **Width: 460px, Height: 390px**의 사각형을 만듭니다. ❻ [Move Tool](V)을 이용하여 ❼ 사각형을 왼쪽 가이드라인에 딱 맞게 배치해 줍니다.

03 **제품사진02.jpg** 파일을 불러옵니다. 아까와 같이 [Object Selection Tool]을 이용하여 제품 누끼를 따고 각각의 새 레이어로 만든 뒤 [Move Tool]([V])을 이용하여 작업 중이던 캔버스로 가져옵니다.

04 옮긴 두 화장품 레이어를 하나씩 선택한 뒤 마우스 우클릭해서 [Convert to Smart Object]를 선택하여 각각 스마트 오브젝트로 만들어 줍니다.

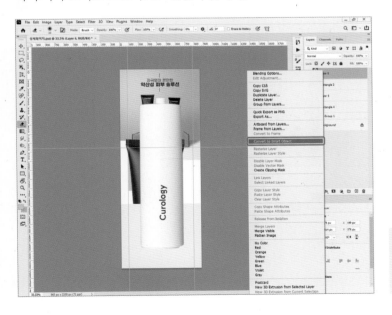

TIP 스마트 오브젝트는 이미지를 벡터화하기 때문에 이미지 사이즈를 조절해도 픽셀이 깨지지 않습니다.

05 ❶ Ctrl+T를 눌러 스마트 오브젝트로 만든 화장품 이미지의 크기와 각도를 조절하고 배치합니다. ❷ Layers 패널에서 [Rectangle 4] 레이어의 오른쪽을 더블클릭합니다. ❸ Layer Style 창에서 [Drop Shadow]를 선택한 뒤 ❹ Blend Mode: Multiply, Color: #353847, Opacity: 30%, Angle: 120, Distance: 10px, Spread: 0px, Size: 10px로 설정하고 ❺ [OK]를 클릭해 그림자를 만듭니다.

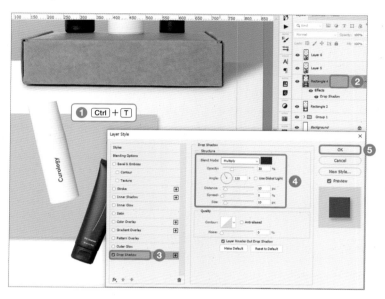

06 이번엔 ❶ 화장품 레이어에 레이어 스타일을 적용해 ❷ [Drop Shadow]를 선택하고 ❸❹ Opacity: 35%, Size: 27px로 설정해서 그림자를 만듭니다.

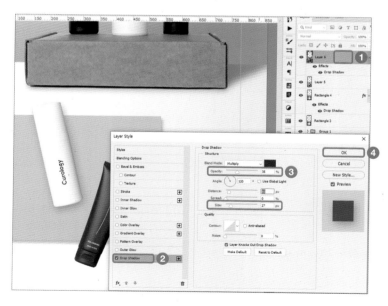

07 ❶ Layers 패널에서 앞서 설정한 레이어를 우클릭하고 ❷ [Copy Layer Style]을 선택한 뒤 ❸ 다른 화장품 이미지에 우클릭하고 ❹ [Paste Layer Style]을 선택해 복제한 레이어 스타일을 붙여 넣습니다.

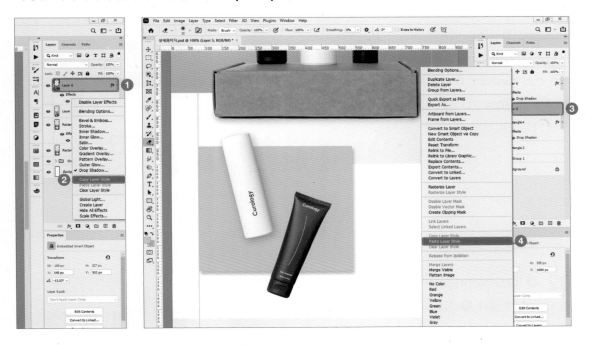

08 ❶ [Type Tool]([T])을 선택하고 ❷ Font: G마켓 산스 Bold, Color: #3a3652, Size: 28pt로 굵은 글자를 쓰고, Font: G마켓 산스 Medium, Color: #9593a0, Size: 22pt로 얇은 글자를 씁니다. ❸ 각각의 글자 레이어를 ❹ [Move Tool]([V])을 이용하여 ❺ 왼쪽 정렬합니다. 두 번째 영역 레이어들을 모두 선택하고 그룹화합니다.

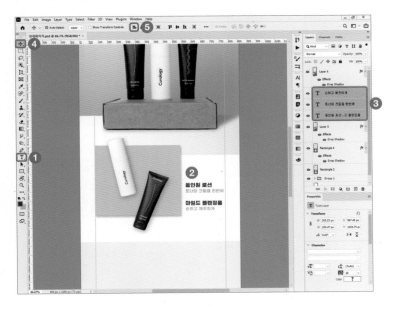

세 번째 영역 만들기

01 세 번째 영역은 프레임 기능을 이용하여 상세 사진들을 배치해 보겠습니다. ❶ [Type Tool](T)을 이용하여 ❷ Font: G 마켓 산스 Medium, Color: #4a3e65, Size: 16pt로 ❸ HOW TO USE라는 글자를 입력하고 가운데로 정렬합니다.

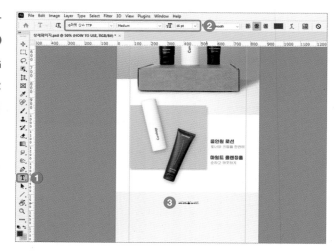

02 ❶ [Line Tool]을 선택하고 가이드라인 안쪽에 딱 맞게 ❷ 가로로 Shift + 드래그해, 글자를 가로지르는 수평선을 그립니다.

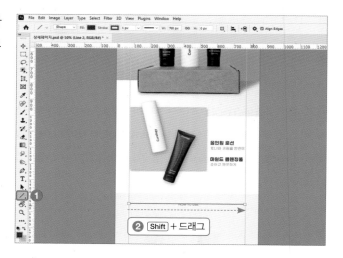

03 ❶ 레이어 마스크를 만들고 ❷ 글자와 겹치는 부분을 브러시(전경색: #000000)로 드래그하여 마스크를 입혀 줍니다.

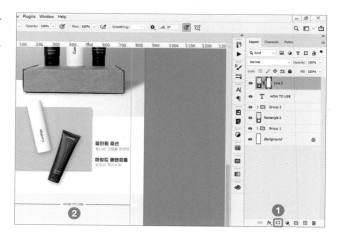

04 ❶ [Frame Tool]([K])을 선택하고 ❷ 클릭&드래그하여 프레임을 만듭니다. ❸ Properties 패널에서 **W: 220px, H: 360px**로 설정합니다.

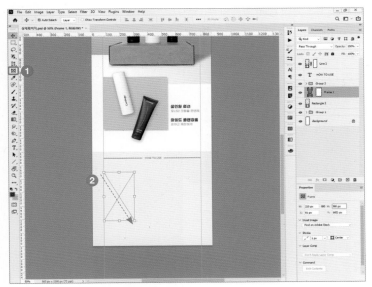
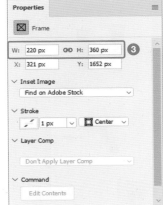

05 [Move Tool]([V])을 선택하고 [Alt]+[Shift]+드래그해서 프레임을 복제합니다. 가운데 가이드라인 영역이 **700px**이므로 각각의 프레임 사이 간격이 **20px**이 되도록 배치합니다. 간격은 이동하면서 보이는 수치를 확인해도 되고 프레임 옵션 창에서 X축의 위치를 입력하여 맞춰도 됩니다.

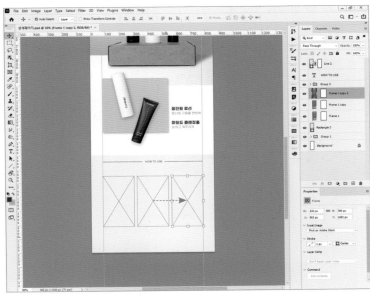

TIP [Move Tool]을 사용할 때에도 [Shift]를 누른 채 이동시키면 수직, 수평에 맞게 이동시킬 수 있습니다.

06 **제품사진03.jpg, 제품사진04.jpg, 제품사진05.jpg** 파일을 불러와 작업 중인 캔버스로 붙여 넣고 크기를 줄입니다. Layers 패널에서 각 사진 레이어를 각 프레임 영역으로 클릭&드래그합니다. 프레임 영역만큼 사진의 일부분이 표시됩니다. 레이어 패널에서 사진 섬네일을 선택하고 Ctrl + T 를 눌러 사진 크기와 위치를 프레임에 맞게 조절한 뒤 Enter 를 눌러 완료합니다.

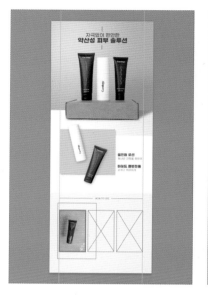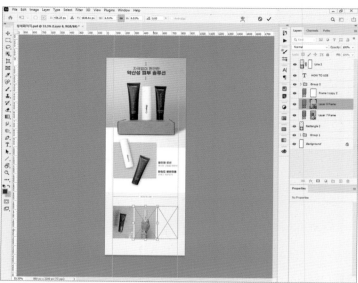

07 ❶ [Type Tool]을 선택하고 ❷ Font: G마켓 산스 Medium, Color: #544b6e, Size: 35pt로 문구를 입력하고, ❸ 강조할 부분을 드래그하여 상단 옵션에서 **Bold**로 변경합니다.

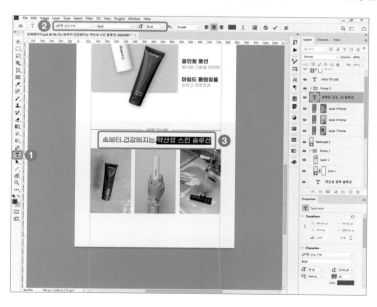

08 나머지 부분도 [Type Tool]과 [Line Tool]을 이용하여 문구와 선을 추가해 줍니다.

09 가운데 영역의 하얀 바탕이 허전해 보이지 않도록 [Rectangle Tool]을 이용하여 **Color: #b6b2d0**, **Color: #f6e5f1** 색상의 사각형을 만들어 적당한 위치에 배치해 주고 완료합니다.

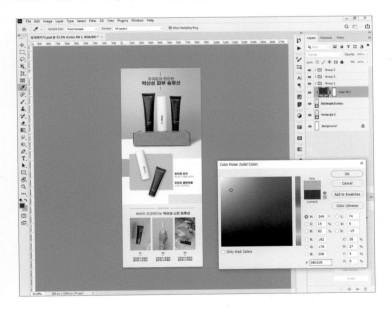

PART 03

일러스트레이터

처음부터 일러스트레이터만 배우는 사람보다
포토샵을 먼저 공부하고 일러스트레이터를 공부하는 경우,
또는 동시에 공부하는 사람의 비중이 많습니다.
포토샵이 래스터(픽셀) 기반으로 사진 보정과 디자인을 할 수 있는 프로그램이라면
일러스트레이터는 벡터 기반으로 회사의 로고나 출력물을 제작할 때 사용하고
깔끔한 일러스트를 제작할 때도 사용됩니다.
현재의 포토샵이 일러스트레이터의 기능을 꽤 많이 포함하고 있으나
포토샵과 일러스트레이터 프로그램은 서로의 부족한 부분을 보완할 수 있는 관계로
디자이너라면 하나의 프로그램만 선택해 사용하기 어렵고
포토샵을 주로 사용하는 디자이너라도 다른 사람이 제작한 일러스트레이터 파일의 소스나 이미지를 정리해
포토샵에 불러와 사용하는 방법 정도는 알고 있어야 실무에서 원활히 작업할 수 있습니다.
포토샵도 재미있는 프로그램이지만 일러스트레이터도 사용해보면
꽤 매력 있고 재미있다는 걸 여러분도 알게 되셨으면 좋겠습니다.

CHAPTER
01

실행 화면과
작업환경 살펴보기

일러스트레이터에서 나만의 작업환경을 만드는 방법,
아트보드(새 문서)를 만드는 방법과 일러스트레이터의
다양한 도구와 패널의 기능에 대해 알아봅니다.
그리고 포토샵과 비슷하지만 다른 레이어의 활용 방법과 가장 많이 사용하는
선택, 이동, 복제 기능을 알아보겠습니다.

LESSON 01
일러스트레이터 시작하기

일러스트레이터 시작 화면은 어도비에서 제공하는 튜토리얼 또는 업데이트 공지사항 등을 확인할 수 있고 새 문서를 제작하고 불러오는 대기실 같은 공간입니다.

새 문서 만들기

01 일러스트레이터를 실행하면 시작 화면이 나타났다가 홈 화면이 열립니다. [Create new]를 클릭하면 새 문서를 만들 수 있고 [Open]을 클릭하면 PC에 저장된 일러스트레이터 파일을 불러올 수 있습니다. 먼저 [Create new](Ctrl + N)를 클릭합니다.

02 New Document 창이 열립니다. 일러스트레이터에서는 기본적으로 다양한 문서 프리셋을 제공합니다. [Mobile], [Web], [Film & Video]의 기본 규격은 Pixel, RGB Color, 72 ppi인 걸 확인할 수 있고 [Print]의 경우는 mm, CMYK Color, 300 ppi인 걸 확인할 수 있습니다. 이렇게 최종 작업물이 인쇄물이냐 모바일, 웹용이냐에 따라 작업 단위와 색상 모드가 변경됩니다. ❶ [Print] 탭에서 ❷ [A4]를 선택하고 ❸ [Create]를 클릭해 A4 규격의 새 문서를 생성합니다.

03 ❶ 상단 메뉴에서 [Edit-Preferences-User Interface]를 선택합니다. ❷ Preferences 창의 [User Interface]에서 일러스트레이터 화면 밝기를 선택할 수 있습니다. 기본은 두 번째 밝기로 설정되어 있지만, 앞으로의 작업 진행은 글자가 좀 더 잘 보이는 ❸ 네 번째 가장 밝은 밝기로 선택해 작업을 진행하겠습니다.

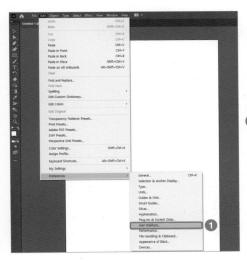
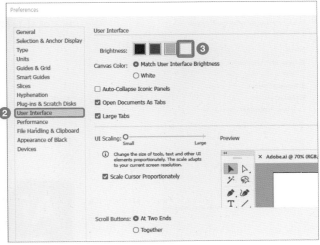

04 일러스트레이터 화면 상단의 아이콘을 클릭하면 다양한 Workspace 설정이 있는데 각자 작업에 맞는 설정을 사용할 수 있습니다. [Essential]을 선택하면 왼쪽에는 툴바, 오른쪽에는 [Layers], [Properties], [Libraries] 패널이 배치됩니다.

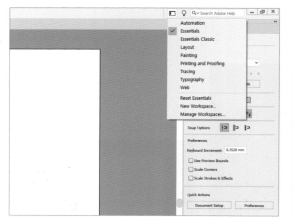
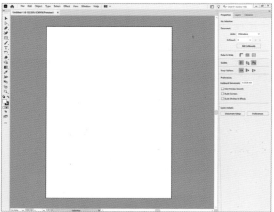

파일 저장하기

일러스트레이터에서 작업을 처음 저장할 때 Ctrl+Shift+S를 눌러 저장될 폴더와 이름을 선택하고 [저장]을 클릭하면 저장되기 전 Illustrator Options 창이 나타납니다. 일러스트레이터는 저장하기 전 Version을 선택할 수 있습니다. 개인 작업이라면 확인할 필요 없이 현재 버전을 확인하고 [OK]를 클릭하면 되지만 낮은 버전을 사용하는 출력업체나 다른 사람에게 파일을 공유해야 할 때는 버전을 낮춰 저장하는 경우도 있습니다. 높은 버전에서는 낮은 버전 파일을 열 수 있지만 낮은 버전에서 높은 버전 파일을 열 수 없기 때문입니다.

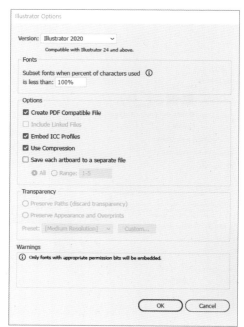

고양이 발바닥

JPG, PNG 등 다른 이미지 형식으로 저장하려면 상단 메뉴에서 [File – Export – Export As]를 선택합니다. 저장 경로와 파일명, 파일 형식을 선택합니다. 여기서는 **JPEG(*JPG)**를 선택하고 [Export]를 클릭합니다.

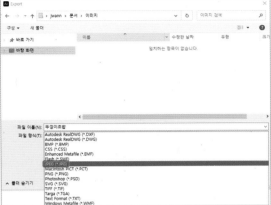

JPEG 옵션 창에서 이미지 **Color Mode**와 **Quality** 옵션을 선택하고 [**OK**]를 클릭하면 JPEG 이미지로 저장합니다.

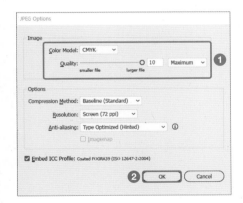

툴바와 패널 살펴보기

이미지 제작에 앞서 일러스트레이터 화면을 구성하는 툴바와 패널의 기능을 알아봅니다.

툴바

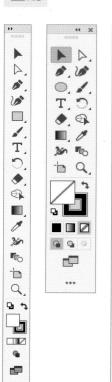

일러스트레이터 작업 화면 왼쪽에는 각종 도구를 모아 둔 툴바가 있습니다. 상단 메뉴에서 [Window-Toolbars]를 클릭하면 [Basic]과 [Advanced] 두 가지 스타일이 있는데 특별한 경우가 아니라면 가장 많이 쓰이는 [Basic] 툴바 기준으로 알아보겠습니다.

◀ 한 줄 보기와 두 줄 보기 및 [Basic]과 [Advanced] 툴바

- **Selection Tool(선택 도구, V):** 오브젝트를 선택하고 이동할 때 사용합니다.

- **Direct Selection Tool(직접 선택 도구, A):** 오브젝트의 기준점을 선택하고 디테일한 수정을 할 때 사용합니다.

- **Pen Tool(펜 도구, P):** 직선과 곡선의 패스를 제작할 때 사용합니다.

- **Anchor Point Tool(고정점 도구):** 부드러운 곡선 기준점을 만들거나 반대로 각진 기준점을 만들 때 사용합니다.

- **Rectangle Tool(사각형 도구, M):** 정사각형, 직사각형을 만드는 도구입니다.

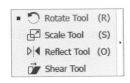

- **Ellipse Tool(원형 도구, L):** 정원 및 타원 도형을 만드는 도구입니다.

- **Polygon Tool(다각형 도구):** 다각형을 만드는 도구로 모서리 개수를 직접 입력하여 제작할 수 있습니다.

- **Type Tool(문자 도구, T):** 문자를 입력할 때 사용합니다.

- **Rotate Tool(회전 도구, R):** 오브젝트를 원하는 각도로 회전 및 복제합니다.

- **Scale Tool(크기 조절 도구, S):** 오브젝트 크기를 조절할 때 사용합니다. 오브젝트에 획(Stroke)이 있는 경우 크기를 조절할 때 획의 굵기도 변경될지 아니면 그대로 유지할지 여부도 선택할 수 있습니다.

- **Reflect Tool(반사 도구, O):** 오브젝트를 좌우, 상하 반전 및 복제할 때 사용합니다.

- **Shape Builder Tool(도형 구성 도구):** 도형과 도형을 서로 합치거나 뺄 때 사용하는데 [Pathfinder]의 기능과 유사합니다.

- **Gradient Tool(그레이디언트 도구, G):** 선과 면에 그러데이션을 만드는 도구입니다.

- **Eyedropper Tool(스포이드 도구, I):** 아트보드에서 선택한 색상 값을 추출할 수 있습니다.

- **Blend Tool(블렌드 도구, W):** 여러 개의 오브젝트의 모양과 색상을 서로 혼합합니다.

- **Artbord Tool(아트보드 도구, Shift+O):** 아트보드를 생성하고 수정할 때 사용합니다.

- **Zoom Tool(돋보기 도구):** 화면을 확대, 축소할 때 사용합니다.

- **Hand Tool(손 도구):** 대지를 이동할 때 사용합니다.

포토샵의 색상 지정은 전경색(Foreground Color)과 배경색(Background Color)으로 이루어졌다면, 일러스트레이터에서는 ① [Fill](칠)과 ② [Stroke](획)로 구성됩니다. 말 그대로 도형 안쪽의 색상은 [Fill]로 지정하고, 도형 윤곽선(패스)의 색상은 [Stroke]로 지정합니다. ③ [Swap Fill and Stroke]([Shift]+[X])를 클릭하면 두 색상이 교체되는 방식은 포토샵과 동일합니다.

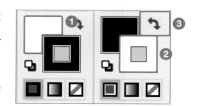

[Fill] 섬네일을 클릭하고 하단의 ① [Fill](색상), ② [Gradient](그레이디언트), ③ [None](없음)을 클릭하면 차례대로 변경됩니다.

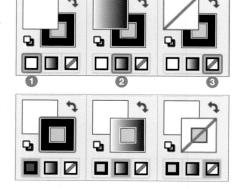

[Stroke] 섬네일을 클릭하면 [Fill] 섬네일 앞으로 올라옵니다. [Fill], [Gradient], [None]을 클릭하면 차례대로 변경됩니다.

① **Draw Normal(표준 그리기), Draw Behind(배경 그리기), Draw Inside(내부 그리기):** 기존 오브젝트와 겹치게 오브젝트를 생성할 때 적용되는 방식입니다.

② **Change Screen Mode(화면 모드 변경):** 프레젠테이션 모드 및 작업 화면 보는 방식을 정합니다.

③ **Edit Toolbar(도구 모음 편집):** 툴바의 도구를 커스터마이즈할 수 있습니다.

패널

포토샵과 마찬가지로 일러스트레이터의 여러 기능은 패널로 표시됩니다. 패널 상단을 드래그해서 위치를 옮기거나 패널을 축소할 수도 있으며, 상단 메뉴의 [Windows]에서 원하는 패널을 열 수 있습니다. 단축키가 지정된 패널이 사용 빈도가 높은 편입니다. 현실적으로 화면에 모든 패널을 전부 열어 놓고 작업하는 건 비효율적이기 때문에 필요한 패널만 꺼내서 사용하고 다시 끄는 방식으로 사용합니다.

- **Properties 패널:** 2020 버전 업데이트 이후로 Properties 패널에 보여주는 내용이 다양해졌는데 선택하는 도구에 따라 Properties 패널 내용이 변경됩니다. 패널을 열거나 메뉴에서 찾아서 실행해야 했던 기능 중 주요 기능들을 Properties 패널에 넣어 놓았습니다. 이 책에서는 실습 중 가급적 각각의 패널을 열기보다는 Properties 패널을 활용하겠습니다.

▲ [Selection Tool]([V])을 선택했을 때   ▲ [Rectangle Tool]을 선택했을 때   ▲ [Brush Tool]을 선택했을 때

Workspace

버전이 올라가면서 새로운 기능이 추가되고 단독 패널로 존재했던 기능의 일부를 [**Properties**] 패널에서도 보여 주기 때문에 일러스트레이터를 처음 실행하면 상당히 복잡해 보입니다. 그래서 일러스트레이터에서는 Switch Workspace를 제공하여 작업 목적별로 다양한 Workspace를 제공합니다. [**Essentials**], [**Essentials Classic**] Workspace에서 시작하면 되고 일러스트레이터가 익숙해지면 내가 주로 사용하는 기능들로 나만의 Workspace를 제작해 사용하면 편리합니다.

[**Essentials Classic**] Workspace는 Advanced Toolbar로 툴바의 모든 도구가 표시되어 있고 [**Properties**], [**Libraries**], [**Layers**] 패널이 두 줄로 표시되며 상단 옵션 바와 세로형 옵션 바가 추가됩니다. 상단의 옵션 바는 [**Properties**] 패널에 있는 옵션과 중복되고 세로형 옵션 바는 주요 패널이 아이콘으로 표시되어 있어 선택하면 왼쪽으로 패널이 표시되는 방식입니다. 작은 모니터, 노트북에서 사용하는 경우라면 작업 화면이 다소 좁아 보이는 구성입니다.

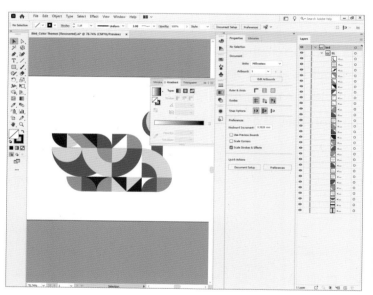

LESSON 03

오브젝트
선택/이동/복제하기

[Selection Tool]은 개별 오브젝트나 그룹을 이동할 때 사용하고, [Direct Selection Tool]은 오브젝트의 특정 조절점을 선택하고 수정하기 위해 사용합니다. 각각 선택 도구의 사용 방법을 알아봅니다. 또 Layers 패널을 이용해 오브젝트를 확인하거나 선택하는 요령도 배우겠습니다.

Selection Tool과 Direct Selection Tool을 이용해 햄버거 수정하기

[Selection Tool]($\boxed{V}$)과 복제 기능을 이용해 일반 햄버거를 더블버거로 만들어 보겠습니다. 햄버거 재료별로 각각 레이어 및 그룹으로 정리해 가면서 제작하면 오브젝트를 수정하거나 이동하기 수월합니다.

▶ 참고영상

01 **햄버거.ai** 파일을 엽니다. Layers 패널을 확인해 보면 **햄버거** 레이어 안에 각각 재료별로 레이어가 나열된 걸 확인할 수 있습니다. 이런 각각의 요소를 '오브젝트'라고 합니다. 오브젝트는 [Selection Tool]을 이용해 화면에서 직접 클릭 혹은 드래그해서 선택할 수도 있고, Layers 패널에서 각 오브젝트 레이어 오른쪽의 ◯ 아이콘을 클릭해도 선택됩니다. 레이어가 선택되면 아이콘은 ◎■와 같이 표시됩니다.

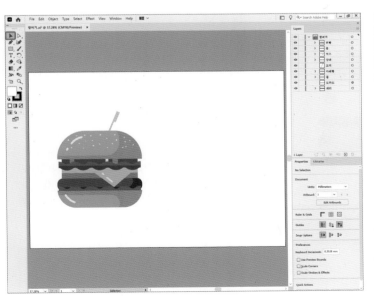

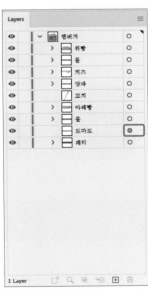

02 **햄버거** 레이어를 선택하고 레이어 추가 🖽 아이콘으로 드래그해 햄버거를 복제합니다. 혹은 ❶ 툴바에서 [Selection Tool](Ⓥ)로 ❷ 햄버거를 전체 드래그해 선택하고 ❸ Alt 를 누른 채 오른쪽에 드래그해도 복제됩니다.

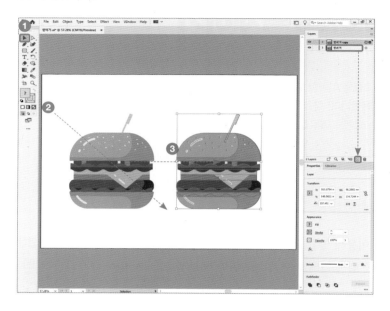

03 ❶ 복제한 햄버거에서 빵과 꼬치 부분을 드래그해 선택합니다. ❷ 선택한 오브젝트 안쪽을 클릭&드래그하거나 방향키 ⬆ (또는 Shift + ⬆)를 눌러 위쪽으로 이동합니다.

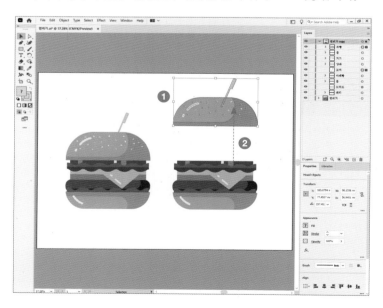

> **TIP** 오브젝트를 선택한 상태에서 방향키를 누르면 1px만큼 이동하고, Shift +방향키를 누르면 10px씩 이동할 수 있습니다. 섬세한 이동을 할 때 방향키를 사용합니다.

04 복제할 재료들을 선택합니다. 치즈, 토마토, 패티를 선택하고 위로 Alt +드래그하면 오브젝트가 복제되며, 이 상태에서 Shift 를 누르면 정확한 수직 · 수평 방향으로 이동됩니다. 복제한 치즈, 토마토, 패티를 햄버거 재료 위에 배치합니다.

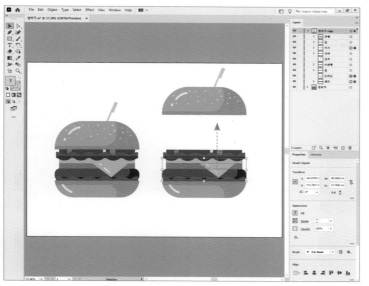

05 빵과 꼬치를 함께 선택하고 아래로 이동해 덮어 줍니다.

06 [Direct Selection Tool]은 세부적인 모양을 변경할 때 사용합니다. 치즈가 흘러내린 위치를 변경해 보겠습니다. ❶ 툴바에서 [Direct Selection Tool](Ⓐ)을 선택하고 ❷ 치즈를 선택하면 모든 꼭지점이 파란색으로 보입니다. 이 상태에서 ❸❹❺ Shift를 누른 채 치즈의 3개의 기준점을 클릭하면 선택한 기준점만 파란색으로 변경됩니다.

07 선택한 세 개의 기준점을 ←(또는 Shift+←)를 여러 번 눌러 왼쪽으로 이동시킵니다.

08 치즈의 반짝임을 표현한 반사광은 [Selection Tool]([V])로 선택하고 변경된 치즈 위치로 옮깁니다.

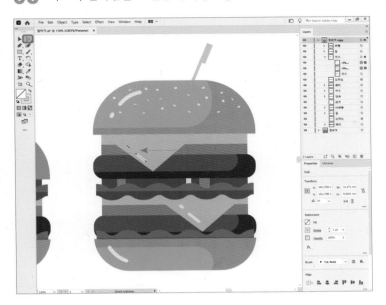

09 [Direct Selection Tool]은 움직이고 싶은 기준점을 선택해서 적용할 수도 있지만 원하는 기준점을
드래그해 선택할 수도 있습니다. ❶ 햄버거 채소의 오른쪽 끝을 드래그해 선택하면 레이어 순서에 상관없이
선택한 위치에 있는 모든 기준점이 선택됩니다. ❷ 선택한 기준점을 이동시키면 두 가지 색상의 채소가 함
께 늘어나는 걸 확인할 수 있습니다.

Reflect Tool과 Rotation Tool을 이용해 알람 시계 만들기

좌우 대칭되는 오브젝트는 한쪽 모양만 만들어 놓고 [Reflect Tool]을 사용해 복제해서 완성할 수 있습니다. [Rotate Tool]은 시계의 시간 표시나 꽃잎같이 한 점을 기준으로 원형으로 복제할 때 사용할 수 있습니다. 원형으로 배치된 시계의 시침 표시는 하나만 만들고 [Rotate Tool]로 회전 및 복제해서 알람 시계를 만들어 보겠습니다.

01 **알람시계.ai** 파일을 엽니다. 알람 시계에서 손잡이와 벨, 다리 부분을 선택하려고 합니다. Layers 패널에서 [벨1] 레이어의 ◎ 아이콘을 클릭하고 [벨2], [벨3], [손잡이], [다리] 레이어의 ◎ 아이콘을 각각 Ctrl + 클릭해서 선택하세요.

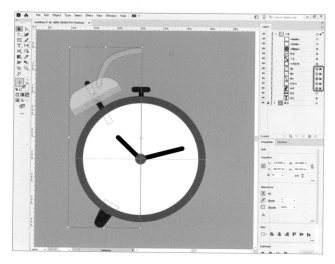

> **TIP** 하늘색 가이드라인이 보이지 않으면 Ctrl
> + ; 를 눌러 [Show Guides] 상태로 만들어 줍니다. 혹은 상단 메뉴에서 [View–Guides–Show Guides]를 선택하세요.

02 ❶ 툴바에서 [Reflect Tool](◎)을 선택하고 ❷ 가이드라인의 가로세로가 만나는 지점, 즉 시계의 정가운데 지점에 Alt + 클릭합니다.

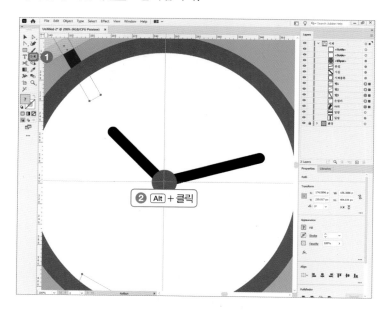

03 옵션 창이 나타나면 ❶ **Vertical**을 선택하고 ❷ [Copy]를 클릭합니다. Alt + 클릭한 지점을 기준으로 선택한 오브젝트가 오른쪽에 복제됩니다.

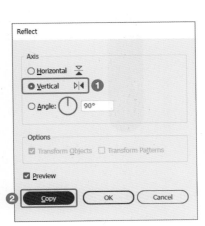

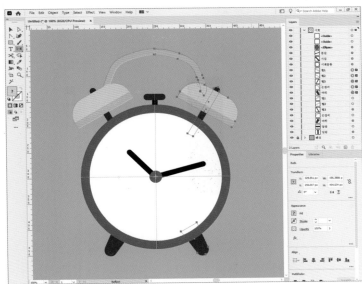

TIP 여기서 [OK]를 클릭하면 선택한 오브젝트가 복제되지 않고 반대편으로 반전됩니다.

04 ❶ 툴바에서 [Rectangle Tool](M)을 선택하고 ❷ 가이드라인 가운데 위치에 작게 드래그해서 시각을 나타내는 사각형을 그립니다.

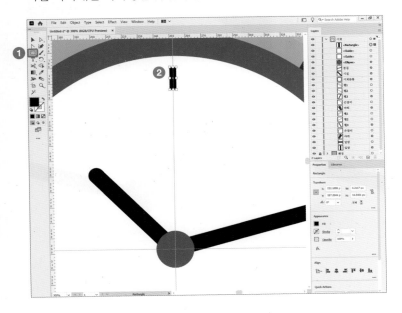

05 사각형이 선택된 상태에서는 사각형 안 모서리마다 둥근 모서리 조절점이 나타납니다. 이 중 한 곳을 클릭&드래그해 전체적으로 둥근 모서리(Round Corner)를 적용합니다.

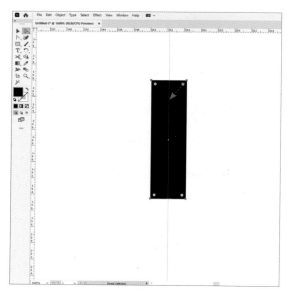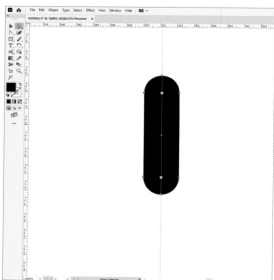

06 ❶ [Rotate Tool]을 선택하고 ❷ 시계의 정가운데 지점을 Alt + 클릭하면 Rotate 창이 나타납니다. ❸ **Angle: 30°**로 선택하고 ❹ [Copy]를 클릭합니다.

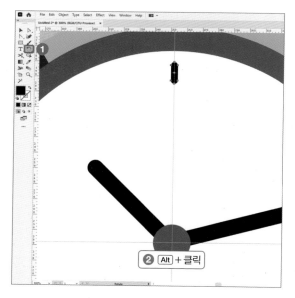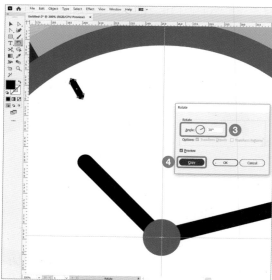

07 이 상태에서 [Ctrl]+[D]를 누르면 30°씩 이동하며 복제됩니다. [Ctrl]+[D]를 10번 누르면 12시간 표시를 모두 복제할 수 있습니다.

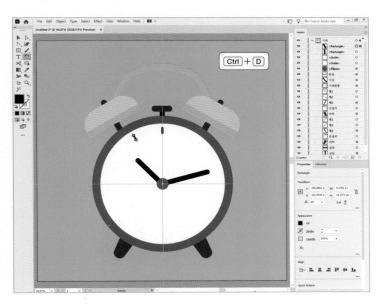

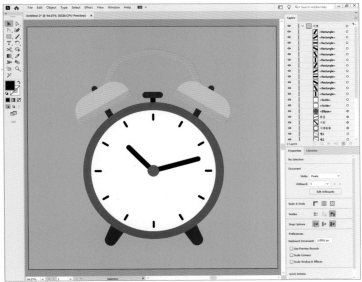

TIP 단축키 [Ctrl]+[D]는 회전하는 오브젝트를 복제할 때뿐 아니라 [Alt]+드래그해 복제한 경우에도 동일하게 쓰일 수 있습니다.

TIP 도형의 모서리 모양 변경하기

사각형을 그리고 [Direct Selection Tool]로 선택하면 사각형 안쪽에 Round Corners 조절점이 나타납니다. 이때 안쪽 조절점 하나를 더블클릭하면 Corners 옵션 창이 나타납니다. 여기서 Radius 값을 변경하면 네 모서리가 둥글게 변경됩니다.

Corner의 형태 또한 [Round], [Inverted], [Chamfer] 세 가지 형태로 지정할 수 있습니다. Round Corners가 적용된 상태에서 Round Corners의 스타일을 변경하려면 조절점을 Alt+클릭합니다. 모서리의 형태를 순서대로 변경할 수 있습니다. 이 상태에서 둥근 모서리 조절점을 안쪽으로 드래그해서 모서리가 깎이는 깊이를 조절할 수 있습니다.

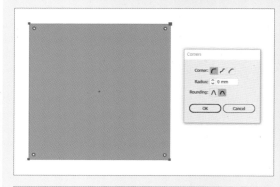

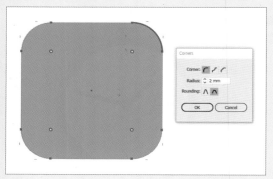

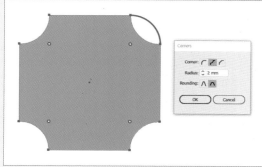

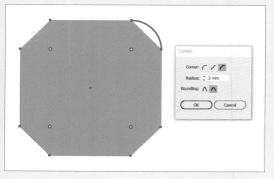

도형과 드로잉

도형 관련 도구를 이용해 각종 모양을 그려 보고
[Pen Tool]과 [Brush Tool]을 이용해 드로잉하는 방법,
색을 지정하고 수정하는 방법을 알아봅니다.
일러스트레이터는 아무것도 없는 백지에서 제작하는 방식이다 보니
도형과 펜, 브러시 사용의 기본적인 내용은 알고 있어야 일러스트를 제작할 수 있습니다.
예제를 하나씩 따라해 보면서 만들어 보세요.

LESSON 01

도형을 활용해
고양이 발바닥 만들기

툴바의 [Ellipse Tool]과 [Rectangle Tool]을 이용해 고양이 발바닥을 그립니다. 좌우 대칭되는 이미지의 경우 [Reflect Tool]로 복제하고 Pathfinder 패널을 사용해 오브젝트를 합쳐 고양이 발바닥 모양을 만듭니다. 완성된 고양이 발바닥을 복제해 다양한 색상과 무늬를 입혀 볼게요.

- **주요 기능:** Reflect Tool, Pathfinder
- **주요 색상:** #e6acc2, #ce712b, #f2c966, #af6635, #4d4d4d, #000000
- **크기:** 1920×1080px
- **예제 파일:** 고양이 발바닥.jpg
- **완성 파일:** 고양이 발바닥_.ai

▶ 참고영상

결과 미리보기

고양이 발 만들기

01 Ctrl + N을 눌러 New Document 창을 불러옵니다. ❶ [Web] 탭의 ❷ [Web −Large]를 선택한 후 ❸ [Create]를 클릭해 새 문서를 생성합니다.

02 **고양이 발바닥.jpg** 파일을 새 문서의 작업 화면으로 드래그해 불러옵니다. 불러온 그림을 화면 한가운데에 배치합니다.

TIP 또는 상단 메뉴에서 [File−Place]를 선택하고 원하는 그림 파일을 선택해 [Place]를 클릭해도 됩니다.

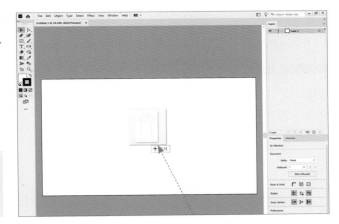

03 Layers 패널에서 ❶ [Layer 1] 레이어를 선택하고 ❷ 눈 👁 아이콘 옆의 빈 칸을 클릭해 불러온 밑그림을 잠급니다. 레이어를 잠그면 왼쪽에 자물쇠 🔒 아이콘이 표시됩니다.

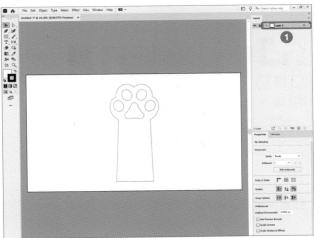

04 Layers 패널에서 ① 레이어 추가 ⊞ 아이콘을 클릭해 레이어를 추가합니다. ② 상단 메뉴에서 [View – Rulers – Show Rulers]((Ctrl)+(R))를 선택해 화면 상단과 왼쪽에 눈금자를 생성합니다. ③ 작업 화면 왼쪽 눈금자를 오른쪽으로 클릭&드래그해 발바닥 중심으로 가이드라인을 만들고 가이드라인 오브젝트도 잠급니다.

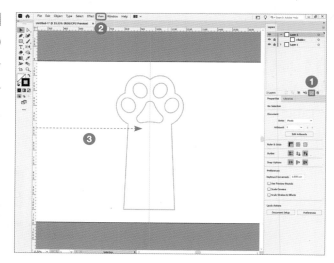

> **TIP** Properties 패널의 [Ruler & Grids] 중 첫 번째 ⌐ 아이콘을 클릭해도 눈금자가 표시됩니다.

05 도형을 그리기 위해 ① 툴바에서 [Ellipse Tool] ((L))을 선택합니다. 원의 색상과 획을 **Fill: None, Stroke: #000000, 6pt**으로 지정하려고 합니다. ② 왼쪽 툴바 하단에 [Fill] 상자를 선택하고 ③ [None] ☑ 아이콘을 클릭해 면 색상을 없앱니다.

06 ① 툴바 하단의 [Stroke] 상자를 더블클릭해서 ② Color Picker 창에서 **#000000**을 입력하고 ③ [OK]를 클릭해 선 색상을 검은색으로 지정하세요.

 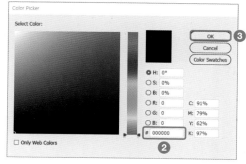

> **TIP** 혹은 상단 [Windows] 메뉴에서 Colors 패널이나 Swatches 패널을 불러와 색상을 지정할 수도 있습니다.

07 획 굵기는 Properties 패널의 [Appearance]에서 **Stroke: 6pt** 값을 입력해서 지정합니다.

08 ❶ 밑그림의 왼쪽 발바닥 모양으로 원을 생성합니다. 일러스트레이터는 도형 생성과 동시에 크기, 회전이 가능한 조절 바가 나타납니다. ❷ 조절 바의 네 기준점 주변을 클릭&드래그하면 회전할 수 있습니다.

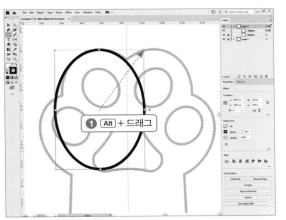

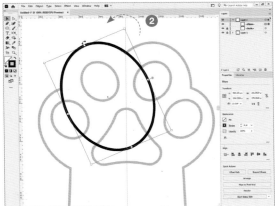

09 ❶ [Selection Tool](Ⓥ)로 ❷ 타원을 선택하고 ❸ Alt+드래그해 타원을 복제하고 ❹ 작은 발바닥 크기로 조절합니다.

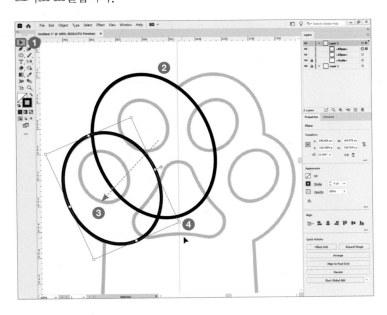

10 ❶ 툴바의 [Rectangle Tool](Ⓜ)을 선택하고 ❷ 클릭&드래그해 팔에 해당하는 영역의 직사각형을 생성합니다.

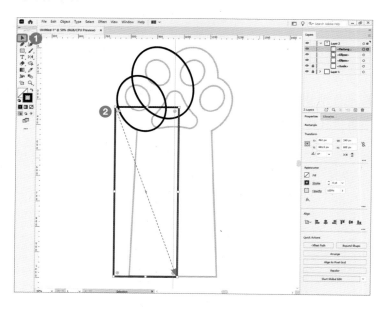

11 ❶ [Direct Selection Tool](Ⓐ)을 선택하고 ❷ 직사각형 왼쪽 하단의 기준점을 클릭(또는 드래그)해서 선택한 뒤 방향키 →를 여러 번 클릭해 밑그림에 맞춰 줍니다. ❸ 같은 방식으로 왼쪽 상단의 모서리도 선택해 →를 눌러 위치를 맞춥니다.

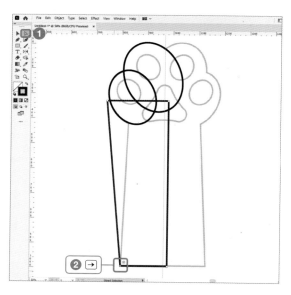 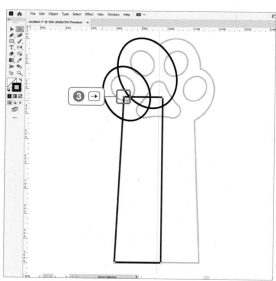

12 ① [Selection Tool](V)을 선택하고 ② 화면을 전체적으로 드래그해 도형 3개를 선택합니다. ③ Properties 패널에서 [Pathfinder]의 첫 번째 ■ 아이콘을 클릭해 도형을 합칩니다. 도형에서 서로 겹치는 부분이 사라져 하나의 패스가 만들어집니다.

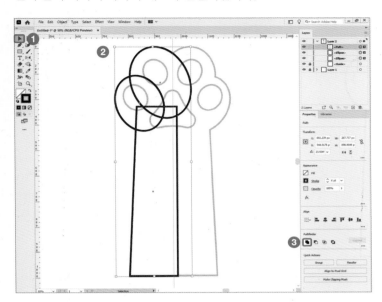
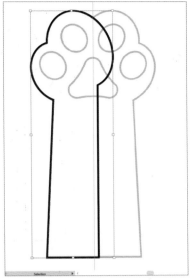

13 ① [Reflect Tool](O)을 선택하고 ② 가이드라인에 Alt 를 누른 채 클릭합니다. ③ 옵션 창에서 Vertical을 선택하고 ④ [Copy]를 클릭합니다.

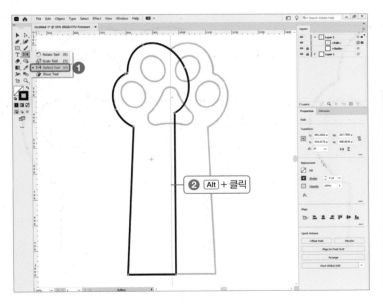
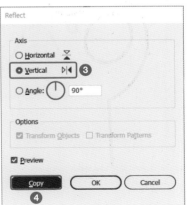

14 오브젝트가 좌우 반전되어 복제되었습니다. ❶ [Selection Tool](V)을 선택하고 ❷ 2개의 패스를 함께 선택합니다. ❸ [Pathfinder]의 첫 번째 ▣ 아이콘을 클릭해 하나의 도형으로 만들어 줍니다.

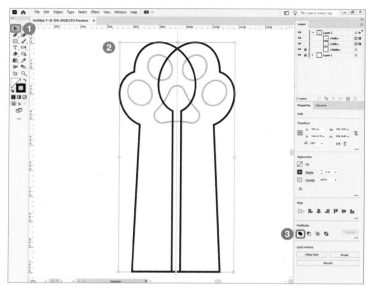
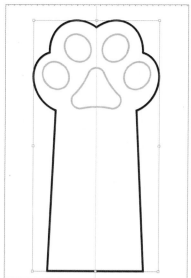

15 ❶ [Ellipse Tool](L)을 선택하고 ❷ 가이드라인 왼쪽 발바닥 원형 젤리를 2개 만들고 ❸ [Reflect Tool](O)을 사용해 오른쪽도 복제합니다.

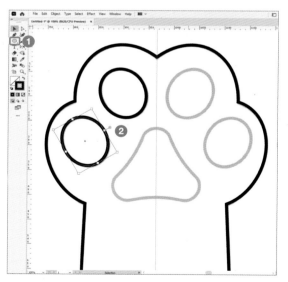
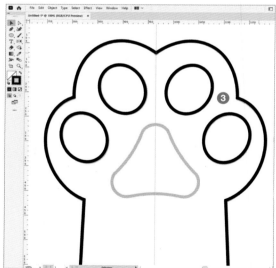

16 삼각형을 그리기 위해 ❶ 툴바에서 [Polygon Tool]을 선택하고 ❷ 작업 화면을 더블클릭합니다. ❸ 옵션 창에서 **Radius: 130px, Sides: 3**으로 설정하고 ❹ [OK]를 클릭합니다.

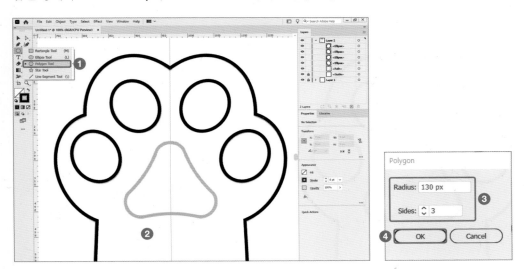

17 ❶ [Selection Tool](V)으로 ❷ 생성된 삼각형을 선택하고 ❸ 좌우 방향으로 좀 더 길게 늘립니다. ❹ [Direct Selection Tool](A)을 선택합니다. ❺ 삼각형 모서리 안쪽의 둥근 모서리(Round Coners) 조절점을 클릭&드래그해 모서리를 둥글게 만들어 줍니다.

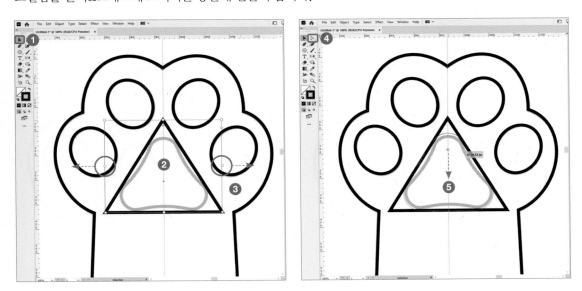

> **TIP** [Direct Selection Tool]을 선택한 상태에서 기본적으로는 둥근 모서리가 전체적으로 적용되지만 원하는 모서리만 선택한 후 각각 모서리를 둥글게 만들 수 있습니다. 또는 곡선화하고 싶은 모서리를 선택한 상태에서 상단 메뉴에서 [Effects–Stylize–Round Coners]를 선택하고 곡선 값을 입력해 모서리를 둥글게 만들 수도 있습니다.

18 둥근 삼각형의 세 변을 안쪽으로 들어간 곡선으로 바꾸려고 합니다. ❶ [Pen Tool](P)을 선택하고 ❷ 삼각형 모서리와 모서리 사이 지점을 클릭해 기준점 3개를 추가합니다.

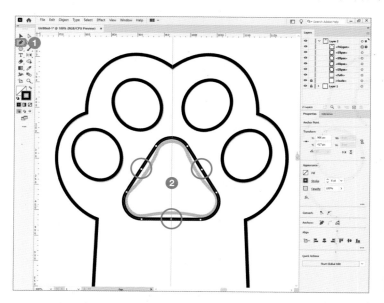

TIP [Pen Tool]을 선택한 상태에서 커서가 펜에 닿으면 + 모양의 표시가 나타납니다. 이때 클릭하면 패스에 새로운 기준점이 추가됩니다.

19 ❶ [Direct Selection Tool](A)을 선택하고 ❷ 안쪽으로 기준점을 이동시킵니다. ❸ 이동시킨 세 기준점을 선택한 후 둥근 모서리를 적용해 부드러운 곡선으로 만들어 줍니다.

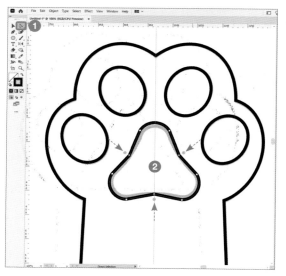

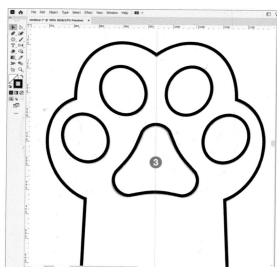

고양이 발 꾸미기

01 ❶ [Selection Tool](Ⓥ)로 ❷ 발바닥 젤리 패스를 모두 선택한 후 툴바 또는 Properties 패널에서 ❸ **Fill: #e6acc2, Stroke: None**을 적용합니다.

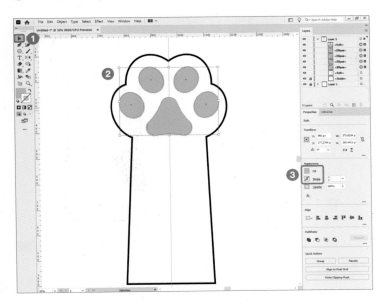

02 ❶ [Selection Tool](Ⓥ)로 ❷ 발바닥 패스를 선택한 후 ❸ 툴바 하단 [Draw Inside] ◉ 아이콘을 선택합니다.

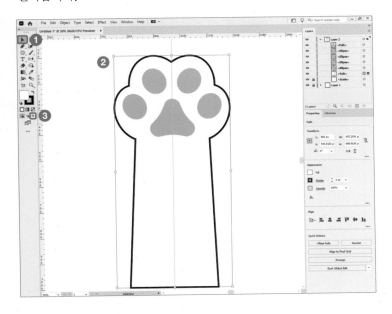

03 ❶ [Ellipse Tool](ⓛ)을 선택하고 ❷ Fill: #ce712b, Stroke: None으로 적용한 후 ❸ 클릭&드래그 해 고양이 털 무늬를 만들어 줍니다. ❹ 동그라미 하나는 Fill: #000000로 변경합니다.

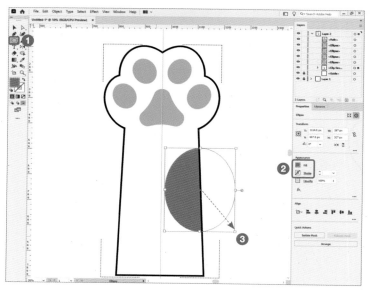
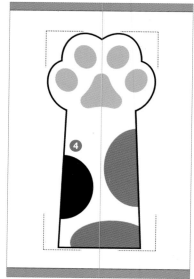

오브젝트 크기 줄이거나 늘리기

앞서 만든 고양이 발바닥을 이용해 4가지 스타일로 만들어 보려고 합니다. 먼저 발바닥을 3개 더 복제해 보 겠습니다.

01 ❶ [Selection Tool](ⓥ)로 ❷ 모든 오브젝트를 선택한 후 ❸ 툴바의 [Scale Tool](ⓢ)을 더블클 릭합니다. ❹ 옵션 창에서 Scale Stroke & Effects를 체크하고 ❺ [OK]를 클릭합니다.

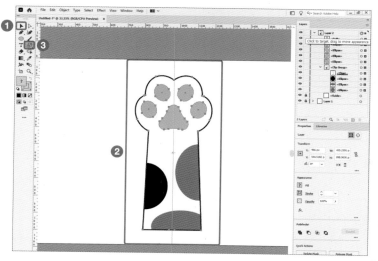
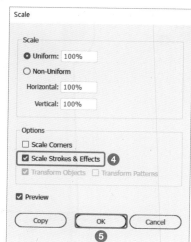

TIP 앞서 옵션 창에서 Scale Strokes & Effects를 체크하면 오브젝트를 키우거나 줄일 때 오브젝트의 획 굵기가 같은 비율로 조절됩니다. Scale Strokes & Effects를 체크 해제하면 획 굵기가 변하지 않으므로 크기를 축소하면 상대적으로 획이 두껍게 보이므로, 획이 적용된 오브젝트의 크기를 키우거나 줄일 때 Scale Stroke & Effects를 체크해 줘야 합니다.
새 문서를 열었을 때 Properties 패널에서 Scale Strokes & Effects를 미리 체크해도 됩니다. 작업 중이라면 [Selection Tool]을 선택하고 대지의 비어 있는 부분을 클릭해도 해당 옵션이 나타납니다.

▲ 오브젝트 크기를 줄였을 때 획 굵기가 같이 줄어드는 경우(왼쪽)와 유지되는 경우(오른쪽)

02 ❶ 오브젝트를 선택한 상태에서 **[Scale Tool]**(S)을 선택하고 ❷ Shift 를 누른 채 조절점을 클릭&드래그해도 오브젝트를 축소/확대할 수 있습니다. 여기서는 고양이 발바닥을 축소한 뒤 작업 화면 왼쪽에 배치합니다.

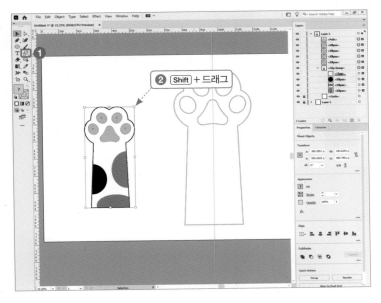

03 ❶ 고양이 발바닥을 선택하고 [Alt]를 누른 채 선택한 오브젝트를 드래그하면 복제됩니다. ❷ 하나를 복제한 상태에서 [Ctrl]+[D]를 2번 더 누르면 처음에 복제된 오브젝트와 같은 간격으로 복제할 수 있습니다.

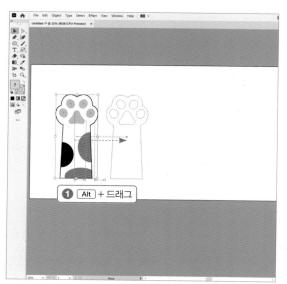

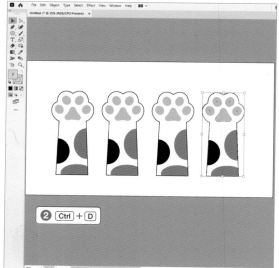

04 복사한 고양이 발바닥도 같은 방식으로 색상과 형태를 변경합니다. 기존에 사용된 색상을 다른 곳에서 쓰고 싶다면 ❶ [Eyedropper Tool]([I])을 선택하고 ❷ 원하는 색상이 있는 부분을 클릭해서 추출할 수 있습니다.

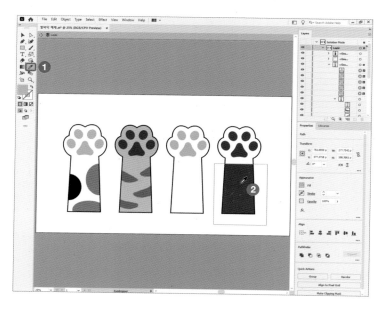

LESSON 02

지오메트릭 패턴으로 오리 일러스트 만들기

원과 삼각형, 사각형을 활용해 지오메트릭 패턴 오리 일러스트를 제작합니다. 도형을 빠르게 생성하고 배치하기 위해 작업 화면에 그리드(Grid)를 추가합니다. 색상 견본을 그레이스케일(Grayscale)로 제작하고 [Eyedropper Tool]을 이용해 간편하게 지정해 보겠습니다.

- **주요 기능:** 그리드, 도형
- **주요 색상:** K: 90%, K: 75%, K: 50%, K: 20%, K: 5%
- **크기:** 300×200 mm
- **완성 파일:** Duck.ai

▶ 참고영상

결과 미리보기

그리드 만들기

01 Ctrl+N을 눌러 **Width: 300mm, Height: 200mm** 크기의 새 문서를 만듭니다. 먼저 그리드를 가로세로로 20mm 간격으로 만들려고 합니다. ❶ [Edit−Preferences−Guides & Grid]를 선택하고 ❷ **Gridline every: 20mm, Subdivisions: 8**로 설정하고 [OK]를 클릭합니다.

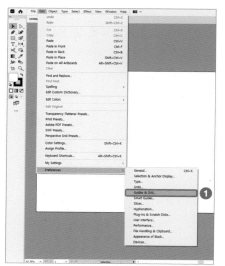
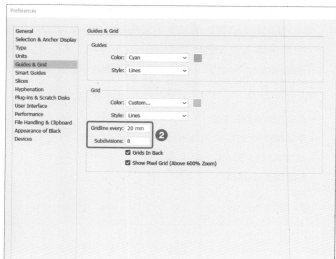

02 상단 메뉴에서 [View−Show Grid](Ctrl+《)를 선택하면 가로세로로 20mm 간격으로 진한 회색 그리드가 표시됩니다. 20×20mm 진한 회색 정사각형 안에는 각각 8×8칸으로 얇은 그리드가 있습니다. 그리드에 딱 맞춰서 도형을 그리려고 하므로 [View−Snap to Grid](Ctrl+Shift+《)도 선택합니다.

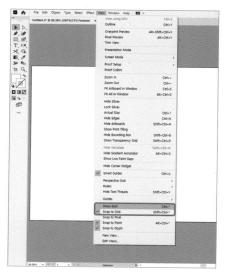
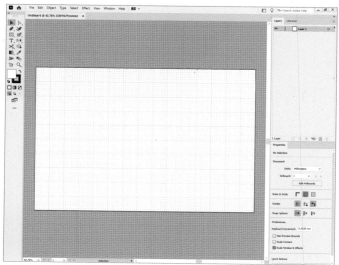

색상 견본 만들기

오브젝트에 색상을 지정하려면 일일이 툴바의 **[Fill]**을 클릭해 Color Picker 창에서 RGB 값이나 CMYK 값을 지정하거나 혹은 Swatches 패널을 이용해서 색상 견본(Color Swatches)을 추가한 다음 필요한 색상을 선택할 수도 있습니다. 그 대신 작업 화면 바깥에 임의로 사각형을 만들어 색상 견본처럼 늘어 놓고 색을 지정한 다음, 작업 중에 **[Eyedropper Tool]**로 필요한 색을 찍어서 쓰면 훨씬 편리합니다.

01 사용할 색상을 정했다면 화면에 색상 견본을 만들어 보겠습니다. ❶ 툴바의 **[Fill]**을 클릭하고 ❷ Color Picker 창에서 **K: 90%**로 하고 ❸ **[OK]**를 클릭합니다. ❹ **[Rectangle Tool]**(**M**)을 선택하고 ❺ 가로세로 **20×20mm** 사각형을 그립니다.

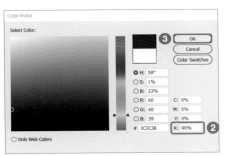
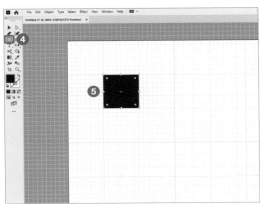

> **TIP** Color Picker 창에서 RGB 값을 보면 #3c3c3b이지만 흑백 이미지 작업을 하는 경우라면 CMYK에서 검은색인 K 값만 변경하는 게 편리합니다. K: 100%는 검은색이고 K: 0%는 흰색이며, 그 사이 값으로 회색의 진하기를 조절하면 됩니다.

02 생성된 사각형을 작업 화면 밖에 배치하고 **Alt**+드래그해 박스를 하나 복제합니다. **Ctrl**+**D**를 3번 클릭해 상자 3개를 복제합니다. 각 상자의 색상을 위부터 **K: 90%**, **K: 75%**, **K: 50%**, **K: 20%**, **K: 5%**로 설정해 색상 견본을 단계별로 만들어 줍니다.

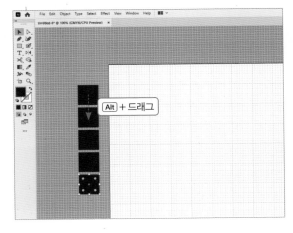
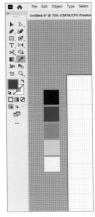

03 Layers 패널에서 ❶ [Layer 1] 레이어의 왼쪽 빈 칸을 클릭해 잠그고
❷ ⊞ 아이콘을 클릭해 새 레이어를 추가합니다.

원 도형을 이용해 오리 몸통 만들기

01 ❶ [Eyedropper Tool](ℹ)을 선택하고 ❷ 두 번째 색상 견본을 클릭해 [Fill] 색을 **K: 75%**로 설정
합니다. ❸ [Ellipse Tool](ℂ)을 선택해 왼쪽 하단 모서리에서 ❹ 5×5칸 지점을 Shift + Alt 를 누른 채
드래그해 4×4칸 크기의 정원을 그립니다.

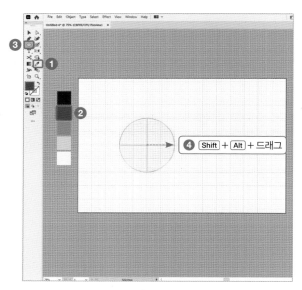

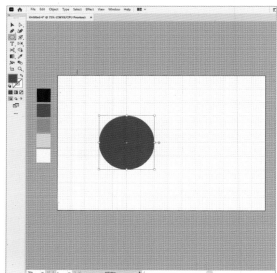

02 ❶ Properties 패널의 [Transform]에서 하단 오른쪽의 [More Options] ••• 를 클릭하고 ❷ **Pie Start Angle: 180°**로 설정해 반원을 만듭니다. ❸ 반원을 선택하고 Ctrl+C, Ctrl+F를 눌러 같은 위치에 복제합니다.

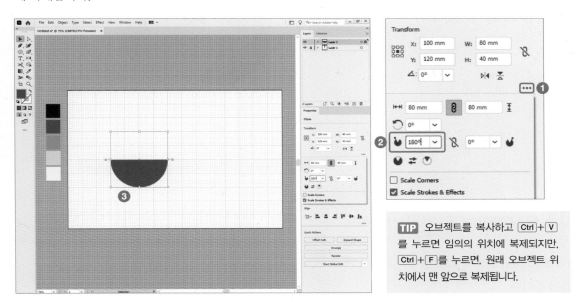

TIP 오브젝트를 복사하고 Ctrl+V 를 누르면 임의의 위치에 복제되지만, Ctrl+F를 누르면, 원래 오브젝트 위치에서 맨 앞으로 복제됩니다.

03 ❶ 원이 선택된 상태에서 [Eyedropper Tool](I)로 색상 견본 **K: 20%** 사각형을 클릭해 색상을 변경합니다. ❷ [Selection Tool](V)을 선택하고 Shift+Alt를 누른 채 드래그해 크기를 2×1칸으로 축소합니다. ❸ 작은 반원을 큰 반원의 왼쪽 끝으로 이동합니다.

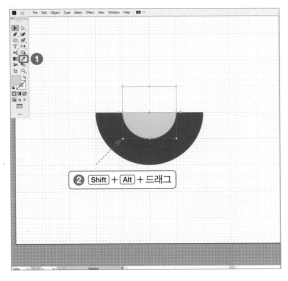

❷ Shift + Alt + 드래그

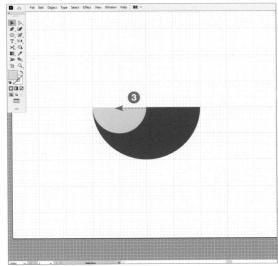

04 ❶ 큰 반원을 선택하고 Ctrl+C, Ctrl+F를 눌러 복제하고, ❷ 반원의 절반만 겹치도록 오른쪽으로 이동합니다. 반원의 색상을 **K: 20%**로 변경합니다.

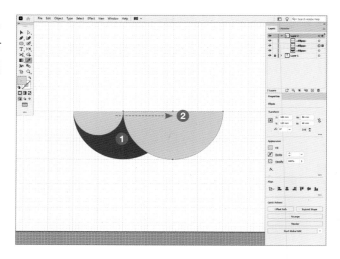

05 ❶ Properties 패널의 [Transform]에서 [More Options] •••를 클릭하고 ❷ **Pie End Angle: 270°**로 설정해 부채꼴로 만들어 줍니다.

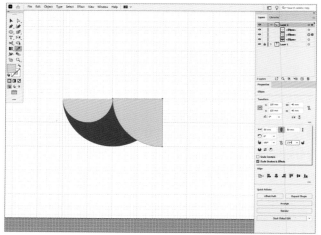

06 같은 방식으로 복제해 1×1칸에 맞게 줄이고 색상을 **K: 50%**로 변경합니다.

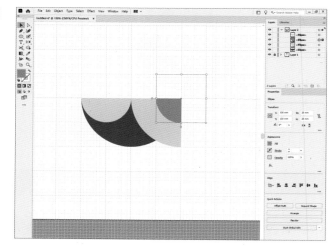

07 ❶ 2개의 부채꼴을 선택하고 ❷ [Reflect Tool]($\boxed{O}$)을 선택하고 ❸ 부채꼴 모서리를 $\boxed{Alt}$+클릭합니다. ❹ 옵션 창에서 **Vertical**을 선택하고 ❺ [Copy]를 클릭해 대칭으로 복제합니다.

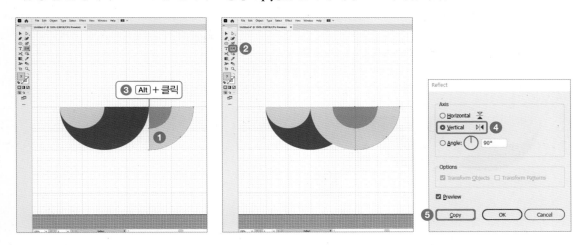

08 ❶ 복제한 부채꼴 2개를 선택한 후 ❷ $\boxed{Alt}$+드래그해 오른쪽에 복제하고, ❸ 한쪽 조절점을 드래그해 **90°** 회전합니다.

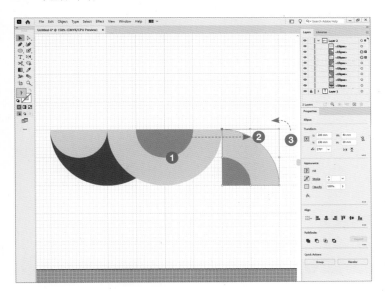

09 ❶ 각각 오브젝트를 선택하고 [Eyedropper Tool]([I])을 선택해 색상을 변경해 줍니다. ❷ [Rectangle Tool]([M])을 선택하고 ❸ 색상을 **K: 50%**로 설정한 다음 ❹ 가로세로 10×10mm 사각형을 만듭니다.

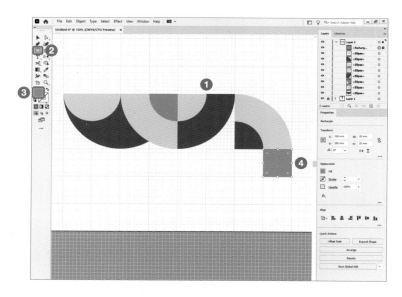

10 ❶ [Direct Selection Tool]([A])을 선택한 후 ❷ 사각형 안쪽 오른쪽 하단의 둥근 모서리 조절점을 클릭하고 안쪽으로 최대한 드래그해 부채꼴을 만듭니다.

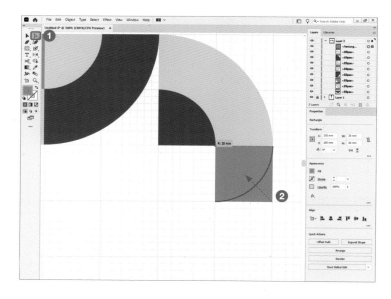

11 생성된 부채꼴을 4개 복제하고 회전해 아래 그림처럼 만들고 색상을 변경합니다. 왼쪽부터 각각 **K: 50%, K: 75%, K: 50%, K: 75%**로 지정합니다.

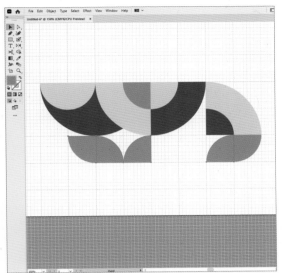
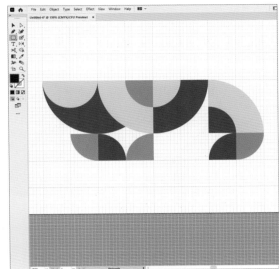

12 ❶ [Rectangle Tool](M)을 선택하고 색상을 ❷ **K: 90%**로 설정한 후 1×4칸 사각형을 만듭니다. ❸ 사각형을 선택하고 우클릭한 후 [Arrange-Send to Back](Ctrl + Shift + [ )을 선택해 레이어 맨 뒤로 배치합니다.

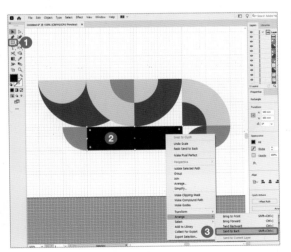
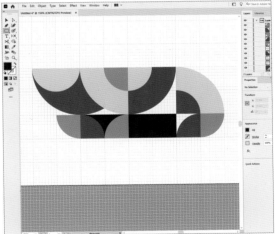

13 ❶ [Rectangle Tool](M)을 선택하고 ❷ 색상을 **K: 20%**로 설정한 후 ❸ 1×1칸 사각형을 만듭니다. ❹ [Direct Selection Tool](A)을 선택해 ❺ 오른쪽 상단 모서리를 선택하고 Delete 를 누르면 삼각형이 됩니다.

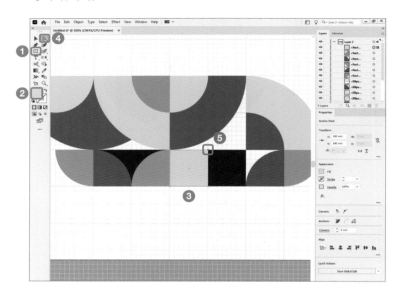

14 이렇게 만든 삼각형은 열린 패스이므로 ❶❷ 삼각형 모서리 2개를 Shift + 클릭한 후 ❸ 우클릭하고 [Join](Ctrl + J)을 선택해 패스를 닫아 줍니다.

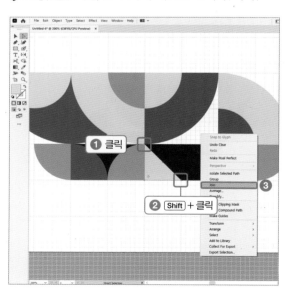
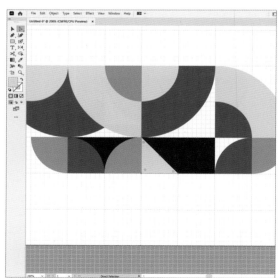

TIP 도형의 기준점을 삭제해서 열린 패스가 되더라도 [Fill] 색상만 적용된 경우 티가 나지 않습니다. 하지만 [Stroke]를 적용하면 열린 부분은 테두리가 표시되지 않습니다.

15 삼각형을 4개 복제하고 회전시켜 다음 화면처럼 배치합니다. 각 삼각형의 색상을 왼쪽부터 **K: 50%,** **K: 50%, K: 90%, K: 75%, K: 20%**로 지정합니다.

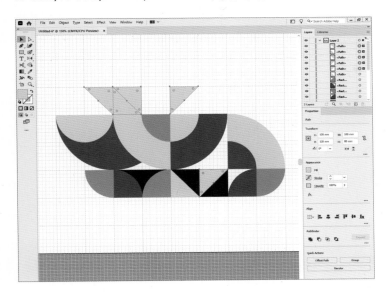

16 1×1칸 부채꼴을 상단에 4개 복제하고 회전해 다음 화면처럼 배치합니다. 각 부채꼴의 색상을 왼쪽부터 **K: 90%, K: 10%, K: 75%, K: 50%**로 변경합니다. 두 번째 부채꼴은 겹치는 삼각형 밑에 배치되도록 **[Selection Tool]**(**V**)로 선택하고 **Ctrl**+**[**을 눌러 순서를 뒤로 이동합니다.

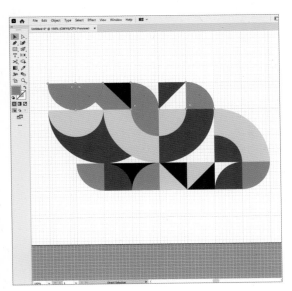
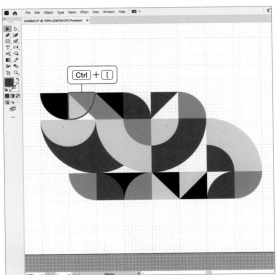

TIP 오브젝트의 앞뒤 순서를 바꾸려면 Layers 패널에서 해당 오브젝트 레이어 위치를 아래위로 드래그해서 옮기거나 혹은 오브젝트를 우클릭하고 [Arrange—Send Backward]를 선택해도 됩니다.

오리 머리 만들기

01 오리의 머리를 만들어 보겠습니다. ❶ [Ellipse Tool]([L])을 선택하고 ❷ 색상은 **K: 20%**로 설정한 후 ❸ 크기는 2×2칸에 맞춥니다. 원의 중심점에서 [Shift]+[Alt]를 누른 채 클릭&드래그하면 정원이 그려집니다.

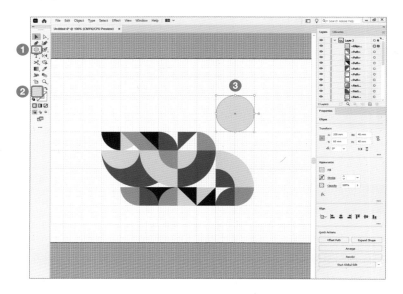

02 오리의 목을 그립니다. ❶ [Rectangle Tool]([M])을 선택하고 ❷ 색상은 **K: 75%**로 설정한 후 ❸ 사각형의 가로 길이가 작은 그리드 6칸이 되도록 사각형을 세로로 길게 그립니다.

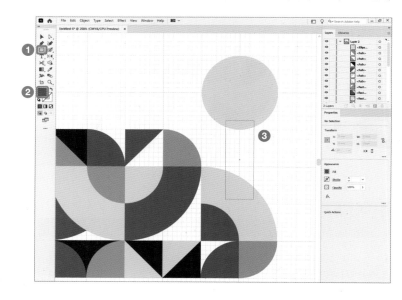

03 ❶ [Selection Tool]([V])로 원을 선택하고 ❷ [Ctrl]+[C], [Ctrl]+[F]를 눌러 복제합니다. [Shift]+[X]를 눌러 획만 보이게 만든 후 ❸ 원래 위치에서 오른쪽, 상단으로 3칸 더 크게 키우고, 오른쪽으로 2칸 이동합니다.

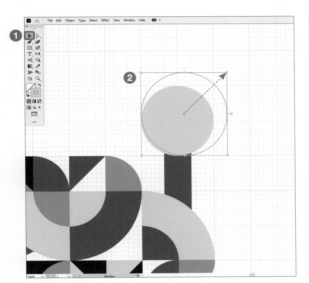
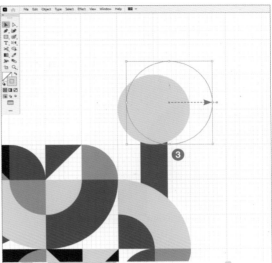

04 ❶ [Rectangle Tool]([M])로 ❷ 머리보다 6칸 위쪽에 사각형을 그립니다. ❸ 색상은 **Fill: None, Stroke: K: 20%**로 지정합니다.

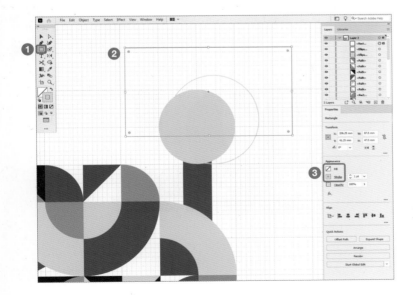

05 ❶ 3개의 오브젝트를 드래그해 선택한 후 ❷ 툴바에서 [Shape Builder Tool]을 선택합니다.

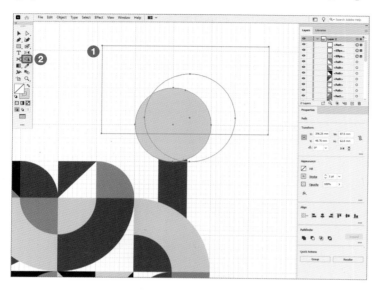

06 ❶ 머리 원형 사각형 위쪽을 Alt + 클릭해 제거하고, ❷ 원의 위쪽도 Alt + 클릭해 제거합니다.

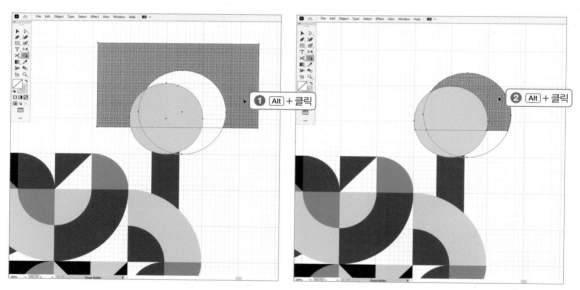

07 하나의 도형으로 합칠 부분을 각각 드래그합니다.

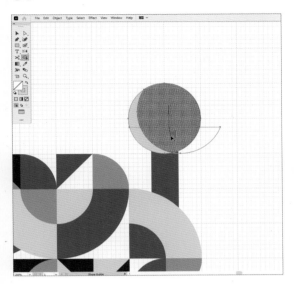 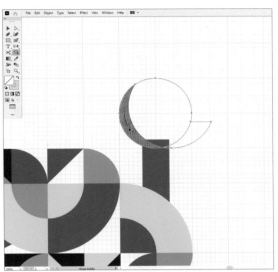

08 머리, 머리 그림자, 부리 영역이 만들어졌습니다. 각각 도형을 선택해 색상을 변경합니다. 머리는 **K: 20%**, 머리 그림자는 **K: 75%**, 부리는 **K: 90%**로 지정합니다.

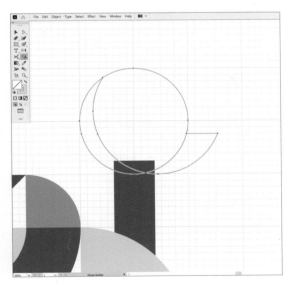 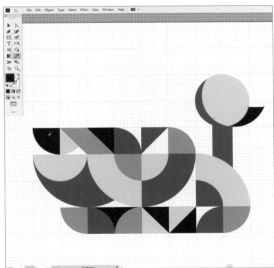

09 목이 다소 길어 보여 오리의 머리 전체를 선택한 후 아래쪽으로 2칸 이동합니다.

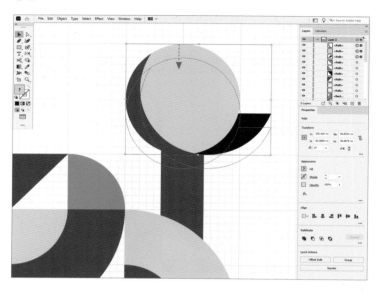

10 상단 메뉴에서 [View – Show Guides]를 선택해 가이드라인을 꺼 주면 완성입니다.

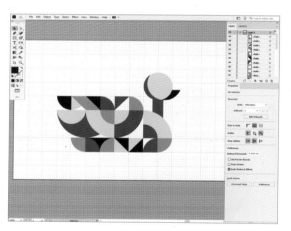 

캐릭터 일러스트 만들기

[Pen Tool]을 사용해 초밥 고양이 캐릭터 일러스트를 제작합니다. 캐릭터를 제작할 때 레이어의 순서를 미리 정하고 진행해야 합니다. [Pen Tool]의 다양한 활용 방법과 색상, 획(Stroke) 옵션을 알아봅니다.

- **주요 기능:** Pen Tool
- **주요 색상:** 배경(#ef7a68, #f6cdcc, e0a2a2), 고양이(#ffffff, #000000, #e0a2a2, #f7dd62, #dcb93d), 접시(#2b3a80, #232d56, #ececec)
- **크기:** A4
- **예제 파일:** SushiCat−line.jpg
- **완성 파일:** SushiCat.ai

▶ 참고영상

결과 미리보기

초밥 접시 만들기

01 Ctrl + N 을 눌러 새 문서를 만듭니다. ❶ [Print] 탭에서 ❷ [A4]를 선택하고 ❸ [가로 방향] 📱 으로 설정한 후 ❹ [Create]를 클릭합니다. ❺ 가이드 이미지로 쓸 **SushiCat−line.jpg** 예제 파일을 작업 화면으로 드래그하고 화면에 맞게 배치합니다.

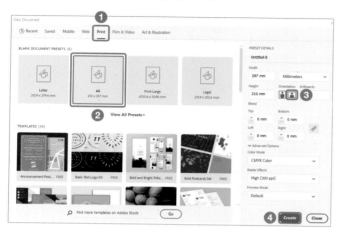 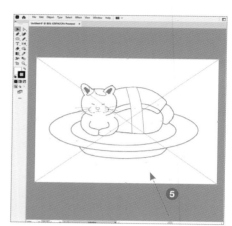

02 ❶ Layers 패널에서 불러온 이미지 레이어를 잠그고 ❷ 새 레이어를 추가합니다. ❸ 툴바에서 [Ellipse Tool](L)을 선택하고 ❹ 화면을 클릭&드래그해 접시 모양인 2개의 원을 만듭니다. ❺ Fiil: None, Stroke: #000000, 3pt로 지정합니다.

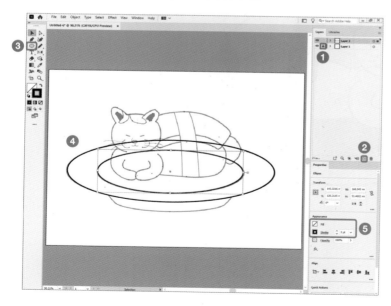

03 ❶ [Pen Tool]($\boxed{P}$)을 선택한 후 ❷ 접시의 왼쪽 바닥 면을 그리고 ❸ **Fill: None, Stroke: #000000,** **3pt**로 지정하세요. 가이드 이미지에 점이 찍힌 부분이 기준점이니 참고하면 됩니다. ❹ 패스를 중간에 마무리하려면 $\boxed{Ctrl}$+클릭합니다.

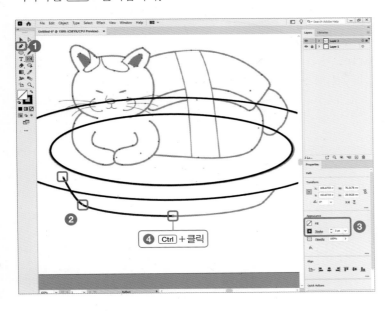

04 ❶ [Selection Tool]($\boxed{V}$)로 패스를 선택한 후 ❷ [Reflect Tool]($\boxed{O}$)을 선택합니다. ❸ 패스의 오른쪽 끝 점을 $\boxed{Alt}$+클릭하면 옵션 창이 나타납니다. ❹ **Vertical**을 선택하고 ❺ [Copy]를 클릭합니다.

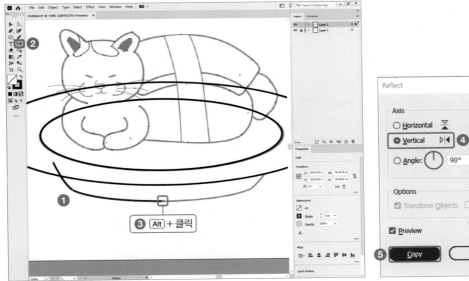

05 ❶ [Direct Selection Tool](Ⓐ)
을 선택해 두 패스가 만나는 지점을 드래그
해 선택합니다. 기준점이 가깝게 붙어 있어
잘 보이지는 않지만 2개의 기준점이 선택됩
니다. ❷ 우클릭하고 [Join](Ctrl+J)을 선
택하면 선택된 기준점이 서로 연결된 하나의
패스로 만들어집니다.

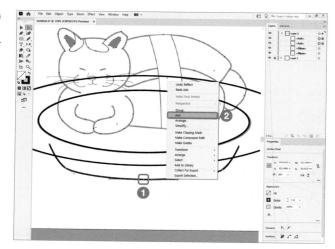

06 Layers 패널에서 접시 바닥 패스를
드래그해 맨 아래쪽으로 이동시킵니다.

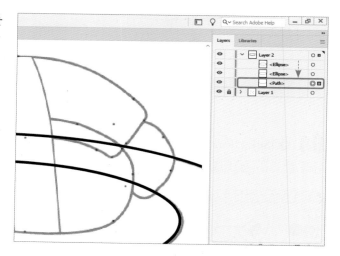

07 레이어 순서대로 작은 타원은 **Fill:
#2b3a80, Stroke: None**, 큰 타원은 **Fill:
#2b3a80, Stroke: #000000, 3pt**, 접시 바
닥은 **Fill: #ececec, Stroke: #000000, 3pt**
로 변경합니다.

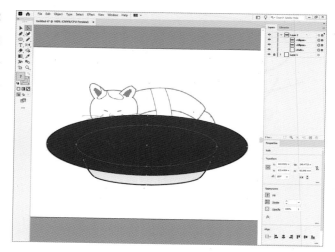

08 ❶ 큰 타원을 선택하고 Ctrl + C,
Ctrl + F 를 눌러 복제합니다. Properties
패널에서 ❷ [Fill] 섬네일을 클릭하고 ❸
기본으로 제공하는 [Foliage] 패턴을 선택
해 초밥 접시를 완성합니다.

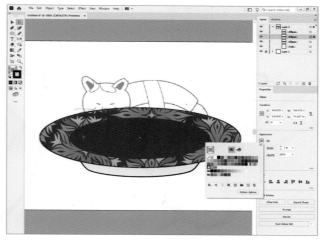

고양이 초밥 만들기

01 Layers 패널에서 [Layer 2] 레이어
이름을 더블클릭해 **초밥접시**로 변경하고 눈
👁 아이콘을 클릭해 보이지 않게 숨깁니다.
새 레이어를 추가하고 레이어 이름을 **고양이
초밥**이라고 변경합니다.

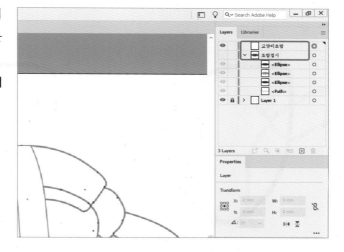

02 [Pen Tool])(P)을 선택하고 고양이
꼬리부터 그립니다. 처음부터 칠 색상을 적
용하면 진행하면서 밑그림이 보이지 않기 때
문에 **Fill: None, Stroke: #000000, 3pt**로
지정해 획으로만 그리는 게 좋습니다.

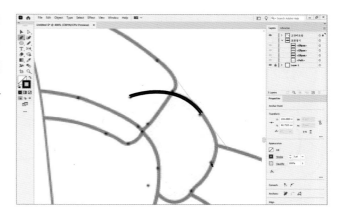

03 최종으로 보이는 부분만 꼼꼼히 가이드라인을 따라 그리고, 결과적으로 가려지는 부분의 선은 적당히 그려도 됩니다. 시작 지점을 클릭해 패스를 마무리합니다.

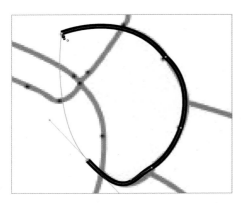 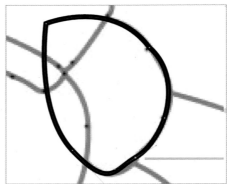

04 완성된 패스를 부분적으로 수정하려면 [Direct Selection Tool](A)을 선택하고 수정하려는 기준점을 클릭해서 선택한 뒤 이동해야 하는데, 이 경우 양쪽 기준점이 함께 움직입니다. 한쪽 곡선만 수정하려면 Alt를 누른 채 원하는 기준점을 잡고 수정합니다.

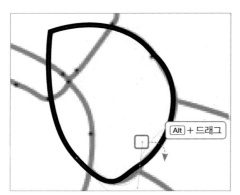 

05 꼬리를 그린 후 왼손과 몸통을 한 번에 이어서 그려 줍니다.

 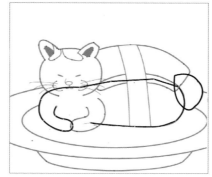

06 겹치는 선이 생기므로 몸통 레이어를 숨기고, 같은 방식으로 계란의 윗면과 옆면, 김을 각각 닫힌 패스로 만들어 줍니다. 고양이 왼발은 열린 패스로 추가합니다.

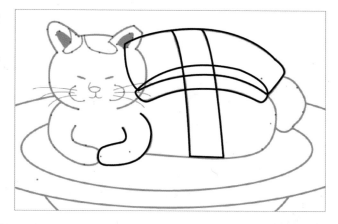

07 색을 넣어 보겠습니다. 몸통과 오른손은 **Fill: #ffffff, Stroke: #000000, 3pt**, 계란의 윗면은 **Fill: #f7dd62, Stroke: #000000, 3pt**, 계란의 옆면은 **Fill: #dcb93d, Stroke: #000000, 3pt**, 김과 꼬리는 **Fill: #000000, Stroke: #000000, 3pt**으로 설정합니다.

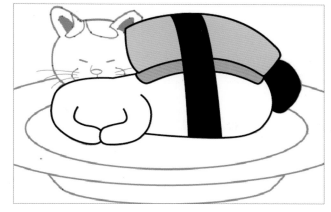

08 ❶ **초밥접시** 레이어의 눈 👁 아이콘을 켜 보면 접시가 비치는 걸 확인할 수 있습니다. ❷ [Rectangle Tool](ⓜ)로 **Fill: #ffffff, Stroke: None**으로 사각형을 추가해 ❸ 몸통 레이어 아래쪽으로 이동합니다.

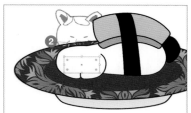

09 열린 패스의 끝을 확인해 보면 단면처럼 끊어져 있습니다. ❶ [Selection Tool]([V])로 선택한 후 ❷ Properties 패널의 [Stroke]를 클릭하고 ❸ Caps: Round Cap을 클릭해 패스의 끝을 둥글게 만듭니다.

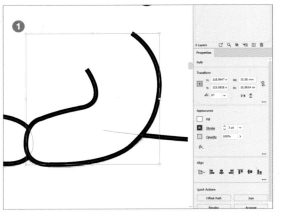
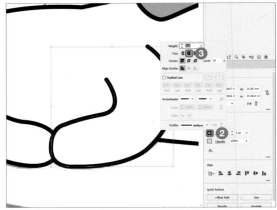

> **TIP** Stroke 옵션은 패스를 만들기 전에 미리 설정해 놓아도 되고, 패스를 만든 다음에 변경할 수도 있습니다.

고양이 얼굴 그리기

01 [Pen Tool]([P])을 선택한 후 **Flil: None, Stroke: #000000, 3pt**으로 고양이 얼굴 선을 그립니다. 패스의 방향을 깔끔하게 변경하려면 현재 기준점을 클릭해 한쪽 방향선을 삭제하고 패스를 추가합니다.

> **TIP** 혹은 방향선을 [Alt]+드래그해 기준점으로 이동하고 패스를 추가할 수도 있습니다.

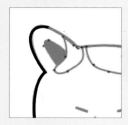
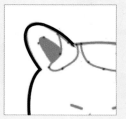

02 얼굴 선에서 턱 부분은 이어지지 않는 열린 패스로 마무리합니다. 얼굴 윤곽선 패스를 선택하고 [Stroke] 옵션에서 **Caps: Round Cap, Corner: Round Join**으로 설정하면 패스의 모서리와 끝이 둥글게 만들어집니다.

03 [Pen Tool](P)을 선택하고 감은 눈을 일직선으로 표현합니다. **Stroke: 1.5pt**로 굵기를 줄이고 귀, 머리 무늬, 볼살을 추가합니다.

04 코는 닫힌 패스로 그립니다.

05 입 부분은 2개의 패스로 끊어서 제작합니다.

06 수염과 콧대는 **Stroke: 1pt**로 얇게 그려 줍니다.

고양이 얼굴 채색하고 배경과 그림자 넣기

01 [Pen Tool]로 귀 안쪽 면을 그리고 **Fill: #efcacc,**
Stroke: None으로 설정합니다.

02 머리는 **Fill: #000000, Stroke: 1.5pt**
으로 설정합니다. 고양이 얼굴은 **Fill: #ffffff,
Stroke: 3pt**로 변경합니다.

03 Layers 패널에서 가이드 레이어를 제
외하고 나머지 레이어 눈  아이콘을 켜 보
이게 합니다.

04 레이어 맨 아래쪽에 새 레이어를 추가
하고 **[Rectangle Tool]**(M)로 사각형을 2
개 추가해 배경을 만듭니다. 위아래 배경의
색상은 각각 **#ef7a68**과 **#f6cdcc**로 지정합
니다.

05 [Ellipse Tool](ⓛ)로 타원을 만들어 고양이와 접시 아래쪽에 그림자를 추가합니다. 고양이 그림자 색상은 **#232d56**, 접시 그림자 색상은 **#e0a2a2**로 지정합니다.

06 ❶ 초밥 접시의 모든 레이어를 선택한 후 ❷ Properties 패널의 [Align]에서 ⊞ 아이콘을 클릭해 가운데로 정렬합니다.

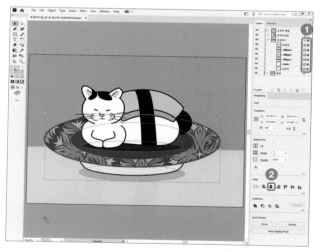
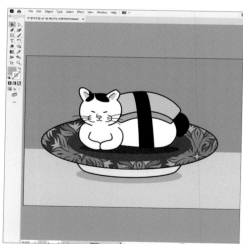

LESSON 04

잡지 포스터 느낌의
인물 사진 일러스트

일러스트레이터에 인물 사진을 불러와 [Curvature Tool]과 [Gradient Tool]을 사용해 선글라스를 쓴 인물을 카툰 느낌으로 표현하고 [Paintbrush Tool], [Blob Brush Tool]을 사용해 인물 주변을 화려하게 꾸며 잡지 포스터 느낌의 일러스트를 제작해 봅니다. 브러시 계열 도구를 사용할 때는 마우스보다 태블릿 펜을 사용해야 작업하기 좀 더 수월합니다.

- **주요 기능:** Offset Path, Pencil Tool, Paintbrush Tool, Blob Brush Tool, Curvature Tool
- **주요 색상:** #ff48ac, #3a3adb, #ffff06, #ff0808, #ffffff
- **크기:** 1500×2044px
- **예제 파일:** Man_Poster.jpg
- **완성 파일:** Man_Poster.ai

▶ 참고영상

결과 미리보기

인물 사진 불러오기

01 Ctrl + N 을 눌러 새 문서를 제작합니다. ❶ [Web] 탭에서 ❷ **Width: 1500px, Height: 2044px, 세로 방향**으로 설정하고 ❸ [OK]를 클릭합니다.

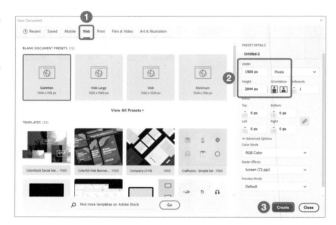

02 Man_Poster.jpg 이미지를 새 문서에 드래그해 화면에 배치합니다. Layers 패널에서 사진 레이어를 잠그고 새 레이어를 만듭니다.

03 [Rectangle Tool](M)을 선택하고 화면을 꽉 채우는 사각형을 그리고 **Fill: #ff0808, Stroke: None**으로 지정합니다.

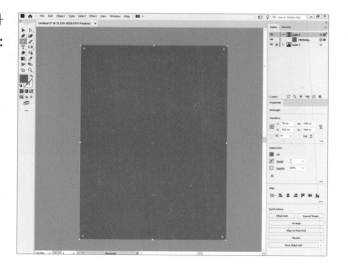

04 ❶ 상단 메뉴에서 [Object – Path – Offset Path]를 클릭하고 ❷ **Offset: −50px**로 입력한 후
❸ [OK]를 클릭합니다.

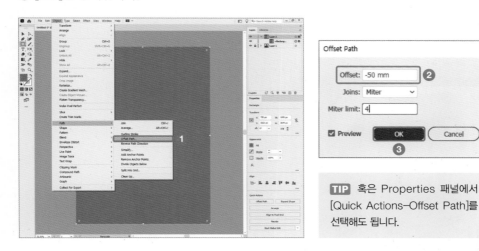

> **TIP** 혹은 Properties 패널에서
> [Quick Actions–Offset Path]를
> 선택해도 됩니다.

05 사각형 안쪽으로 작은 사각형이 추가됩니다. 2개의 사각형을 선택하고 Properties 패널의
[**Pathfinder**]에서 네 번째 ▣ 아이콘을 클릭해 사각형이 겹치는 영역을 삭제합니다. 남자 사진 외곽에 빨
간색 테두리가 나타납니다.

Pencil Tool로 인물 강조 선 그리기

01 ❶ 툴바에서 [Pencil Tool](N)을 선택하고 ❷ Fill: None, Stroke: #ffffff, 5pt, Round Cap으로 설정한 후 ❸ 턱선을 따라 클릭&드래그해 윤곽선을 그립니다.

02 목, 입술, 코, 이마, 머리카락 등 주요 윤곽선을 따라 클릭&드래그해서 선을 추가하세요.

TIP 툴바의 [Pencil Tool] 아이콘을 더블클릭하면 옵션 창이 나타납니다. Fidelity가 Accurate에서 Smooth로 갈수록 부드러운 선이 나타납니다.

그레이디언트를 활용해 일러스트 선글라스 만들기

01 ① 툴바에서 [Curvature Tool]을 선택한 후 선글라스 렌즈 영역을 만들어 줍니다. [Pen Tool]과 달리 [Curvature Tool]은 ② ③ 두 번의 클릭으로 직선을 만든 후 ④ 다음 기준선을 찍을 방향으로 드래그하면 볼록하게 곡선이 나타납니다.

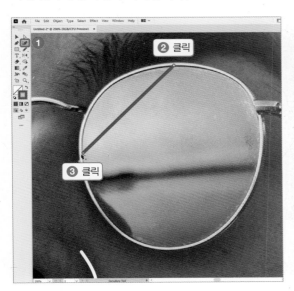
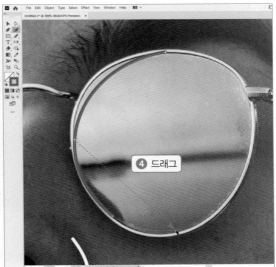

02 ① 대략적인 렌즈 모양대로 닫힌 패스의 원형을 만든 후 ② 패스를 클릭하면 기준점이 생성됩니다. 이 기준점을 드래그해 렌즈 모양으로 다듬어 줍니다.

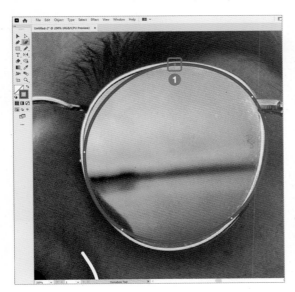
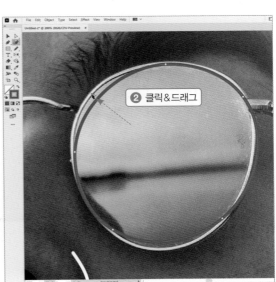

03 여러 개의 기준점을 추가해 렌즈 외곽에 맞는 라인을 생성합니다. 반대쪽 선글라스 렌즈도 같은 방식으로 패스를 추가합니다.

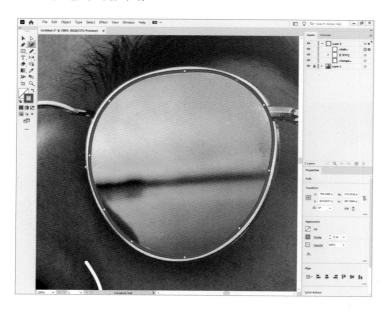

04 ① 2개의 렌즈 패스를 선택한 후 ② 툴바 하단의 🔄 아이콘([Shift]+[X])을 눌러 렌즈에 색을 채우고, ③ [X]를 눌러 [Fill]을 선택한 후 ④ [Gradient] ▥ 아이콘을 클릭합니다.

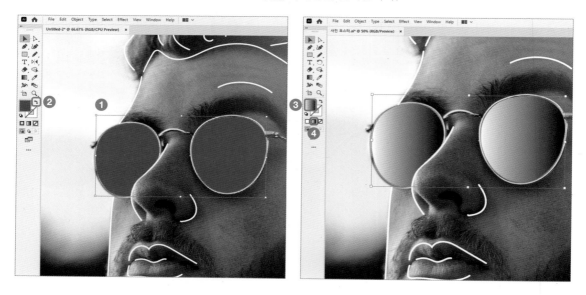

05 Gradient 패널이 나타납니다. ❶ 검은색 기준점을 더블클릭하고 ❷ 오른쪽 상단의 ▤를 클릭해 ❸ 색상 모드를 [RGB]로 설정합니다.

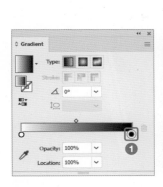
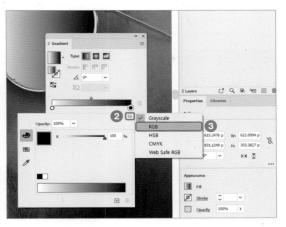

06 기준점을 더블클릭해 색상을 변경합니다. 검은색 기준점은 **#3a2adb**, 흰색 기준점은 **#ff48ac**로 설정합니다.

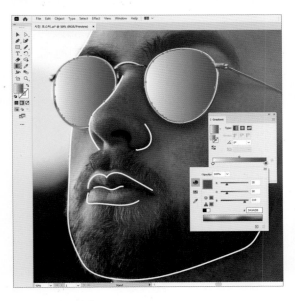

07 [Rectangle Tool](M)을 선택하고 **Fill: #ffffff, Stroke: None**으로 설정한 후 직사각형을 2개 그립니다. 두 직사각형을 선택하고 오른쪽으로 살짝 회전해 선글라스의 반사광을 표현합니다. 두 직사각형을 선택하고 Alt를 누른 채 클릭&드래그해 오른쪽 렌즈에도 반사광을 추가합니다.

08 선글라스 렌즈와 반사광을 모두 선택합니다. ❶ [Shape Builder Tool]을 선택하고 ❷ Alt를 누른 채 선글라스 바깥 영역을 드래그해 삭제합니다.

Paintbrush Tool로 식물 줄기 만들기

01 ❶ 새 레이어를 추가합니다. ❷ 툴바에서 [Paintbrush Tool]을 선택합니다. ❸ 상단 메뉴에서 [Window–Brushes]((F5))를 선택해 Brush 패널을 엽니다. ❹ **Fill: None, Stroke: #ff48ac, 10pt, Round Cap**으로 설정합니다. ❺ 패널 하단의 첫 번째  아이콘을 클릭하고 ❻ [Artistic–Artistic_ Calligraphic]을 선택하면 다양한 크기의 캘리그래피 브러시 프리셋을 꺼내 활용할 수 있습니다.

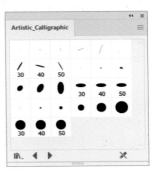

02 ❶ 툴바에서 [Paintbrush Tool] 아이콘을 더블클릭하면 옵션 창이 나타납니다. **Fidelity** 옵션이 **Accurate**에서 **Smooth**로 갈수록 부드러운 선이 나타납니다. ❷ 가운데 있던 옵션을 한 칸 **Smooth**로 이동한 후 ❸ [OK]를 클릭합니다.

03 [Paintbrush Tool]로 그림 그리듯 드래그해 줄기를 만들어 주면 마우스(또는 태블릿 펜)을 떼는 동시에 브러시 곡선이 완만하게 보정됩니다.

TIP Paintbrush Tool 수정 및 추가

Brush 패널에서 ⊞ 아이콘을 클릭하면 새로운 브러시를 추가할 수 있습니다. 옵션 창에서 [Calligraphic Brush]를 선택하고 [OK]를 클릭합니다. 옵션 창에서 브러시 이름을 설정하고 브러시의 방향과 필압 유무, 브러시의 크기 등을 수정할 수 있습니다.

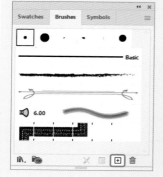

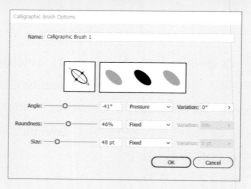

Blob Brush Tool로 채색하기

[Paintbrush Tool]로 그리면 패스(Path) 방식으로 획(Stroke)이 만들어지지만, 물방울 브러시라고도 부르는 [Blob Brush Tool]로 그리면 면(Shape)이 만들어집니다.

01 Layers 패널에서 레이어를 하나 추가하고 앞서 그려줬던 줄기 레이어 아래쪽으로 옮깁니다. ❶ 툴바에서 [Blob Brush Tool] 아이콘을 더블클릭합니다. ❷ 옵션 창에서 **Size: 30pt, Fixed, Angle: 0, Roundness: 100%**로 설정하고 ❸ [OK]를 클릭합니다.

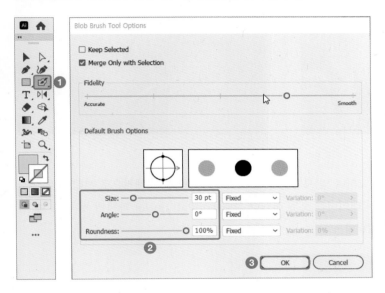

TIP 태블릿을 사용해서 필압을 적용하려면 Size: Pressure로 변경하고 Variation: 5pt로 적용하면 됩니다.

02 획 색상은 **#ffff06**로 설정하고 줄기 모양에 맞춰 잎을 그립니다.

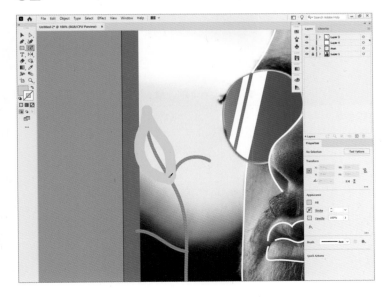

03 잎의 외곽을 먼저 그리고 내부를 채색하는 방식으로 진행합니다.

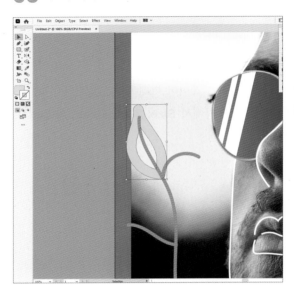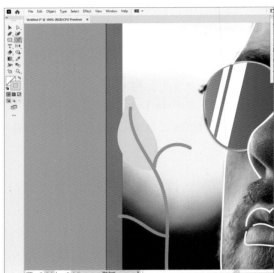

04 색칠하듯 여러 번 브러시를 드래그하며 잎 모양을 만들다 보면 나뭇잎을 전체적으로 선택할 때 여러 개의 레이어로 겹쳐져 있습니다. 브러시 레이어를 모두 선택한 상태에서 Pathfinder 패널의 첫 번째  아이콘을 클릭해 하나의 잎 레이어로 합칩니다.

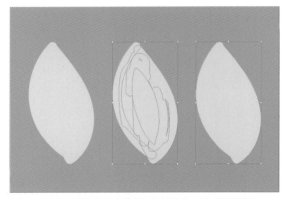

▲ Pathfinder 적용 전 이미지(가운데), 적용 후 이미지(오른쪽)

05 새 레이어를 추가하고 파란 꽃 일러스트를 추가하겠습니다. [Blob Brush Tool]에서 **Stroke: #3a3adb**로 변경한 후 자유로운 드로잉으로 꽃잎을 추가합니다.

06 ❶ 툴바에서 [Blob Brush Tool]을 더블클릭해 옵션 창을 엽니다. ❷ **Fidelity**를 **Accurate**로 드래그한 뒤 ❸ **Size: 5pt**로 변경하고 ❹ [OK]를 클릭합니다. ❺ **Stroke: #ffff06**로 설정한 후 꽃 외곽과 수술 부분을 추가합니다. 수술은 점을 찍듯 표현했습니다.

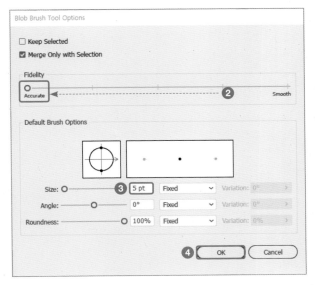

07 꽃이 다 만들어졌다면 꽃 전체를 선택하고 Alt +드래그해 복제한 후 회전 및 크기를 조절해 배치합니다. 레이어를 하나 더 추가하고 잎과 꽃 레이어 하단에 배치하고 핑크색(**#ff48ac**) 꽃도 같은 방식으로 추가하고 보기 좋게 배치합니다.

08 핑크 꽃 레이어 하단에 새 레이어를 추가하고 비어 보이는 부분에 자유롭게 삐죽삐죽한 모양을 추가했습니다.

텍스트와
타이포그래피

기업의 CI(Corporate Identity)나 BI(Brand Identity),
혹은 방송 프로그램의 로고나 책 타이틀 디자인을 할 때는 일러스트레이터를 주로 사용합니다.
일러스트레이터에서 벡터 이미지로 제작하면 크기에 상관없이
다양한 매체(간판, 광고판, 인쇄물, 영상)에 사용할 수 있기 때문입니다.
포토샵에서도 물론 로고 제작이 가능하지만 활용 가능 범위를 제한하지 않기 위해
일러스트레이터 비중이 좀 더 높다고 볼 수 있어요.
그러니 '회사 로고를 제작한다 = 일러스트레이터에서 제작한다'라고 생각하면 좋겠습니다.

빈티지 로고 만들기

커피숍 원형 로고를 제작합니다. [Type on a Path Tool]을 사용해 둥근 패스를 따라가는 원형 텍스트를 제작하고 Transparency 패널의 마스크(Mask) 기능을 사용해 로고에 빈티지 느낌을 추가하는 방법을 알아볼게요. 흑백 마스크를 사용해 원하는 영역을 투명하게 만들 수 있는 기능도 함께 알아보겠습니다.

- **주요 기능**: Type on a Path Tool , Mask, Dash Line
- **주요 색상**: (C 60%, M 60%, Y 60%, K 75%), (C 0%, M 25%, Y 60%, K 0%), (C 62%, M 0%, Y 38%, K 0%)
- **크기**: 50×50mm
- **사용 폰트**: 양진체
- **예제 파일**: mask.jpg
- **완성 파일**: Coffee Logo.ai

▶ 참고영상

결과 미리보기

로고 원형 만들기

01 Ctrl+N을 누르고 **Width: 50mm, Height: 50mm** 크기의 새 문서를 생성합니다. ❶ 툴바에서 [Star Tool]을 선택하고 ❷ **Fill: C 60%, M 60%, Y 60%, K 75%, Stroke: None**으로 지정한 뒤 ❸ 아트보드를 클릭합니다. ❹ 옵션 창에서 **Radius 1: 20mm, Radius 2: 20.5mm, Point: 90**으로 지정한 뒤 ❺ [OK]를 클릭합니다.

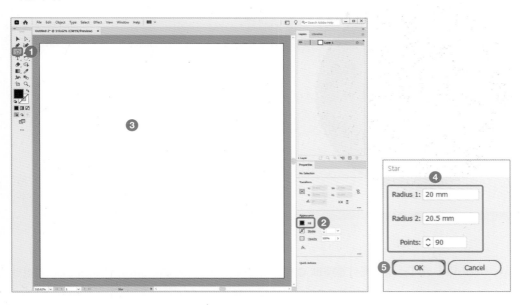

02 생성된 도형을 화면 한가운데에 배치하기 위해 Properties 패널의 [**Align**]에서 📊 아이콘과 📊 아이콘을 클릭합니다. 앞으로 생성하는 모든 원도 Align 기능으로 아트보드 중앙에 정렬합니다.

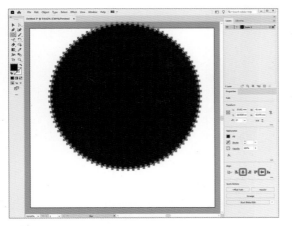

03 ❶ [Ellipse Tool](ㄴ)을 선택하고 ❷ Fill: None, Stroke: C 0%, M 25%, Y 60%, K 0%, 0.5pt로 지정한 뒤 ❸ 아트보드를 클릭합니다. ❹ 옵션 창에서 Width: 39mm, Height: 39mm를 입력하고 ❺ [OK]를 클릭합니다.

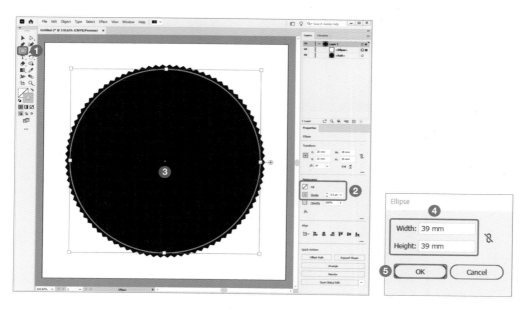

04 [Ellipse Tool]이 선택된 상태에서 ❶ Fill: C 0%, M 25%, Y 60%, K 0%, Stroke: None으로 지정한 뒤 ❷ 아트보드를 클릭합니다. ❸ 옵션 창에서 Width: 25mm, Height: 25mm를 입력하고 ❹ [OK]를 클릭합니다.

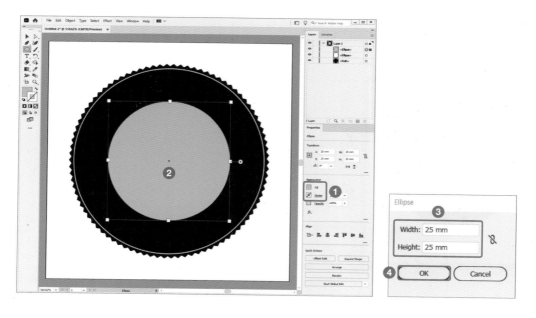

05 [Ellipse Tool]이 선택된 상태에서 ❶ Fill: None, Stroke: C 60%, M 60%, Y 60%, K 75%, 0.3pt로
지정한 뒤 ❷ 아트보드를 클릭합니다. ❸ 옵션 창에서 Width: 24mm, Height: 24mm를 입력하고 ❹ [OK]
를 클릭합니다.

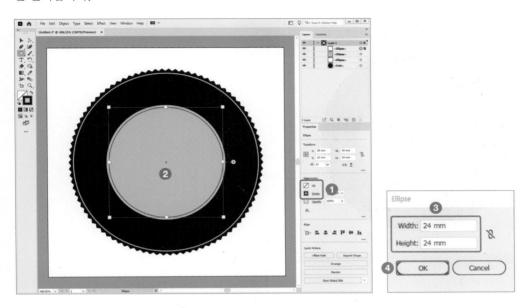

패스를 따라가는 텍스트 만들기

점선을 제작할 때 **dash**(점선 길이)와 **gap**(빈 공간의 길이) 값을 입력해 다양한 형태의 점선을 제작할 수 있
습니다. **Weight**(굵기)의 값과 **Cap**(선 끝 모양)의 설정에 따라 점선의 모양이 조금씩 달라집니다.

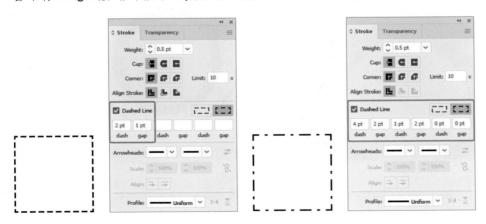

01 [Ellipse Tool]이 선택된 상태에서 ❶ Fill: None, Stroke: None으로 지정한 뒤 ❷ 아트보드를 클릭합니다. ❸ 옵션 창에서 Width: 32.5mm, Height: 32.5mm를 입력하고 ❹ [OK]를 클릭합니다.

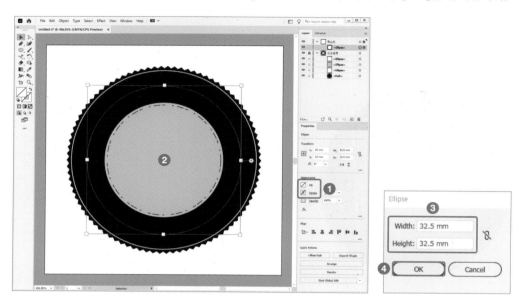

02 ❶ 툴바에서 [Type on a Path Tool]을 선택하고 ❷ 방금 생성한 원을 클릭합니다. 원형 패스를 따라 **Lorem ipsum**이라는 문자가 생성됩니다.

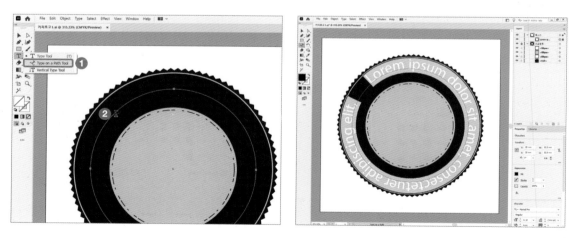

TIP Lorem ipsum은 일러스트레이터에서 [Type Tool]을 사용할 때 자동으로 생성되는 기본 문구입니다.

03 문자가 선택된 상태에서 Properties 패널을 보면 [Character] 옵션이 나타납니다. ① 여기서 **Font: 양진체, 11pt**로 지정합니다. ② 툴바의 [**Eyedropper Tool**](①)을 선택하고 ③ 로고 원의 중앙을 클릭해 글자 색을 변경합니다.

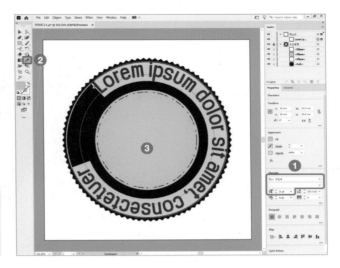

> **TIP** 혹은 상단 메뉴에서 [Window–Type–Character]([Ctrl]+[T])를 선택해도 Character 패널을 불러올 수 있습니다.

04 툴바에서 [**Type on a Path Tool**] 아이콘을 더블클릭하면 옵션 창이 나타납니다. ① **Align to Path: Center**로 변경하고 ② [**OK**]를 클릭합니다. 문자가 원 패스의 중간에 정렬됩니다.

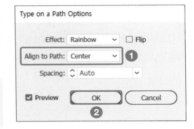

> **TIP** 패스를 선택한 뒤 [Type–Type on a Path–Type on a Path Options]를 선택해도 옵션 창을 생성할 수 있습니다.

05 [**Type on a Path Tool**]이 선택된 상태에서 **Lorem ipsum** 문구를 3번 클릭해 문자를 전체 선택한 뒤 **JWANNEU HOUSE**를 입력합니다.

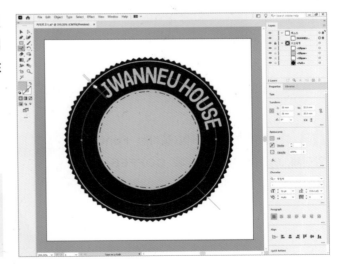

> **TIP** [Type Tool]을 선택한 상태에서 문자를 한 번 클릭하면 입력할 수 있고, 문자를 더블클릭하면 한 마디가 선택되며, 세 번 클릭하면 입력한 문자 전체가 선택됩니다.

06 [Direct Selection Tool](Ⓐ)로 문자 왼쪽에 조절점 2개를 각각 선택하고 드래그해 텍스트의 위치를 로고 상단에 배치합니다. 또는 [Selection Tool](Ⓥ)을 선택해 패스 전체를 회전시켜 맞출 수도 있습니다.

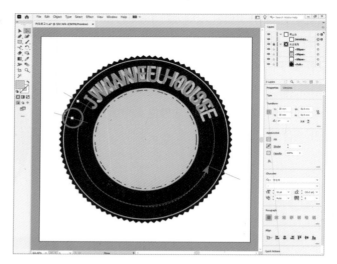

07 ❶ Layers 패널에서 [JWANNEU HOUSE] 레이어를 ⊞ 아이콘으로 드래그해 복제하고 ❷ 아래 레이어의 ◉ 아이콘을 클릭해 숨깁니다.

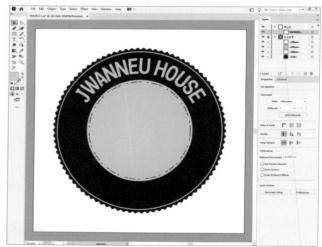

08 ❶ 복제한 레이어의 문자는 Font: 양진체, 8pt로 지정하고 ❷ COFFEE & DONUT으로 변경합니다.

09 [COFFEE & DONUT] 레이어가 선택된 상태에서 툴바의 [Type on a Path Tool] 아이콘을 더블클릭합니다. ❶ 옵션 창에서 **Flip**을 체크하고 ❷ [OK]를 클릭합니다. 텍스트가 아래쪽을 향하게 뒤집어집니다.

10 [Direct Selection Tool]([A])을 선택하고 텍스트 왼쪽의 조절점 2개를 각각 선택하고 오른쪽으로 드래그해 위치를 로고 하단 중앙에 배치합니다.

11 Layers 패널에서 [JWANNEU HOUSE] 레이어의 👁 아이콘을 클릭해 보이게 만듭니다.

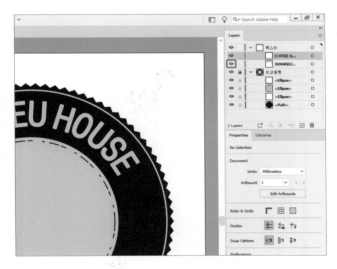

Eraser Tool로 커피 원두 표현하기

01 커피 원두를 만들어 봅니다. ❶ [Elli pse Tool](L)을 선택하고 ❷ 로고의 갈색 영역 중간쯤 위치하도록 적절한 크기로 기다란 원형을 그립니다.

02 툴바에서 [Eraser Tool]을 더블클릭해 ❶ 옵션 창에서 **Angle: −54, Roundness: 50%, Size: 1pt**로 지정하고 ❷ [OK]를 클릭합니다.

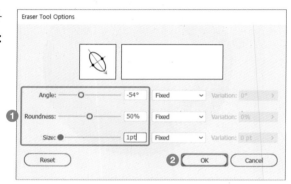

03 ❶ 지우개 브러시를 완만한 S자 형태로 그어 줍니다. 원이 2개의 오브젝트로 나뉩니다. ❷ 두 오브젝트를 선택한 뒤 ❸ Ctrl+G를 눌러 하나의 그룹으로 만듭니다.

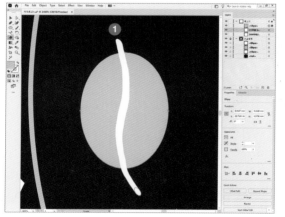
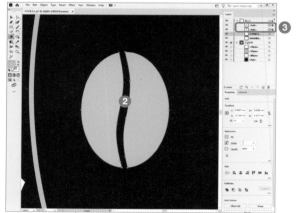

04 그룹 레이어 이름을 **커피콩**으로 변경합니다. [커피콩] 그룹을 선택하고 Alt+드래그해 커피콩 원형 로고 오른쪽으로 복제한 후 적절하게 회전해서 배치합니다.

05 [커피콩] 레이어를 선택하고 Ctrl+C, Ctrl+F를 눌러 복제하고 [Eyedropper Tool](I)을 선택해 로고의 갈색 영역을 클릭해 색을 변경합니다. Layers 패널에서 ⊞를 클릭해 새 레이어를 만들고 갈색 [커피콩] 레이어를 드래그해 새 레이어에 넣습니다. 그런 다음 갈색 커피콩의 위치를 로고 가운데로 이동시 킵니다.

06 Alt+드래그해 커피콩을 2개 더 복제하고 보기 좋게 배치합니다.

Draw Inside 이용해 도넛 그리기

01 ❶ 툴바에서 [Ellipse Tool](Ⓛ)을 선택하고 ❷ Fill: C 0%, M 25%, Y 60%, K 0%, None, Stroke: None으로 지정한 뒤 ❸ 로고를 클릭합니다. ❹ 옵션 창에서 Width: 14mm, Height: 8.5mm를 지정하고 ❺ [OK]를 클릭하면 가로로 긴 타원이 그려집니다.

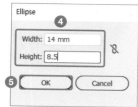

02 안쪽 로고와 도넛의 색이 같아 아트보드 밖으로 타원을 옮겨서 작업할게요.

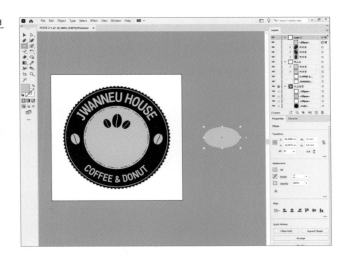

03 ❶ [Ellipse Tool](Ⓛ)을 선택하고 ❷ Fill: C 60%, M 60%, Y 60%, K 75%, None, Stroke: None으로 지정하고 도넛 구멍 위치에 작은 타원을 추가합니다. ❸ 두 타원을 선택하고 ❹ Properties 패널의 [Align]에서 ⊞과 ⊞ 아이콘을 클릭해 가운데 정렬합니다.

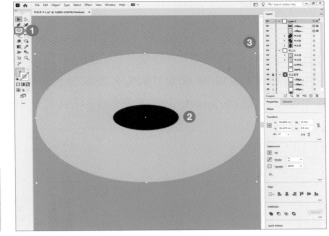

04 ❶ 작은 타원을 약간 위로 올려 배치합니다. ❷ 두 타원을 선택하고 ❸ Properties 패널의 [Pathfinder] 옵션에서 두 번째 ⬚ 아이콘을 클릭해 도넛 구멍을 만듭니다.

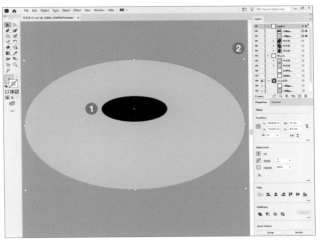

05 툴바에서 [Blob Brush Tool] 아 이콘을 더블클릭하고 ❶ 옵션 창에서 **Size: 5pt, Angle: 0, Roundness: 100%**로 지정한 뒤 ❷ [OK]를 클릭합니다.

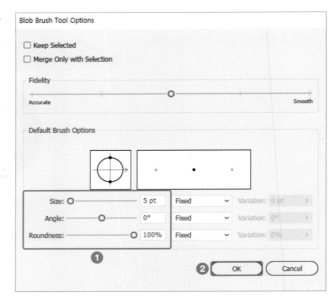

06 도넛 레이어를 선택하고 ❶ 툴바에서 [Draw Inside] 를 선택합니다. ❷ [Blob Brush Tool]을 선택해 ❸ **Fill: C 60%, M 60%, Y 60%, K 75%, Stroke: None**으로 지정한 뒤 ❹ 도넛 위에 초코 바른 모양을 그립니다. [Draw Inside]를 지정했기 때문에 도넛 영역에서 벗어나지 않게 색이 칠해집니다.

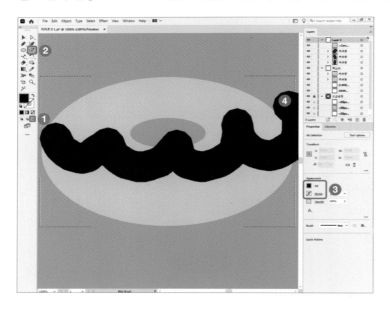

07 색칠을 다 하면 [Draw Normal] 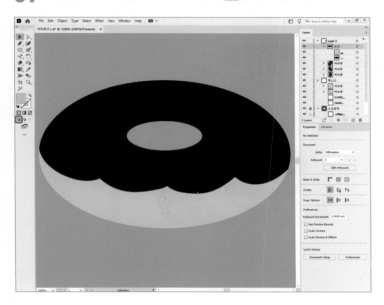을 클릭합니다.

08 완성된 도넛에 **Stroke: 1pt**를 적용하고 로고 안쪽으로 배치합니다. 도넛을 위로 Alt +드래그해 도넛을 복제한 후 쌓아 주는 느낌으로 배치합니다.

09 도넛이 겹치면서 도넛 구멍이 잘 보이지 않게 되었습니다. Layers 패널에서 새 레이어를 만들고 도넛과 도넛 사이에 레이어를 드래그해 배치합니다.

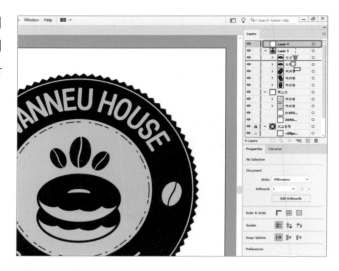

10 [Ellipse Tool](□)을 선택하고 Fill: C 0%, M 25%, Y 60%, K 0%, Stroke: None으로 지정해 타원을 그려 도넛 구멍을 표현합니다.

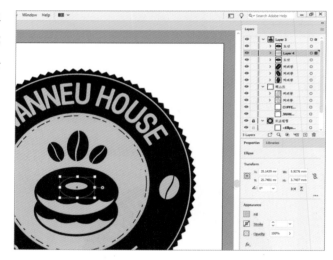

11 로고를 전체적으로 보고 커피콩과 도넛의 크기와 위치를 수정합니다.

마스크 이미지로 빈티지 느낌 표현하기

01 Layers 패널에서 새 레이어를 만들고 나머지 레이어를 드래그해 하나의 레이어로 만듭니다. 레이어 이름을 **로고**로 변경하세요.

02 ❶ [로고] 레이어를 선택하고 ❷ 상단 메뉴에서 [Window−Transparency]를 클릭해 ❸ Transparency 패널을 열고 [Make Mask]를 클릭합니다. ❹ 검은색 섬네일의 마스크 영역을 클릭합니다.

03 ① 상단 메뉴의 [File – Place]를 선택하고 ② **Mask.jpg** 파일을 선택한 뒤 ③ [Place]를 클릭해 이미지를 불러옵니다.

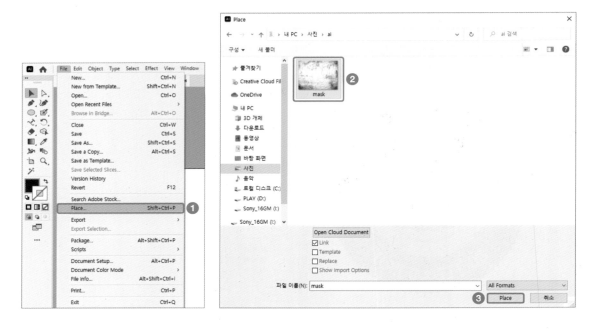

04 불러온 사진의 비율을 로고보다 크게 조절하고 배치합니다. 마스크 이미지의 스크래치 질감이 표현됩니다.

05 ❶ Transparency 패널에서 마스크 섬네일을 클릭하면 Layers(Opacity Mask) 패널이 나타나고 ❷ 로고 섬네일을 클릭하면 Layers 패널로 전환됩니다. Transparency 패널에서 마스크가 적용된 걸 확인 하려면 마스크를 적용하려고 선택했던 최상위 **로고** 레이어를 선택해야 한다는 걸 기억하세요.

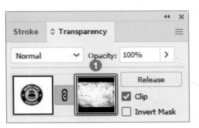

06 Layers 패널에서 새 레이어를 추가해 맨 아래쪽으로 이동시킵니다. [Rectangle Tool](M)을 선택 하고 **Fill: C 62%, M 0%, Y 38%, K 0%, Stroke: None**로 지정한 뒤 아트보드를 꽉 차게 배치합니다. 마스 크를 사용해 만들어준 스크래치 영역이 배경으로 지정한 민트색으로 변경됩니다. 정확히 말하자면 마스크 이미지의 검은색 영역이 적용되면 이 부분이 투명하게 처리되는 것입니다.

07 작업 의도에 따라 현재의 상태로 마무리할 수도 있지만, 마스크 영역이 투명한 상태가 아닌 스크래치 느낌으로 색상만 다르게 표현하는 방법을 알아보겠습니다. Layers 패널에서 새 레이어를 추가하고 로고 레이어와 배경 레이어 사이에 배치합니다. 로고 레이어 맨 밑에 위치한 외곽이 뾰족뾰족한 원형 레이어를 선택하고 Ctrl + C , Ctrl + F 를 눌러 복제한 후 새로 만든 레이어로 드래그합니다.

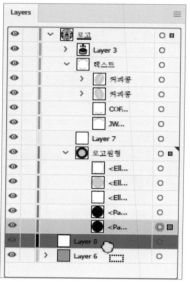

08 추가한 레이어로 이동시킨 원형의 색상을 변경하면 **Fill: C 39%, M 50%, Y 63%, K 41%, Stroke: None** 스크래치 느낌만 추가한 빈티지 로고를 만들 수 있습니다.

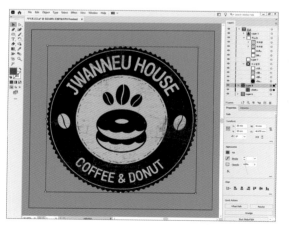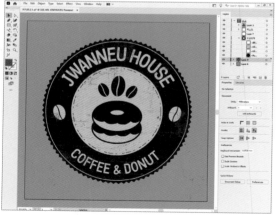

09 이미지가 포함된 프로젝트를 저장할 때 **Include Linked Files**를 체크한 후 저장하면 사용했던 이미지의 존재 여부나 경로에 상관없이 일러스트레이터에서 사용할 수 있습니다. Ctrl + Shift + S 를 눌러 작업 파일의 저장 경로와 이름을 지정합니다. 그다음에 나타나는 옵션 창에서 **Include Linked Files**를 체크하고 [OK]를 클릭합니다.

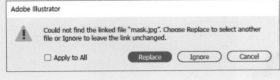

TIP Include Linked Files를 체크하지 않고 이미지가 포함된 일러스트 파일을 저장하면 AI 파일을 다른 컴퓨터에서 열거나 이미지의 경로가 바뀌었을 때 해당 창이 나오고 [Replace]를 눌러 파일의 위치를 찾아 줘야 합니다.

10 이미지를 아트보드에 불러오면 Layers 패널에서 해당 오브젝트 레이어가 〈Linked File〉로 표시됩니다. 작업을 저장할 때 **Include Linked Files**를 체크하면 프로젝트를 다시 실행할 때 〈Linked File〉이 아닌 〈Image〉 형태로 변경되는데 즉 해당 이미지가 이 AI 파일에 포함(embed)되어 있다는 뜻입니다.

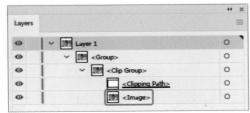

예능 로고 만들기

일러스트레이터에서 폰트를 변형해 '포샵의달인'이라는 가상 예능 로고를 제작해 봅니다. 로고를 제작할 때 제목에 맞는 글자를 직접 그릴 수도 있지만 기존 폰트를 사용해 변형해 제작하면 작업 시간을 단축할 수 있고, 시중에 나온 폰트의 가독성과 안정감도 무시할 수 없는 요소이기에 기존 폰트의 활용도가 높아요. 폰트는 저작권을 특히 신경 써야 하는데 회사에서 자체 구입한 폰트, 시중에 배포된 상업적으로 이용 가능한 무료 폰트 등을 활용해 제작할 수 있습니다.

제목 테두리를 단색으로 두껍게 처리해 제목이 하나의 덩어리처럼 보이게 제작한다면 어떤 배경이나 영상 화면 위에 올려 놓아도 눈에 잘 띄는 효과가 있습니다. 일러스트레이터의 [Offset Path]를 활용해 로고의 테두리를 균일하게 만들고 정리하는 방법을 알아봅니다.

- **주요 기능:** Create Outlines, Offset Path
- **주요 색상:** #47c2ff, #ffe501
- **크기:** 1280×1024px
- **사용 폰트:** 배스킨라빈스 B
- **완성 파일:** 포샵의달인.ai

▶ 참고영상

결과 미리보기

로고 디자인하기

01 New Document 창에서 ❶ [Web] 탭의 ❷ [Web]을 선택한 뒤 ❸ [가로 방향] 🖼️을 선택하고 ❹ [Create]를 클릭해 아트 보드를 생성합니다.

02 ❶ [Type Tool](T)을 선택하고 ❷ Fill: #000000으로 지정한 뒤 ❸ Font: 배스킨라빈스 B, 200pt를 지정하고 ❹ 아트보드를 클릭해 **포샵의달인**을 입력합니다.

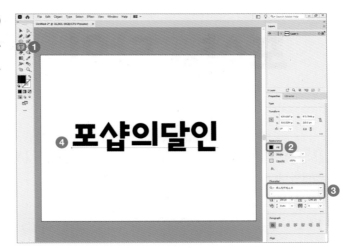

03 문자 상태에서는 모양을 자유롭게 수정하기 어렵기 때문에 문자를 이미지로 변환하려고 합니다. 문자를 선택하고 상단 메뉴에서 [Type-Create Outlines](Ctrl +Shift+O)를 선택합니다. 문자 전체가 이미지로 바뀌고 그룹으로 지정됩니다. 그룹을 선택하고 Ctrl+Shift+G를 눌러 그룹을 해제합니다.

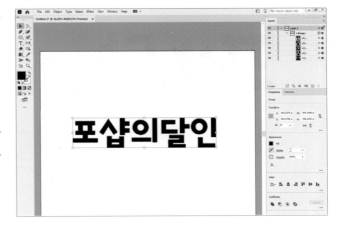

04 각각의 문자를 선택하고 크기와 위치를 변경합니다. 우선 **의**의 크기를 줄여 **샵** 옆에 배치합니다. **포**와 **달**은 강조하는 문자로 크기를 키우고 **인**도 작게 축소해 **달** 글자 옆에 붙여 줍니다. 글자를 각각 글씨의 빈 공간에 들어갈 수 있게 배치합니다.

05 ❶ 텍스트를 모두 선택하고 ❷ Properties 패널의 **[Align]**에서 ⬛ 아이콘을 클릭해 글자 아래쪽으로 정렬합니다.

06 ❶ 전체 텍스트를 선택하고 ❷ 상단 메뉴에서 [Object – Path – Offset Path]를 선택합니다. ❸ 옵션 창에서 **Offset: 18px**을 입력하고 ❹ [OK]를 클릭합니다.

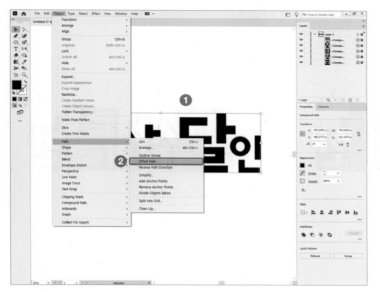

TIP 옵션을 변경하고 Preview 체크를 해제했다 다시 체크하면 변경된 옵션 값이 적용된 모습을 미리 확인할 수 있습니다.

07 각각 글자보다 18px 큰 텍스트가 생성됩니다. [Pathfinder]에서 첫 번째 ■ 아이콘을 클릭해 하나의 오브젝트로 합칩니다.

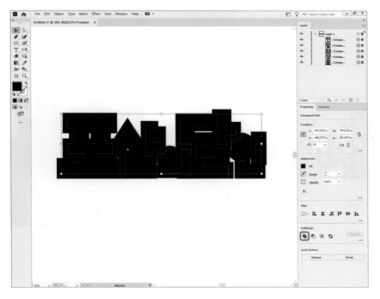

08 Ctrl+Shift+[의] 눌러 맨 뒤로 보냅니다. Layers 패널에서 **샵, 의, 인**을 선택하고 색상을 흰색 **#ffffff**으로 변경하고 **포, 달**은 하늘색 **#47c2ff**로 변경해 로고에서 크기를 키운 **포, 달**을 강조합니다.

로고 배경 정리하고 꾸미기

01 로고 외곽으로 균일한 검은색 테두리가 생겼지만 중간중간 구멍 뚫린 부분을 제거해 깔끔한 로고 배경을 만듭니다. [**Direct Selection Tool**](A)을 선택해 로고 배경에 구멍난 부분의 기준점을 각각 클릭하고 Delete를 눌러 삭제합니다. 삭제한 영역은 검은색 배경으로 채워집니다.

 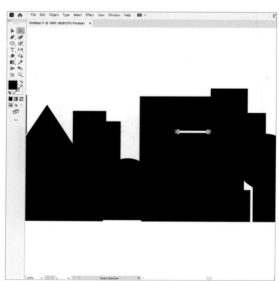

02 로고 바닥 쪽은 직선으로 정리하려고 합니다. 양쪽 끝의 기준점을 제외하고 모두 선택해 ❶ Delete 를 눌러 지웁니다. 이렇게 되면 중간 부분은 열린 패스 상태이기 때문에 양쪽 끝의 기준점을 함께 선택하고 ❷ Ctrl + J 를 눌러 끊어진 패스를 연결합니다.

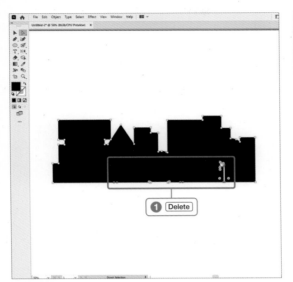
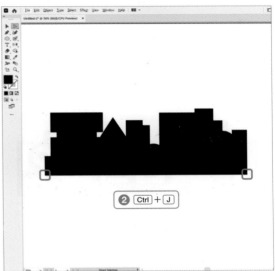

03 부분적으로 히끗히끗 보이는 흰색 영역이 없어지고 **포샵의달인** 텍스트가 하나의 덩어리로 보이게 만들어 줬습니다.

조금 더 꾸며주기

01 [Direct Selection Tool](A)을 선택하고 로고 배경 하단의 기준점 2개를 선택하고 Shift+↓를 3번 눌러 로고 아래쪽을 넓혀 줍니다.

02 ❶ 레이어를 전부 선택하고 ❷ 상단 메뉴에서 [Effect−Stylize−Round Corners]를 선택합니다. ❸ 옵션 창에서 **Radius: 10px**로 입력하고 ❹ [OK]를 누릅니다. 로고의 모서리를 전체적으로 둥글게 굴려 부드러운 느낌으로 변경했습니다.

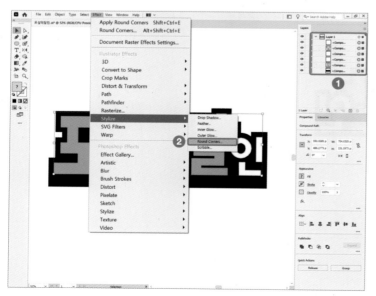

03 흰색, 검은색, 하늘색으로만 이루어진 로고는 다소 심심하게 느껴져 로고에 색상을 추가해 조금 더 꾸며 주겠습니다. ❶ [Rectangle Tool](M)을 선택하고 ❷ **Fill: #ffe501, Stroke: None**으로 지정해서 ❸ 로고 배경 하단에 얇은 직사각형을 추가합니다.

04 [Ellipse Tool]([L])을 선택하고 **Fill: #ffe501, Stroke: #000000, 10pt**로 지정해 **W: 35px, H: 35px** 크기로 **포**, **달**을 강조하는 원을 추가합니다. 생성된 원을 [Alt]를 누른 채 오른쪽으로 클릭&드래그해 복제하면 완성입니다.

 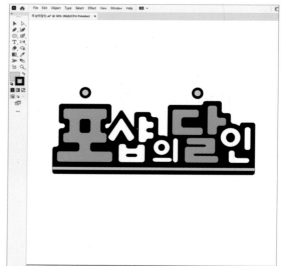

05 로고를 PNG 파일로 저장해 영상 편집에 사용한다면 작업 영역을 로고에 딱 맞게 줄이는 게 효율적입니다. ❶ [Artboard Tool]을 선택하고 ❷ 조절점을 이용해 로고에 크기에 맞게 아트보드를 작게 축소합니다. ❸ 상단 메뉴에서 [File-Export-Save for Web (Legacy)]를 선택합니다. ❹ 옵션 창에서 **Name: PNG-24**로 지정하고 ❺ [Save]를 눌러 저장 경로와 파일 이름을 지정하고 [저장]을 클릭해 내보내기 합니다.

 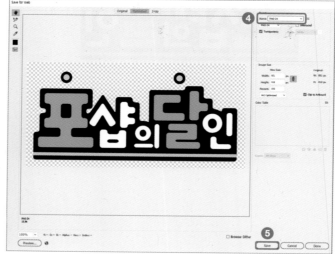

실무에서 써먹기

이번 시간에는 일러스트레이터의 핵심 기능을 이용해 다양한 실무 예제를 제작해 보겠습니다.
그레이디언트는 색과 색을 자연스럽게 연결해 주는 기능으로 앱 아이콘, 로고 디자인 등에 사용 가능합니다.
블렌드 기능은 색뿐만 아니라 라인, 오브젝트까지 서로 자연스럽게 연결해 주는 기능으로
입체적인 느낌의 아트워크를 만들 때 사용할 수 있습니다.
이미지 트레이스 기능은 손 그림이나 캘리그라피 이미지를
벡터 이미지로 변환할 수 있는 기능으로 활용도가 높습니다.
도형에 그림자와 반사광을 넣어 요즘 유행하는 뉴모피즘 스타일의 뮤직 플레이어를 만들어 보고
패턴의 기능을 사용해 땡땡이 무늬, 귀여운 강아지 얼굴 패턴을 만들어 보겠습니다.
일러스트레이터는 툴바의 도구과 패널이 많고 기능이 방대한 프로그램이지만
모든 기능을 다 사용해 제작하기 보다 유용한 기능을 잘 활용하는 게 더욱 중요하다고 생각합니다.
Chapter 04는 실무에서는 쓸만한 기능들 위주로 모아 놓았으니
하나씩 따라 만들어 보면서 일러스트레이터의 재미에 푹 빠져 보세요.

LESSON 01

그레이디언트로 다채로운 색상의 로고와 텍스트 만들기

일러스트레이터의 그레이디언트는 Linear Gradient(선형 그레이디언트), Radial Gradient(원형 그레이디언트), Freeform Gradient(자유 그레이디언트) 세 종류입니다. Freeform Gradient는 Point에 색상을 추가하는 방식, Line에 색상을 추가하는 방식 두 가지 방식이 있으며 다채로운 색상의 혼합을 만들 때 사용하기 편리합니다. 그레이디언트는 상단 메뉴에서 [Window−Gradient]를 선택하거나 툴바에서 [Gradient Tool]을 더블클릭해서 지정합니다.

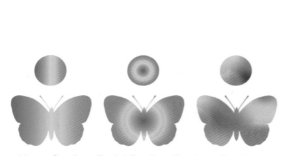

▲ Linear Gradient, Radial Gradient, Freeform Gradient

SNS 로고 만들기

인스타그램 로고는 장식이나 질감, 그림자 같은 요소 없이 2차원 형태로 구성된 플랫 디자인으로 구성되어 있으며 대신 다양한 색상이 자연스럽게 섞인 그레이디언트를 이루고 있습니다. [Gradient Tool]의 Freeform Gradient 기능을 활용하면 인스타그램 로고의 그레이디언트도 어렵지 않게 표현할 수 있어요.

▶ 참고영상

01 New Document 창에서 ❶ [Art & Illustration] 탭의 ❷ [Postcard]를 선택하고 ❸ [Create]를 클릭해 새 문서를 생성합니다. 어떤 크기의 문서를 만들어도 상관없으나 규격은 **Millimeters**, 색상 모드는 **RGB Color**로 지정하면 됩니다.

02 ❶ [Rectangle Tool](M)을 선택하고 ❷ **Stroke: None**으로 지정한 뒤 ❸ 아트보드를 클릭합니다. ❹ 옵션 창에서 **Width: 60mm, Height: 60mm**로 지정하고 ❺ [OK]를 눌러 정사각형을 생성합니다.

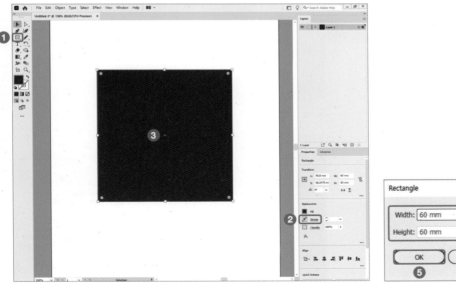

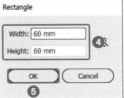

TIP 사각형의 색상은 그레이디언트를 적용하기 때문에 어떤 색상을 사용해도 무관합니다.

03 ❶ 상단 메뉴에서 [Effect-Stylize-Round Corners]를 선택하고 ❷ 옵션 창에서 **Radius: 13mm**로 지정한 뒤 ❸ [OK]를 클릭합니다. 사각형의 모서리가 둥글게 표현됩니다.

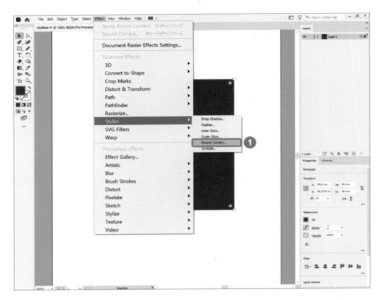

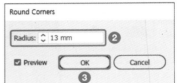

04 ❶ 툴바에서 [Gradient Tool](G)을 더블클릭해 옵션 창을 열고 ❷ [Freeform Gradient] 아이콘을 클릭합니다. 사각형 네 모서리에 색상 기준점이 생기고 임의의 색상이 적용됩니다.

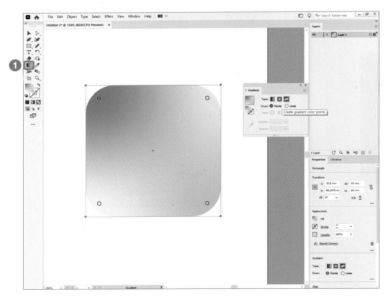

05 ❶ Gradient 패널에서 **Draw: Points**가 선택된 상태로 ❷ 오른쪽 상단 색상 기준점을 더블클릭합니다. ❸ 옵션 창에서 **#a700bf**를 입력해 보라색을 적용합니다.

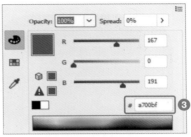

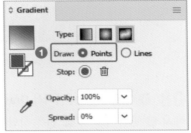

06 ❶ 왼쪽 상단의 색상 기준점을 더블클릭하고 ❷ **#6424ff**를 입력합니다.

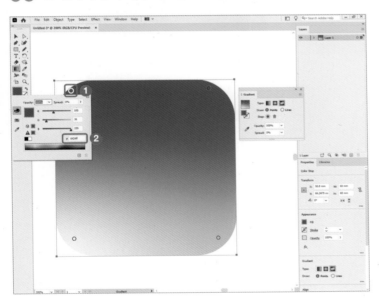

07 ❶ 왼쪽 상단 색상 기준점과 인접한 지점을 클릭해 색상 기준점을 추가하고 ❷ 클릭&드래그해 왼쪽 상단 끝에 배치합니다. ❸ 추가한 기준점도 더블클릭하고 색상을 **#6424ff**로 지정합니다.

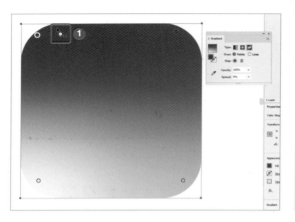 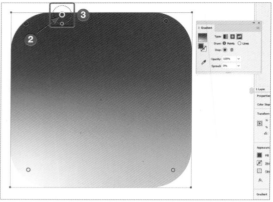

08 ❶ Gradient 패널에서 **Draw: Lines**로 변경하고 ❷ 오른쪽 하단 색상 기준점을 클릭합니다. 이 상태에서 ❸ 중간 부분과 ❹ 왼쪽 상단을 각각 클릭해 기준점을 2개 추가해서 곡선을 만듭니다. 곡선을 종료할 때 ESC를 클릭합니다. 곡선을 만드는 방식은 [Curvature Tool]의 방식과 같습니다.

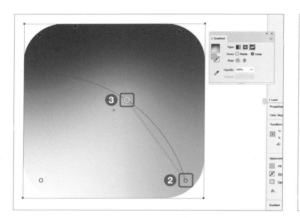 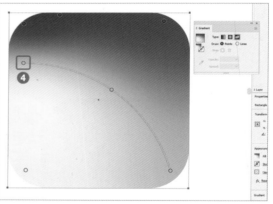

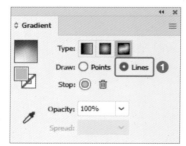

09 Gradient 패널에서 **Draw: Points**를 지정하고 3개의 기준점을 각각 더블클릭해 색상을 **#e20087**로 변경합니다.

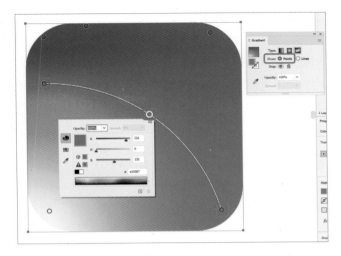

10 **Draw: Lines**가 지정된 상태에서 왼쪽 하단의 네 지점을 클릭해 뒤집어진 S 곡선을 만들고 ESC를 누릅니다. 4개의 기준점을 각각 더블클릭해 색상을 **#fdb61c**로 입력합니다. 이로써 하나의 도형 안에 색상 종류 4가지, 색상 기준점 10개가 사용되었습니다.

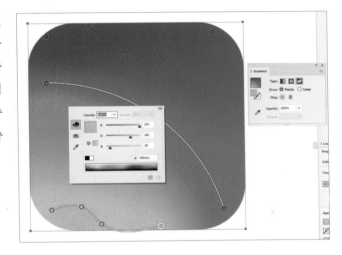

11 로고 안쪽에 카메라 모양의 굵은 도형을 추가합니다. ❶ 둥근 사각형은 **Width: 40mm, Height: 40mm** 크기의 사각형을 그리고 **Fill: None, Stroke: #ffffff, 11pt**를 지정한 뒤 **Round Corners: 11**을 적용합니다. ❷ 가운데 원형은 **Width: 18mm, Height: 18mm**로 그리고 **Fill: None, Stroke: #ffffff, 11pt**를 지정합니다.

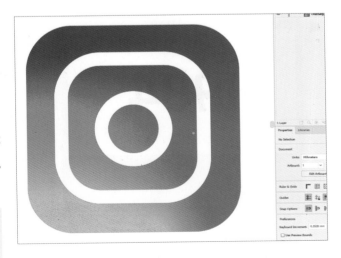

> **TIP** 로고 안쪽에 카메라 아이콘을 만들고 점 하나만 추가해 주며 인스타그램 로고와 유사한 형태를 만들 수 있습니다.

입체적인 텍스트 표현하기

이번에는 그레이디언트 기능을 활용해 입체적인 문자를 표현해 봅니다. 문자 전체에 그레이디언트를 적용하고 문자에 그림자를 추가합니다. 흑백 그레이디언트를 적용한 그림자 레이어를 블렌드 모드로 합성해 자연스러운 그림자를 추가할 수 있습니다. 타이틀이나 중요한 문구에 사용할 수 있는 효과로 포토샵처럼 일러스트레이터도 블렌드 모드를 적용할 수 있어요.

▶ 참고영상

01 New Document 창에서 ❶ [Web] 탭을 선택하고 ❷ [Web-Large]를 지정한 뒤 ❸ [Create]를 클릭해 새 문서를 생성합니다.

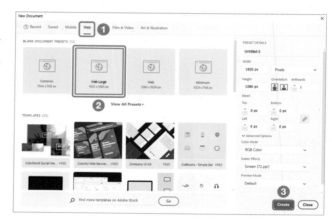

02 ❶ [Type Tool]을 선택하고 ❷ Font: 배달의민족 도현체, 400pt, Fill: #000000으로 지정한 뒤 ❸ 아트보드를 클릭하고 1984를 입력합니다. ❹ 문자 레이어를 선택한 뒤 ❺ [Type-Create Outlines](Ctrl +Shift+O)를 적용해 수정 가능한 오브젝트로 만들어 줍니다. ❻ Ctrl+Shift+G를 눌러 그룹을 해제하세요.

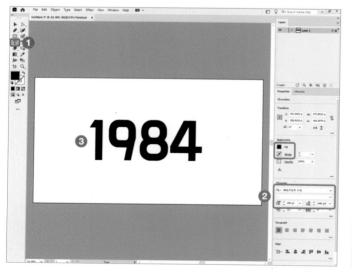

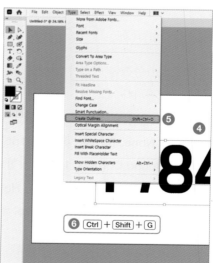

03 그레이디언트 샘플을 만들기 위해 ❶ [Rectangle Tool](M)로 적당한 크기의 사각형을 그립니다. 사각형을 선택한 상태에서 ❷ 툴바의 [Gradient Tool]을 더블클릭해 옵션 창을 열고 ❸ **Type**에서 [Linear Gradient] ▨ 아이콘을 클릭합니다.

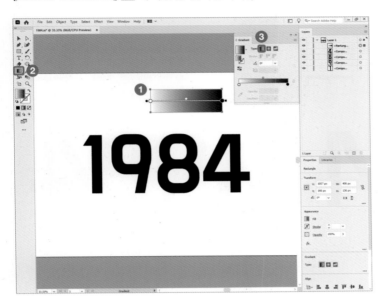

04 ❶ 색상을 적용하기 위해 Gradient 슬라이더의 한쪽 끝 조절점을 더블클릭합니다. 기본 색상이 K(검은색) 값으로만 되어 있어 ❷ 색상 모드를 [RGB] 모드로 변경합니다. ❸ 슬라이더 중간을 클릭해 조절점을 하나 추가합니다. 세 조절점의 색상과 위치를 #00d4a2, #8d2aff, #0c86ff, Location: 0%, 50%, 100%로 지정합니다.

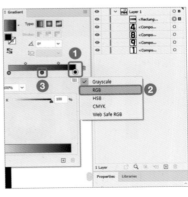

> **TIP** Gradient 슬라이더의 포인트를 선택한 상태에서 아래 Location 값을 입력하면 정확한 위치를 지정할 수 있습니다.

05 ❶ 숫자 레이어를 모두 선택하고 ❷ [Eyedropper Tool]([I])로 ❸ 사각형을 클릭해 숫자 레이어에 그레이디언트 색상을 적용합니다. ❹ 숫자 레이어가 선택된 상태에서 [Gradient Tool]([G])을 선택하면 그레이디언트가 숫자마다 각각 적용된 걸 확인할 수 있습니다.

06 숫자 전체에 하나의 그레이디언트를 적용하기 위해 [Gradient Tool]이 선택된 상태에서 대각선 방향으로 클릭&드래그합니다. 숫자에 전체적으로 하나의 그레이디언트가 적용됩니다.

그림자 만들기

01 ❶ [Pen Tool]([P])을 선택하고 ❷ 숫자에서 그림자를 추가할 영역을 만듭니다. [Fill] 색상은 어떤 색상이든 상관없으며 눈에 잘 띄는 색상으로 지정합니다.

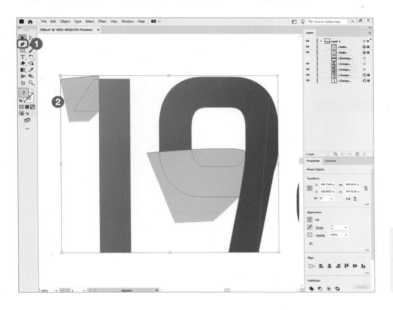

> **TIP** 상단 메뉴에서 [View–Snap To Point]를 체크해 두면 [Pen Tool]로 기준점을 선택하기 수월합니다.

02 숫자 8의 그림자 영역을 만들때는 [View–Smart Guide]가 켜진 상태로 8의 중심 기준점을 잡기 수월합니다. 그림자가 시작되는 부분만 정교하게 만들고 나머지 영역은 적당히 여유 있게 만들면 됩니다.

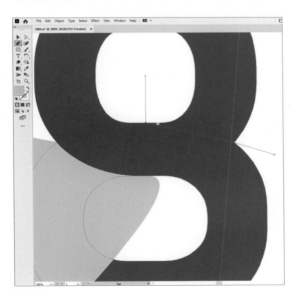 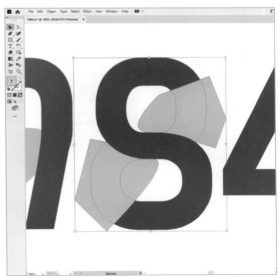

03 그림자를 추가할 영역을 전부 만들었습니다. [Ctrl]+[Y]를 누르면 Outline 상태를 확인할 수 있습니다.

04 숫자와 그림자 레이어를 모두 선택하고 ❶ 툴바의 [Shape Builder Tool]을 선택합니다. ❷ 1984 숫자 영역보다 넘치는 그림자 영역을 [Alt]+클릭하거나 [Alt]+드래그해 삭제합니다.

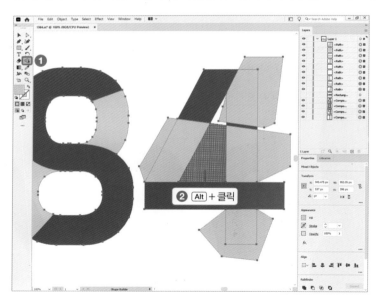

05 남은 그림자 레이어를 모두 선택한 뒤 ❶ [Gradient Tool]을 더블클릭해 옵션 창을 열고 ❷ **Type** 의 [**Linear Gradient**] ▣ 아이콘을 클릭합니다. ❸ 흰색에서 검은색으로 이어지는 그레이디언트를 적용합니다.

> **TIP** 그레이디언트 슬라이더에서 색상 조절점을 삭제하려면, 해당 조절점을 선택하고 오른쪽의 삭제 아이콘을 클릭하거나 조절점 아래쪽으로 드래그합니다.

07 각 그림자 레이어를 선택하고 [Gradient Tool]로 적당한 방향에 맞춰 드래그합니다. 그림자 레이어를 전부 선택하고 Properties 패널의 [Opacity]에서 **Multiply, Opacity: 50%**로 지정하면 텍스트에 자연스러운 그림자를 만들어 줘 입체감 있는 텍스트가 만들어집니다.

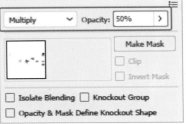

08 [Selection Tool](V)을 선택하고 숫자별로 드래그해 Ctrl+G를 눌러 그룹으로 만들고 레이어를 정리하면 숫자의 간격을 수정하거나 옮기기 수월해집니다.

LESSON 02

블렌드를 이용해
입체적인 아트워크 만들기

일러스트레이터의 블렌드 기능은 여러 형태의 도형, 텍스트, 색상을 자연스럽게 섞어 주는 기능으로 독특한 느낌의 아트워크 작업에 사용되곤 합니다. 간단하게는 텍스트에 벡터 그림자 효과를 만들 수 있고 3D 느낌의 아트워크도 만들 수 있습니다. [Blend Tool]의 옵션을 먼저 알아보고 예제에서 활용해 보겠습니다.

Blend Tool 옵션 살펴보기

블렌드를 적용하려면 서로 다른 색을 가진 2개 이상의 오브젝트를 선택하고, [Blend Tool]을 이용해 블렌딩 간격(Spacing)과 방향(Orientation)을 지정해야 합니다.

먼저 패스로 핑크색(#f214a8)과 하늘색(#00ffff) 선을 서로 교차하도록 그립니다. 두 패스를 선택한 상태에서 툴바의 [Blend Tool]을 더블클릭합니다. 옵션 창에서 다음과 같이 블렌딩 옵션을 지정하고 [OK]를 클릭한 뒤 두 패스를 오브젝트를 각각 클릭합니다.

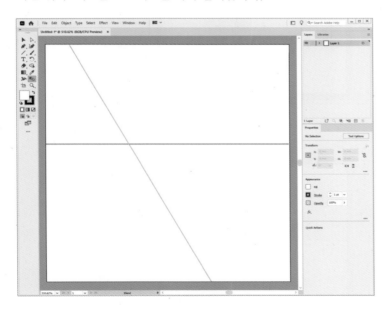

Spacing: Smooth Color는 도형 및 패스의 색상을 블렌딩합니다.

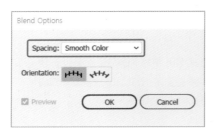

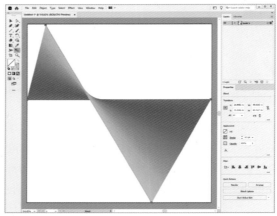

Spacing: Specified Steps는 입력한 값이만큼 블렌딩합니다. **5**로 지정하고 블렌딩을 적용하면 두 선 사이에 5개의 선이 추가된 걸 확인할 수 있습니다. 단계 값이 커질수록 선이 면에 가깝게 보입니다.

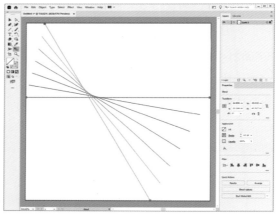

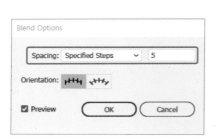

단계 값으로 **30**을 적용하면 30개의 선이 추가로 생성됩니다.

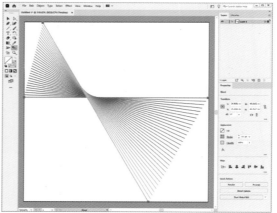

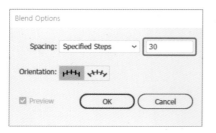

Spacing: Specified Distance는 블렌딩되는 오브젝트, 선 사이의 간격을 지정합니다. 간격 값이 작아질수록 하나의 면으로 보이게 블렌딩됩니다. 간격 값으로 **3mm**로 지정한 것과 **0.1mm**로 지정한 것의 차이를 확인해 보세요.

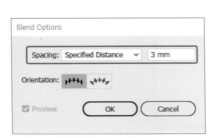

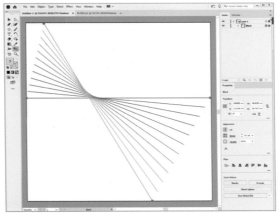

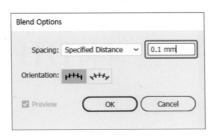

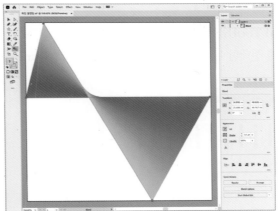

Orientation은 블렌딩되는 오브젝트의 방향을 선택하는 기능입니다. 노란색(**#ffec00**)과 회색(**#636363**)을 지정한 얇은 직사각형 2개를 그립니다. [Blend Tool]을 더블클릭하고 옵션 창에서 **Specified Steps, 10** 으로 만들고 [OK]를 클릭합니다. 두 직사각형을 각각 클릭해서 블렌드를 적용합니다.

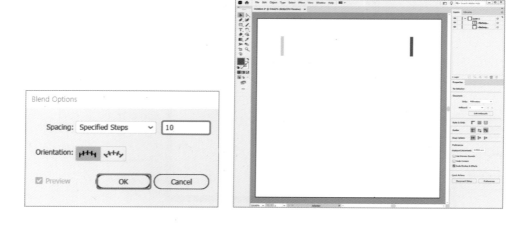

툴바에서 [Spiral Tool]을 선택하고 아트보드를 클릭&드래그해 나선을 그립니다. 블렌드를 적용한 직사각형과 나선을 함께 선택한 뒤 [Object-Blend-Replace Spine]을 선택합니다.

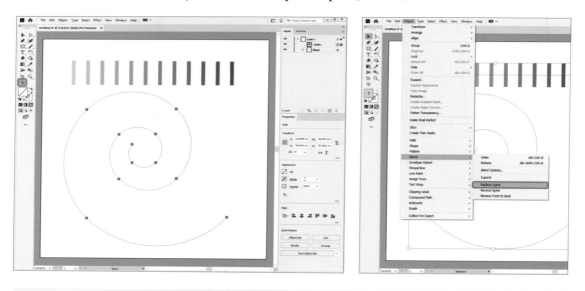

TIP 툴바에 [Spiral Tool]이 보이지 않으면 툴바 하단의 [Edit Toolbar]를 클릭하고 해당 툴을 찾아 선택합니다.

[Blend] 레이어가 선택된 상태에서 [Blend Tool]을 더블클릭합니다. 옵션 창에서 **Spacing: 30**으로 적용하고 **Orientation**을 [Align to Path] 로 선택하고 [OK]를 클릭하면 직사각형의 방향이 나선 방향으로 각각 배치됩니다.

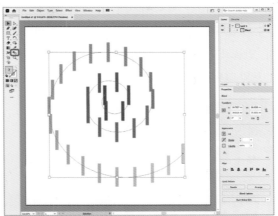

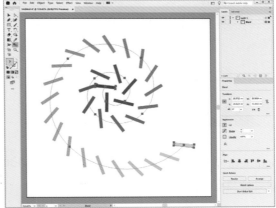

TIP 이때 블렌드 상태의 오브젝트를 선택하고 상단 메뉴에서 [Object-Blend-Reverse Spine]을 선택하면 노란색과 회색 배치가 뒤바뀝니다.

2D 벡터 그림자 효과 만들기

[Blend Tool]을 사용해 3D 느낌의 그림자를 만들어 보겠습니다. 글씨와 맞닿은 부분과 글 ▶ 참고영상
씨와 멀리 떨어진 부분의 색상을 서로 다르게 지정하고 블렌드를 적용하면 입체적인 느낌의
그림자를 생성할 수 있습니다. 또 두 부분을 같은 색상으로 변경하면 2D 벡터 그림자 효과를
만들 수 있습니다. 만들고자 하는 디자인의 느낌에 맞게 변경이 가능하고 꾸며 줄 요소가 많
지 않은 경우 텍스트와 그림자만으로도 공간을 꽉 채우고 화면에 변화를 줄 수 있습니다.

01 New Document 창에서 ❶ [Web] 탭을 선택하고 ❷ **Width: 900px, Height: 900px**을 선택한 뒤
❸ [Create]를 클릭해 새 문서를 생성합니다.

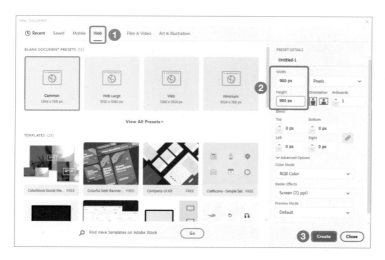

02 툴바에서 [Rectangle Tool](M)을 선택하고 Fill: #025151, Stroke: None으로 지정한 뒤 아트보드를 꽉 채우는 사각형을 생성해 배경을 만듭니다.

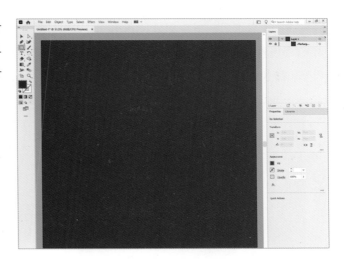

03 [Type Tool]을 선택하고 Font: 배달의민족 도현, Size: 180pt, 자간: −25로 지정한 뒤 Gradient를 입력합니다.

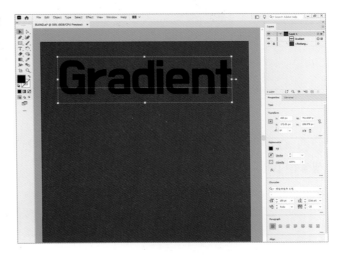

04 ❶ Layers 패널에서 [Gradient] 레이어를 2개 복제하고, ❷ 맨 아래쪽에 있는 문자 레이어를 아트보드 밖으로 옮겨 둡니다. 레이어 순서대로 색상을 변경합니다. 각 문자 레이어의 [Fill] 색상을 #e2e2e2, #d0301c, #fecece로 지정합니다.

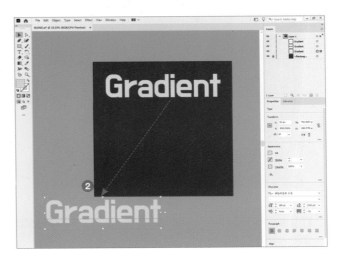

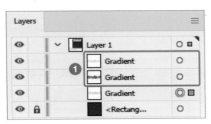

05 ❶ 맨 위에 있는 옅은 회색 [Gradient] 레이어를 숨기고 나머지 ❷ 두 문자 레이어를 선택한 상태에서 ❸ 툴바의 [Blend Tool]을 더블클릭합니다. ❹ 옵션 창에서 **Spacing: Specified Distance, 0.1**로 입력하고 ❺ [OK]를 클릭합니다.

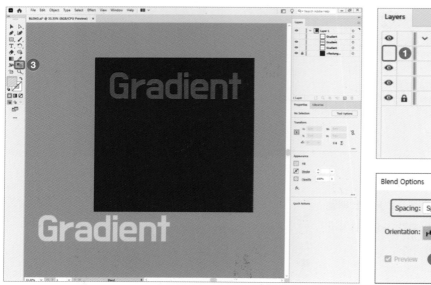

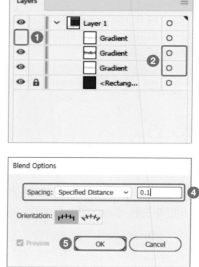

06 ❶❷ 블렌드를 적용할 텍스트를 각각 클릭합니다. 빨간색에서 분홍색으로 변하는 그레이디언트가 생성됩니다.

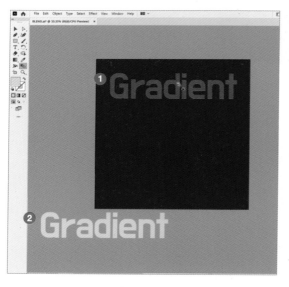

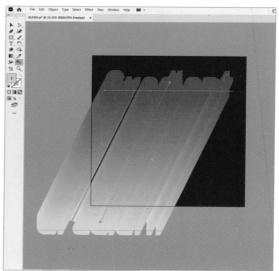

TIP [Direct Selection Tool]로 패스의 기준점을 클릭해 위치를 변경하거나, 텍스트의 위치를 변경해 블렌드가 적용된 각도를 수정할 수 있습니다.

07 Layers 패널에서 맨 위의 문자 레이어를 보이게 하면 **[Blend Tool]**로 만든 그레이디언트 영역이 입체적인 그림자 느낌으로 표현됩니다.

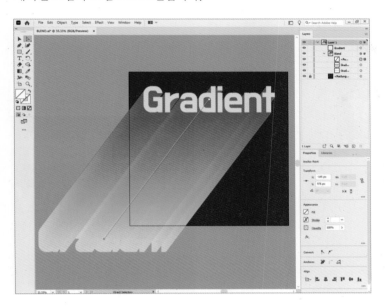

08 같은 방색으로 **Shadow**라는 문자를 입력하고 블렌드의 방향을 오른쪽으로 적용한 모습입니다.

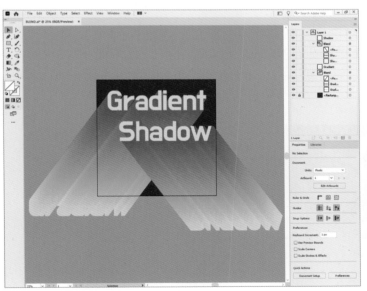

09 블렌드를 적용한 후에도 Layers 패널에서 블렌드를 적용할 때 선택한 문자 레이어를 선택하고 색상을 같은색으로 변경하면 아래와 같이 단색으로 이루어진 그림자 효과도 간단하게 만들 수 있습니다.

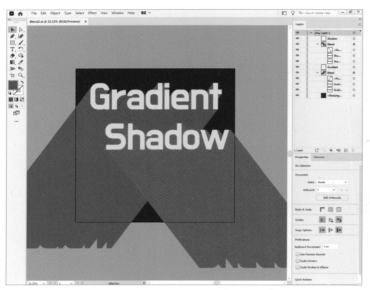 

입체적인 드로잉 아트워크 만들기

원에 그레이디언트 색상을 적용하고 블렌드 기능을 사용해 입체적인 원기둥을 만듭니다. 이 원기둥과 라인을 함께 블렌드 기능을 적용하면 3D로 만든 것 같은 드로잉 텍스트를 만들 수 있습니다. 블렌드 기능을 두번 사용해서 만드는 방식입니다. 'Sweet'라는 문구를 사용해 CD 자켓 커버 느낌의 아트워크 이미지를 만들어 보겠습니다.

블렌드를 활용해 입체적인 글자 그리기

01 New Document 창에서 ❶ [Art & Illustration] 탭을 선택하고 ❷ **Width: 100mm, Height: 100mm**로 지정한 뒤 ❸ [Create]를 클릭해 새 문서를 생성합니다

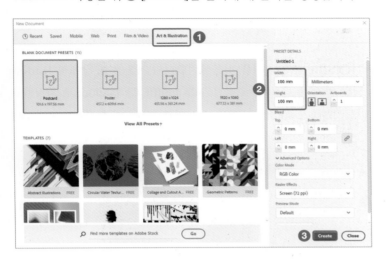

02 ❶ 툴바에서 [Pencil Tool]을 선택하고 ❷ 대각선 방향으로 Sweet를 그려보세요. 글자가 끊어지지 않게 한 번에 이어서 쓰는 게 중요합니다. ❸ t만 획을 하나 추가해 2개의 패스로 만듭니다. 한 번에 이쁘게 되지 않기 때문에 여러 번 써 봐야 합니다.

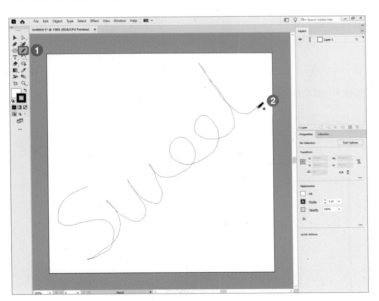

03 툴바에서 [Ellipse Tool]($\boxed{L}$)을 선택하고 **Stroke: None**으로 지정한 후 아트보드를 클릭합니다. 옵션 창에서 ❶ **Width: 4mm, Height: 4mm**를 입력하고 ❷ [OK]를 누릅니다.

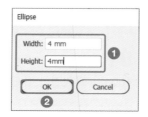

04 ❶ 원을 선택하고 ❷ 툴바에서 [Gradient Tool]을 더블클릭합니다. ❸ 옵션 창에서 [Linear Gradient] ▨ 아이콘을 클릭합니다. 색상 바 양쪽 끝 색상 조절점은 ❹ **#d9ffff**, ❺ **#aa00cc**로 지정하고, ❻ 색상 바 하단을 클릭해 색상 조절점을 생성하고 **#00ffff, location: 12%**로 지정합니다. ❼ **Angle: −45°**로 지정합니다.

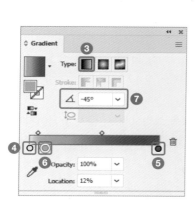

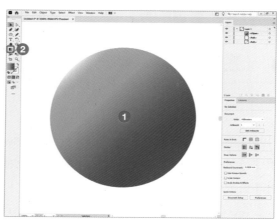

05 ❶ 생성된 원을 $\boxed{Alt}$를 누른 채 클릭&드래그해 아트보드 오른쪽 끝에 복제합니다. ❷ 툴바의 [Blend Tool]을 더블클릭하고 ❸ **Spacing: Specified Distance, 0.1mm**로 지정하고 ❹ [OK]를 누릅니다.

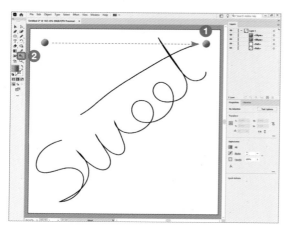

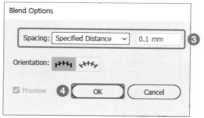

06 양쪽의 원을 각각 선택해 블렌드를 적용합니다. 원기둥처럼 생긴 두꺼운 선이 생성됩니다. 이 선도 [Alt]를 누르고 클릭&드래그해 하나를 더 복제합니다. 블렌드를 적용할 때 원기둥 하나는 **Sweet** 글자를 따라가게 만들고 나머지 하나는 **t** 윗부분 선을 따라 가게 만들려고 합니다.

07 **Sweet** 글자와 원기둥 1개를 함께 선택하고 상단 메뉴에서 [Object-Blend-Replace Spine]을 선택합니다. 입체적인 느낌의 텍스트가 만들어집니다.

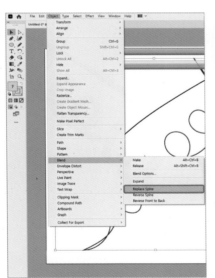 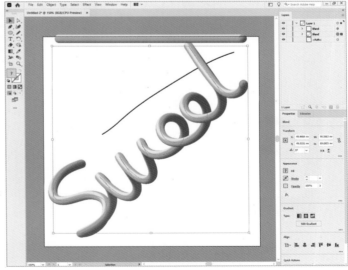

08 t에 적용한 패스와 나머지 원기둥도 함께 선택하고 상단 메뉴에서 [Object-Blend-Replace Spine]을 적용합니다.

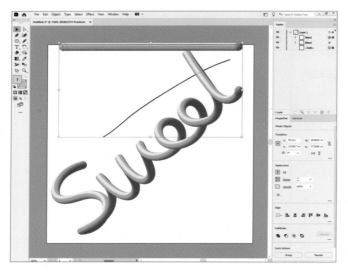

09 Layers 패널에서 t에 적용한 원을 선택하고 ❶ 앞에 있는 원은 W: 5mm, H: 5mm로 지정하고 ❷ 뒤에 있는 원은 W: 2mm, H: 2mm로 변경합니다. 선의 끝부분 두께가 조금 더 날렵한 느낌으로 변경됩니다.

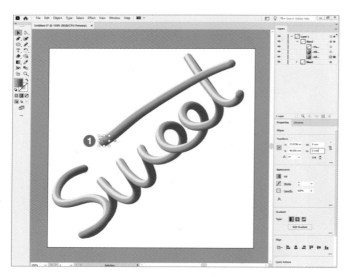

10 [Direct Selection Tool]([A])을 선택하고 Layers 패널에서 Sweet 패스를 선택해 부분적으로 패스를 수정할 수 있습니다.

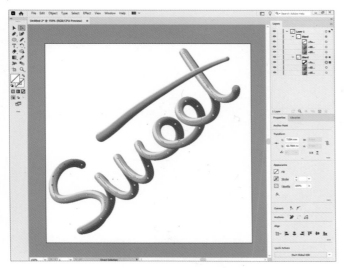

배경 만들기

01 Layers 패널에서 새 레이어를 만들고 맨 아래쪽으로 이동합니다. ❶ [Rectangle Tool]([M])을 선택해 ❷ 아트보드를 꽉 채우는 사각형을 생성합니다. ❸ 사각형이 선택된 상태에서 [Gradient Tool]을 더블클릭합니다. ❹ 옵션 창에서 [Linear Gradient] ■ 아이콘을 클릭하고 ❺ 남색(**#3814b1**)에서 보라색(**#9f00aa**)으로 가는 그레이디언트를 적용합니다.

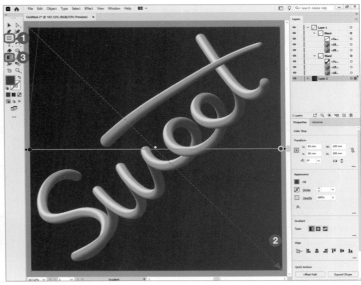

02 ❶ [Ellipse Tool](ⓛ)을 선택하고 ❷ 아트보드를 클릭합니다. ❸ 옵션 창에서 **Width: 80mm,
Height: 80mm**로 입력하고 ❹ [OK]를 클릭합니다. ❺ Properties 패널의 [Align]에서 █▐과 ▄ 아이콘을
클릭해 가운데 정렬합니다.

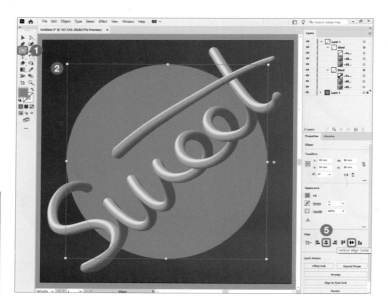

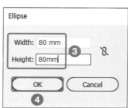

03 ❶ 원이 선택된 상태에서 [Gradient Tool]을 더블클릭합니다. ❷ 옵션 창의 **Type**에서 [Linear
Gradient] ▧ 아이콘을 클릭하고 ❸ 핑크색(**#ff00d0**)에서 주황색(**#e98232**)으로 가며 ❹ 각도가 **Angle:
−45°**인 그레이디언트를 적용합니다.

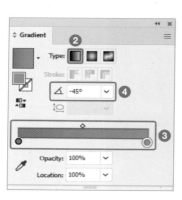

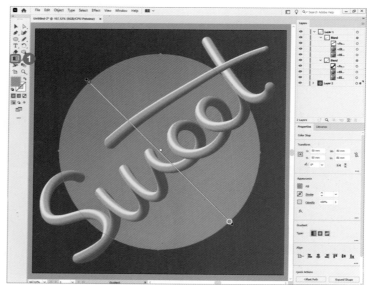

LESSON 03
사진과 캘리그래피를 벡터 이미지로 변환하기

[Image Trace]는 래스터 이미지를 벡터 이미지로 변환하는 기능으로, 사진 또는 종이에 그렸던 스케치 라인이나 캘리그래피 이미지 등을 불러와 벡터 이미지로 변경하고 활용할 수 있습니다. 섬세한 사진을 사진과 거의 유사하게 변경할 수도 있고 색을 단순화시키고 흑백 이미지로도 만들 수 있는 기능입니다. [Image Trace]의 옵션을 알아보고 캘리그래피 이미지를 벡터 이미지로 변경해 적용해 보겠습니다.

사진을 벡터 이미지로 만들기

01 New Document 창의 ❶ [Web] 탭에서 ❷ **Width: 1280px, Height: 853px**로 지정하고 ❸ [Create]를 클릭해 새 문서를 만듭니다.

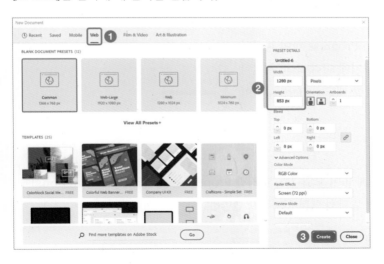

02 ❶ **doll.jpg** 이미지를 작업 화면에 불러오고 화면에 딱 맞게 배치합니다. 불러온 이미지를 선택한 상태에서 ❷ Properties 패널의 [Quick Actions]에서 [Image Trace－High Fidelity Photo]를 선택합니다. 실제 사진과 가장 유사하게 만들어 주는 옵션입니다.

03 레스터 이미지를 벡터로 변환하는 Progress 창이 나타납니다. 컴퓨터 사양에 따라, 이미지가 크기에 따라 소요 시간이 다릅니다. [Image Trace] 옵션을 변경할 때도 Progress 창이 나타납니다.

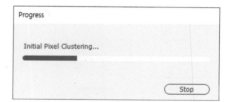

04 변환 과정이 끝나면 아직 달라진 게 없어 보입니다. 하지만 Properties 패널의 [Quick Actions]에서 [Expand]를 클릭하면 수많은 레이어로 나뉜 벡터 이미지가 변환됩니다.

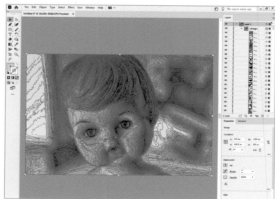

05 [Image Trace]를 선택하면 여러 옵션을 선택할 수 있는데, 직접 하나씩 선택해 보며 어떤 차이가 있는지 살펴보세요.

▲ [6 Colors]를 적용한 이미지

▲ [16 Colors]를 적용한 이미지

▲ [Shades of Gray]를 적용한 이미지

▲ [Sketched Art]를 적용한 이미지

캘리그래피 이미지를 벡터 이미지로 만들기

손글씨 느낌의 폰트가 시중에 많이 나와 있지만 영화나 드라마의 타이틀이나 아날로그 느낌을 내고 싶은 디자인이 필요하다면 일반적으로 캘리그래피 작가에게 손글씨를 의뢰합니다. 종이에 펜이나 붓으로 쓴 글씨를 스캔해서 이미지로 만들고 일러스트레이터에서 벡터 이미지로 만들어 사진에 합성하는 방법을 알아봅니다.

01 New Document 창에서 ❶ [Print] 탭을 선택하고 ❷ [View All Preset +] 를 클릭합니다. 새로 보이는 프리셋 중에서 [A3]을 선택하고 ❸ [가로 방향] 🖼 을 선택한 뒤 ❹ [Create]를 클릭해 새 문서를 생성합니다.

02 [Rectangle Tool](🅜)을 선택하고 **Fill: #757575, Stroke: None**으로 지정한 뒤 배경 사각형을 아트보드에 가득 차게 그립니다. Layers 패널에서 배경이 선택되지 않게 배경 레이어를 잠그고 새로운 레이어를 추가합니다. 이것은 이미지와 다른 색의 배경을 만들어 준 것으로 어떤 색상을 적용해도 상관없습니다.

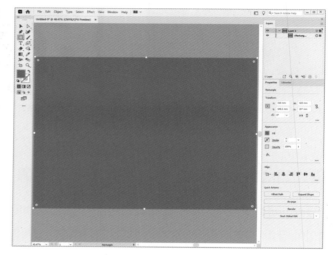

03 **캘리그래피.jpg** 이미지를 작업 화면에 드래그해 배치합니다. [Shift] 또는 [Shift]+[Alt]를 누른 채 크기를 조절해 배치합니다.

04 ❶ Properties 패널의 [Quick Action]에서 [Image Trace]를 클릭하고 ❷ [Black and White Logo]를 선택합니다.

05 ❶ Properties 패널의 [Quick Action]에서 ▤ 아이콘을 클릭해 Image Trace 패널을 엽니다. ❷ [Advances] 왼쪽의 ▶ 아이콘을 클릭하고 ❸ **Paths: 100%**로 지정해 텍스트의 디테일을 좀 더 살려 줍니다. ❹ [Expand]를 클릭합니다.

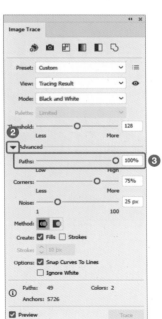

06 이미지가 벡터로 변환되고 Layers 패널에 레이어로 추가됩니다. 벡터로 변환된 레이어 맨 아래쪽에 레이어는 흰색 배경입니다. 흰색 배경 레이어의  아이콘을 끄면 캘리그래피 영역만 남고, 글자 안쪽에 동그라미 영역만 흰색이 남은 걸 확인할 수 있습니다.

07 Layers 패널 목록 상단의 흰색 섬네일이 모두 흰색 영역입니다. 이 부분을 모두 선택하고 Delete 를 눌러 삭제하면 캘리그래피 영역만 남게 됩니다.

08 [Direct Selection Tool](A)로 한글, 영문을 각각 드래그해 Ctrl + G 를 눌러 그룹으로 만들고 레이어를 정리합니다.

09 캘리그래피 레이어를 선택한 뒤 색상을 **#ffffff**으로 변경합니다. 벡터로 만든 텍스트는 언제든지 원하는 색상으로 변경 가능합니다.

클리핑 마스크 적용해서 배경 만들기

클리핑 마스크는 원하는 모양으로 이미지를 잘라낸 것처럼 표현하는 기능으로 일러스트레이터에서는 레이어 마스크가 이미지 위에 있어야 적용됩니다. 포토샵에서는 레이어 마스크가 아래쪽에 있어야 클리핑 마스크를 적용할 수 있는 게 서로 반대입니다.

A3 가로 방향 아트보드에 세로 이미지를 사용했기 때문에 작업할 때 최종 이미지 규격이 헷갈리지 않도록 아트보드 크기의 사각형을 마스크 레이어로 사용해 클리핑 마스크를 적용하고 아트보드 영역만큼 이미지가 보이게 만들어 줬습니다.

01 Ctrl+N을 눌러 New Document 창을 불러옵니다. ❶ [Print] 탭에서 ❷ [A3]을 선택하고 ❸ [가로 방향] 🖼을 선택한 뒤 ❹ [Create]를 클릭해 새 문서를 생성합니다. ❺ **일러스트.jpg**를 드래그해 작업 화면에 꽉 차게 배치합니다.

02 [Rectangle Tool](ⓜ)을 선택한 뒤 **Fill: #ffffff, Stroke: None**으로 지정하고 **Width: 420mm, Height: 297mm** 크기로 직사각형을 그립니다.

03 ❶ Layers 패널에서 흰 사각형과 가져온 이미지 레이어를 함께 선택한 후 ❷ 패널 하단 세 번째 ▣ 아이콘을 클릭해 클리핑 마스크를 적용합니다. 위에 있는 흰색 사각형 영역에만 사진이 보이게 됩니다.

TIP 두 레이어를 함께 선택한 뒤 상단 메뉴에서 [Object−Clipping Mask−Make](Ctrl+7)를 클릭해도 됩니다.

04 ❶ [Rectangle Tool](Ⓜ)로 **Width: 420mm, Height: 297mm** 크기로 직사각형을 그립니다. ❷
[Gradient Tool]을 더블클릭해 ❸ 옵션 창에서 **Type**에서 [Linear Gradient] ▦ 아이콘을 클릭합니다.
❹ 왼쪽 조절점은 **K 100%**로, ❺ 오른쪽 조절점은 **K 50%, Location: 70%**로 지정합니다.

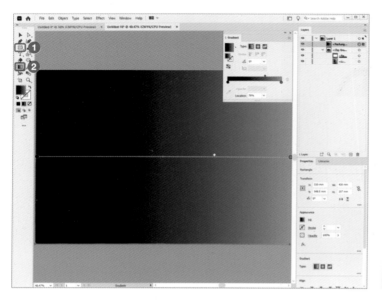

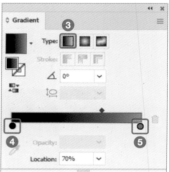

06 ❶ 그레이디언트가 적용된 사각형 레이어를 선택하고 ❷ Properties 패널에서 **Multiply, Opacity:
85%**로 지정해 사진과 합성합니다. 왼쪽 상단에 캘리그래피 로고를 배치할 계획이기 때문에 배경을 한 톤
어둡게 만들었습니다.

TIP 블렌드 모드와 투명도는 상단 메
뉴에서 [Window-Transparency]
를 선택해서 Transparency 패널
로 조절할 수도 있습니다.

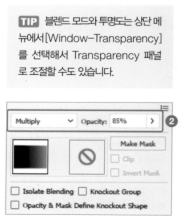

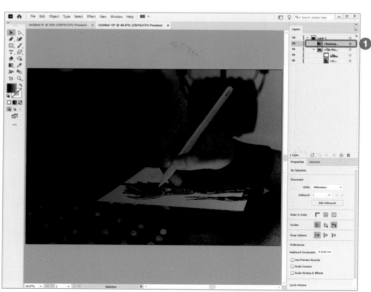

07 ❶ 작업 화면을 전환해 앞서 작업한 **[Illustrator]** 레이어를 선택한 뒤 Ctrl + C 를 눌러 복사합니다.
❷ 사진 이미지로 돌아와 Ctrl + V 를 눌러 붙여 넣습니다.

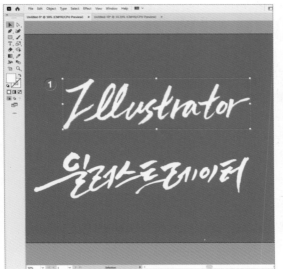 

08 붙여 넣은 **[Illustrator]** 레이어의 위치와 크기를 조절해 이미지 왼쪽 상단에 배치하고 색상을 **Fill: C 2%, M 0%, Y 21%, K 0%**로 변경합니다. 사진 레이어도 선택해 손이 나오는 위치가 텍스트와 겹치지 않게 수정합니다.

LESSON 04
뉴모피즘 스타일
뮤직 플레이어 만들기

뉴모피즘(Neumorphism) 스타일의 휴대폰 뮤직 플레이어를 만들어 보겠습니다. 뉴모피즘 스타일은 Inner Glow, Drop Shadow 등 부드럽게 퍼지는 그림자를 사용해 버튼이나 아이콘을 입체적이고 깔끔하게 표현하는 효과로 최근 등장한 디자인 트렌드 중 하나입니다. 포토샵이나 Adobe XD와 같은 프로그램에서도 제작 가능한 스타일입니다.

- **주요 기능:** Appearance 패널, Drop Shadow, Clipping Mask
- **주요 색상:** #ffffff, #ecf0f3, #bcc5c9, #848687, #5c73f2
- **크기:** 750×1334px, 72ppi
- **사용 폰트:** Myriad Pro
- **예제 파일:** Cover.jpg
- **완성 파일:** 뉴모피즘.ai

결과 미리보기

모바일용 아트보드/배경 만들기

01 New Document 창에서 ❶ [Mobile] 탭을 선택하고 ❷ [iPhone 8/7/6]을 선택합니다. ❸ [Create]를 클릭해 새 문서를 생성합니다.

02 ❶ [Rectangle Tool](M)을 사용해 아트보드 바깥 영역에 작업에 사용할 색상 견본을 만듭니다. 견본 크기는 상관없습니다. 현재 작업에서는 **Width: 100px, Height: 100px** 정사각형으로 제작했고 위부터 **#ffffff, #ecf0f3, #bcc5c9, #848687, #5c73f2** 5개의 색상으로 변경한 상태입니다. ❷ 색상 견본이 있는 현재 레이어는 잠그고 ❸ 새 레이어를 추가합니다.

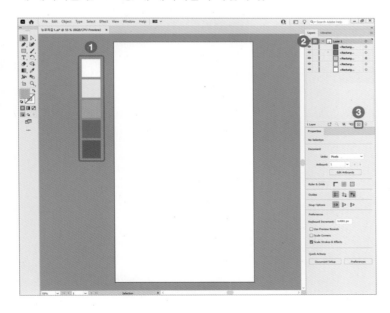

03 화면 전체에 연한 배경을 깔아 줍니다. ❶ [Rectangle Tool](M)로 **Width: 750px, Height: 1334px** 크기의 직사각형을 그립니다. ❷ [Eyedropper Tool](I)로 두 번째 색상 견본을 클릭해 **Fill: #ecf0f3**으로 설정합니다. ❸ Properties 패널의 [Align]에서 ⬛, ⬛ 아이콘을 클릭해 하늘색 사각형을 아트보드에 딱 맞게 배치합니다.

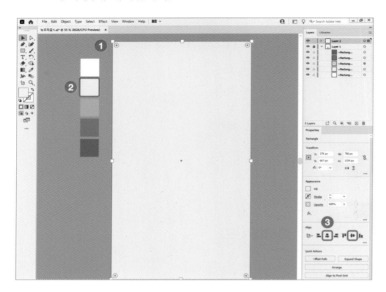

04 화면 상단과 하단에 포인트 컬러 바를 추가하겠습니다. ❶ [Rectangle Tool](M)로 **Width: 750px, Height: 30px**과 ❷ **Width: 750px, Height: 70px** 직사각형 2개를 생성해 각각 화면 상단과 하단 끝에 배치합니다. ❸ [Eyedropper Tool](I)로 다섯 번째 색상 견본을 클릭해 **Fill: #5c73f2**로 지정합니다. ❹ [Layer 2] 레이어도 잠그고 ❺ 새 레이어를 생성합니다.

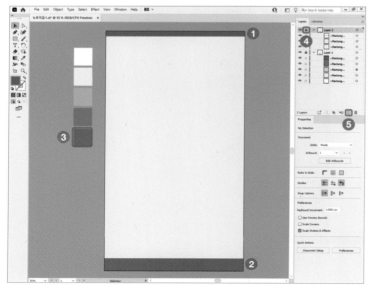

음각 느낌의 검색창 만들기

01 ❶ [Eyedropper Tool](Ⅰ)로 세 번째 색상 견본을 클릭해 **Fill: #bcc5c9**로 설정한 뒤. ❷ [Rectangle Tool](Ⅿ)로 **Width: 480px, Height: 65px** 크기의 긴 직사각형을 그립니다. ❸ 직사각형의 모서리 안쪽 조절점을 클릭&드래그해 직사각형 양 끝을 둥글게 만듭니다.

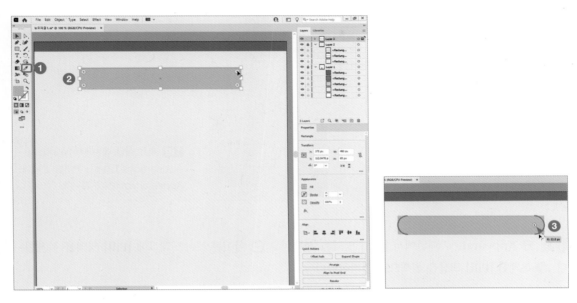

02 Layers 패널에서 ❶ 현재 직사각형 레이어를 복제한 뒤 ❷ 위에 있는 레이어를 숨기고, ❸ 아래쪽 직사각형 레이어를 선택합니다.

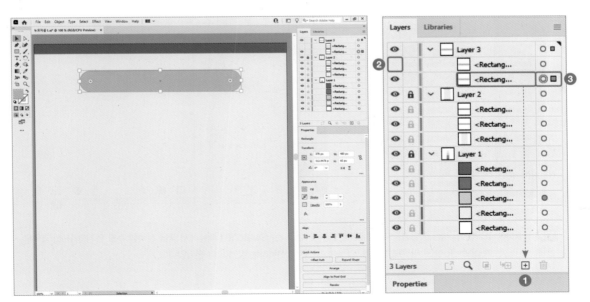

03 Properties 패널에서 [**Appearance**]의 ••• 아이콘을 클릭해서 Appearance 패널을 불러옵니다.

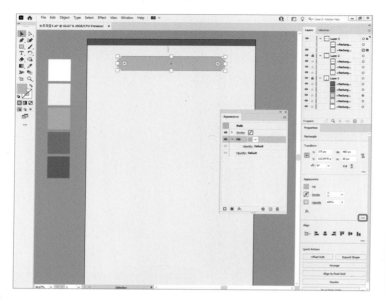

TIP 혹은 상단 메뉴에서 [Window–
Appearance]([Shift]+[F6])를 선택해
Appearance 패널을 엽니다.

04 ❶ Appearance 패널에서 [**Fill**] 영역을 선택하고 ⊞ 아이콘으로 드래그해 [**Fill**] 영역을 복제합니다. ❷ 복제한 [**Fill**] 색상을 흰색으로 변경합니다.

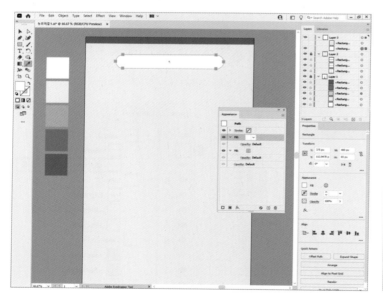

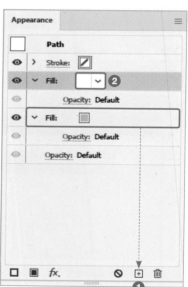

TIP [Fill]이나 [Stroke] 색상을 변경할 때 섬네일을 클릭해 나타나는 Swatches 패널에서 색을 선택할 수도 있지만, [Fill] 영역을 선택하고 [Eyedropper Tool]로 아트보드 밖에 만든 색상 견본을 선택하는 방법이 더 편리합니다.

05 Appearance 패널에서는 포토샵의 조정 레이어(Adjustment layer)처럼 오브젝트의 세부 영역마다 옵션과 효과를 적용할 수 있습니다. ❶ 흰색으로 변경한 [Fill] 영역을 선택한 상태에서 ❷ 패널 하단 *fx.* 아이콘을 클릭한 뒤 ❸ [Distort & Transform – Transform]을 선택합니다.

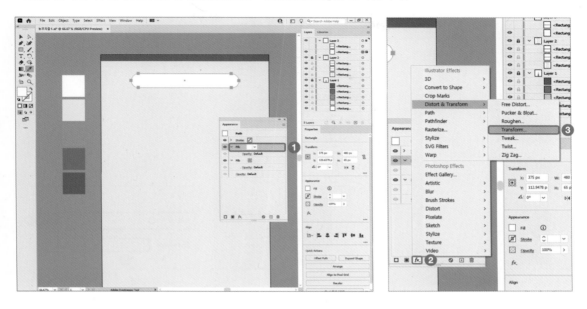

06 옵션 창에서 ❶ [Move]의 Horizontal: 14px, Vertical: 14px로 설정한 뒤 ❷ [OK]를 클릭합니다. 흰색 검색 영역이 입력한 수치만큼 이동합니다.

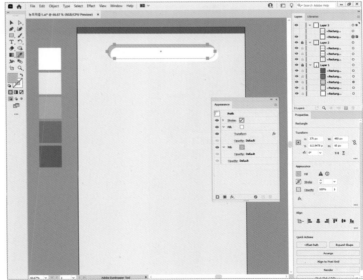

07 ① 흰색 [Fill] 영역을 선택하고 ② fx. 아이콘을 클릭한 뒤 ③ [Blur-Gaussian Blur]를 선택합니다. ④ 옵션 창에서 **Radius: 4px**로 입력한 뒤 ⑤ [OK]를 클릭합니다.

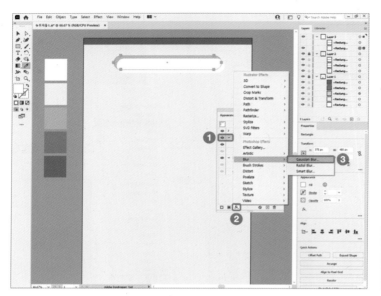

08 흰색 영역의 외곽이 흐릿해집니다. Appearance 패널 ① 맨 밑에 회색 [Fill] 영역을 위로 Alt +드래그해 복제합니다. ② 복제된 [Fill] 영역을 선택하고 ③ [Eyedropper Tool](I)로 두 번째 색상 견본을 클릭해 배경색으로 변경합니다.

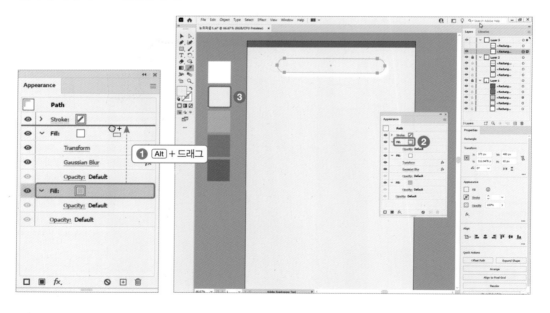

09 ❶ fx. 아이콘을 클릭하고 ❷ [Distort & Transform – Transform]을 선택합니다. ❸ 옵션 창에서 [Scale]의 **Horizontal: 97%, Vertical: 88%**로 설정한 뒤 ❹ [OK]를 클릭합니다. 크기가 약간 줄어듭니다.

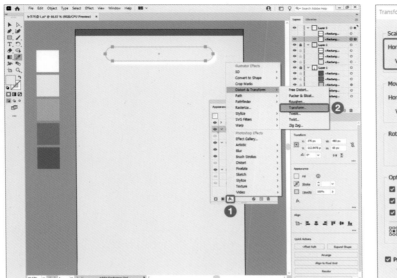

10 두 번째 [Fill] 영역의 Gaussian Blur 옵션을 선택하고 Alt +드래그해 맨 위의 [Fill] 영역에 복제합니다. 맨 위에 [Fill] 영역에도 간단하게 Gaussian Blur가 적용됩니다.

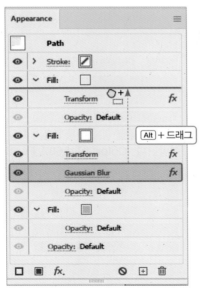
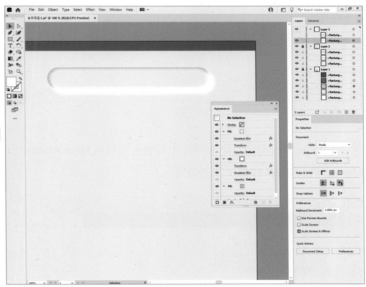

11 ❶ Layers 패널에서 숨김 처리한 레이어를 보이게 만듭니다. 두 레이어를 함께 선택한 상태에서 ❷ 상단 메뉴에서 [Object – Clipping Mask – Make](Ctrl + 7)를 선택해 클리핑 마스크를 적용합니다. 음각 느낌의 검색 창이 완성됩니다.

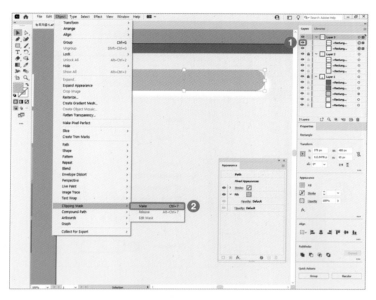

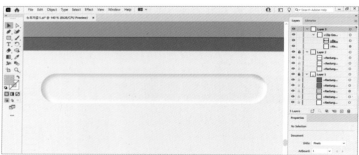

12 [Type Tool](T)을 선택하고 화면을 클릭해 **New Album**이라 입력합니다. **Color: #848687, Font: Myriad Pro, Size: 12pt**로 설정합니다.

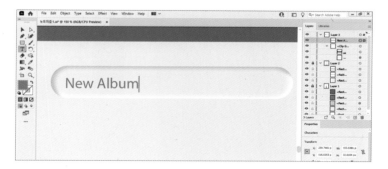

13 ❶ [Ellipse Tool](ⓁL)을 선택하고 ❷ Fill: None, Stroke: #848687, 2pt로 설정한 뒤 ❸ Width: 27pt, Height: 27pt 크기로 검색 돋보기 원을 그립니다.

14 ❶ [Pen Tool](ⓅP)로 직선을 그어 돋보기 손잡이를 만듭니다. ❷ Fill: None, Stroke: #848687, 2pt 로 지정합니다. 돋보기 손잡이를 선택하고 ❸ Stroke 옵션에서 Cap: Round Cap으로 설정해 직선의 끝을 동그랗게 처리합니다.

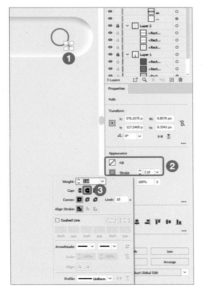

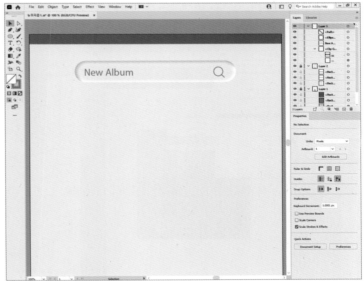

앨범 커버 만들기

01 ❶ Layers 패널에서 새 레이어를 추가합니다. ❷ [Eyedropper Tool]([I])을 선택하고 다섯 번째 색상 견본(**#5c73f2**)을 선택합니다. 추후 배경색으로 변경할 예정으로 알아보기 쉽게 색상을 다른 색으로 설정한 상태입니다. ❸ [Rectangle Tool]([M])로 **Width: 480px, Height: 480px** 사각형을 그립니다.

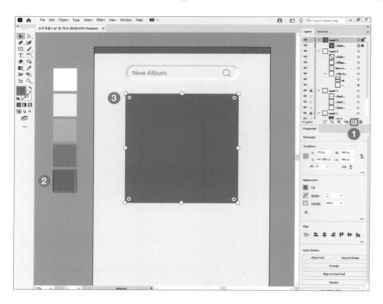

02 ❶ 정사각형이 선택된 상태에서 상단 메뉴에서 [Effect－Stylize－Round Corners]를 선택하고 ❷ 옵션 창에서 **Radius: 55px**로 입력한 뒤 ❸ [OK]를 클릭합니다.

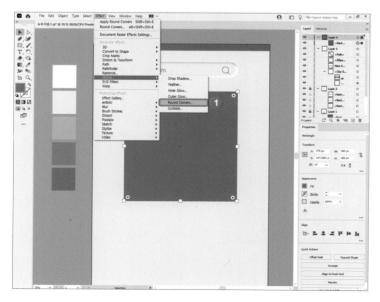

03 ① Properties 패널의 [Quick Action]에서 [Offset Path]를 클릭합니다. ② 옵션 창에서 **Offset Path: −15px**로 변경한 후 ③ [OK]를 클릭합니다. 앞에서 만든 둥근 사각형보다 사방으로 **15px**만큼 작은 둥근 사각형이 생성됩니다.

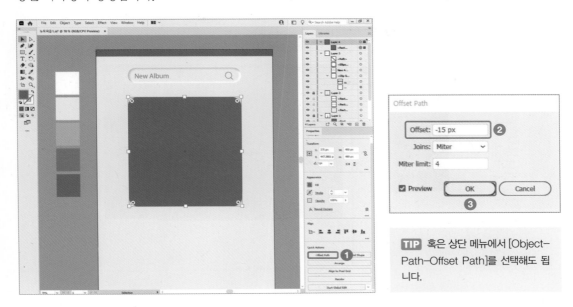

TIP 혹은 상단 메뉴에서 [Object–Path–Offset Path]를 선택해도 됩니다.

04 앨범 커버에 사용할 사진 **Cover.jpg**를 불러옵니다. 불러온 사진을 선택하고 Ctrl+ㅣ를 눌러 한 단계 밑으로 보냅니다.

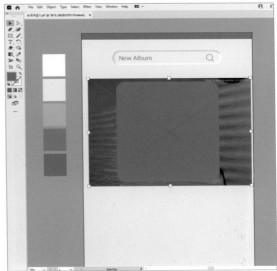

05 ❶ 맨 위에 있는 둥근 사각형을 선택한 뒤 상단 메뉴에서 [Object - Expand Appearance]를 선택합니다. 선택된 사각형의 외곽이 사각형 형태가 아닌 오브젝트 모양 그대로 변경된 걸 확인할 수 있습니다.

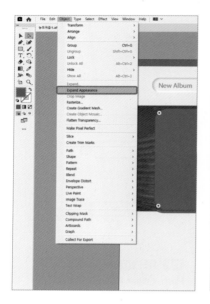 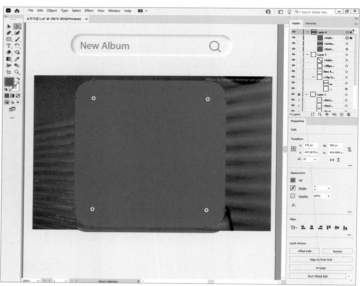

TIP [Expand Appearance]를 설정해야 클리핑 마스크를 적용할 때 사각형 모서리를 굴린 모양에 맞게 사진이 들어갑니다. [Expand Appearance]를 적용하지 않고 클리핑 마스크를 적용하면 사각형으로 적용됩니다.

06 맨 위에 있는 모서리가 둥근 사각형과 사진을 함께 선택하고 Ctrl + 7 을 누릅니다. 둥근 사각형 영역만큼 커버 사진이 보이게 됩니다.

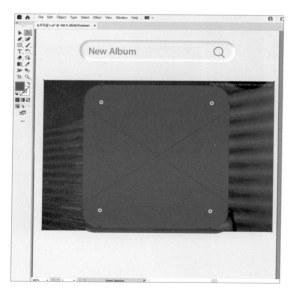 

앨범 커버에 2개의 그림자 적용하기

01 ❶ 커버 사진 뒤에 있는 둥근 사각형 레이어를 선택하고 ❷ 색상을 **Fill: ecf0f3**으로 변경합니다.
❸ Appearance 패널에서 🔳 아이콘을 클릭한 뒤 ❹ [Stylize – Drop Shadow]를 선택합니다.

02 ❶ 옵션 창에서 **Blend mode: Multiply, Opacity: 60%, X Offset: 35px, Y Offset: 35px, Blur:**
20px로 설정한 뒤 ❷ **Color**의 섬네일을 클릭해 색상을 **#848687**로 변경하고 ❸ **[OK]**를 클릭합니다. 오른
쪽/하단으로 넓게 퍼지는 그림자가 생성됩니다.

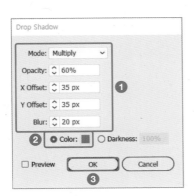

03 ➊ Appearance 패널의 [Fill] 영역을 선택하고 ⊞ 아이콘을 클릭해 복제합니다. ➋ 위에 있는 [Fill] 영역에 적용된 [Drop Shadow]를 선택해 ➌ 옵션 값을 **Blend mode: Normal, Opacity: 100%, X Offset: −40px, Y Offset: −40px, Blur: 20px, Color: #ffffff**로 변경하고 ➍ [OK]를 클릭합니다. 왼쪽/상단에 넓게 퍼지는 반사광이 생성됩니다.

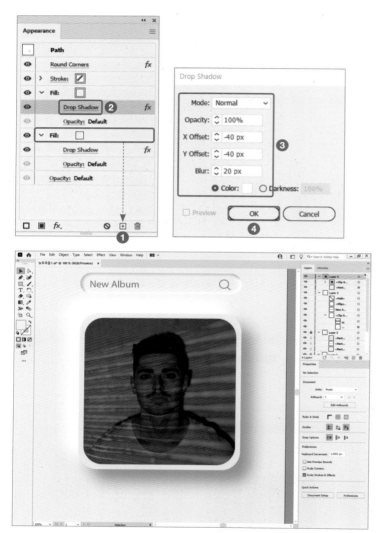

원형 플레이 버튼 만들기

01 **❶** [Eyedropper Tool](I)로 두 번째 색상 견본(#ecf0f3)을 클릭합니다. **❷** [Ellipse Tool](L)로 **Width: 150px, Height: 150px** 크기의 원을 그리고 앨범 커버 아래쪽 가운데에 배치합니다.

02 앨범 커버 배경에 적용했던 것과 마찬가지로 Appearance 패널에서 [Fill] 영역을 선택한 뒤 fx. 아이콘을 클릭하고 [Stylize−Drop Shadow]을 선택해 옵션을 변경합니다. 그림자의 옵션 값을 **Blend mode: Multiply, Opacity: 60%, X Offset: 15px, Y Offset: 15px, Blur: 10px, Color: #848687**로 변경하고, 반사광을 **Mode: Normal, Opacity: 100%, X Offset: −15px, Y Offset: −15px, Blur: 10px, Color: #ffffff**로 변경합니다.

▲ 그림자

▲ 반사광

> **TIP** 앨범 커버에 적용한 Drop Shadow 옵션 값과 다르게 지정하는 이유는 오브젝트 크기에 따라 그림자 크기를 다르게 적용해야 전체적으로 자연스러워 보이기 때문입니다.

03 완성된 버튼을 선택하고 왼쪽에 복제하고 Properties 패널에서 [Transform]의 옵션 값을 **W: 115px, H: 115px**로 변경합니다. 작게 축소된 원형 버튼을 Alt +드래그해 오른쪽에도 복제합니다.

04 ❶ 양쪽 끝의 원을 Cover 영역 양 끝에 맞게 배치하고 3개의 원 아이콘을 선택합니다. ❷ Properties 패널에서 [Align]의 •••를 클릭해 Align 패널을 확장합니다. ❸ 🔘 아이콘을 클릭해 수평으로 정렬하고, ❹ 🔘 아이콘을 클릭해 아이콘 사이를 균일한 간격으로 배치합니다.

> **TIP** 또는 상단 메뉴에서 [Window-Align] (Shift + F7)을 선택해도 Align 패널을 불러올 수 있습니다.

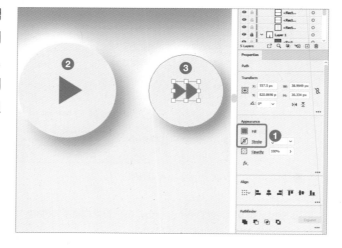

05 ❶ 툴바에서 [Pen Tool](P)을 선택하고 **Fill: #848687, Stroke: None**으로 지정해 ❷ 플레이 버튼의 삼각형을 그립니다. ❸ 오른쪽 작은 버튼에는 삼각형을 2개 복제하고 그룹으로 만들어 빨리감기 버튼을 표현합니다.

06 ❶ 빨리감기 아이콘을 복제해 왼쪽으로 옮기고 ❷ 180° 돌려 원형 버튼 가운데 배치합니다.

이퀄라이저 만들기

01 앞서 만들었던 검색 창 그룹을 복사합니다. 새로운 레이어를 만들고 복제한 검색 창 레이어를 드래그
해 이동시킵니다.

02 ❶ Properties 패널의 [Transform] 옵션 값을 **W: 245px, H: 50px**로 입력해 모서리가 둥근 사각형 그룹을 축소한 뒤 ❷ 하단으로 이동하고 **90˚** 회전해 배치합니다.

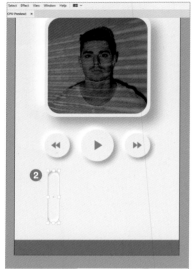

03 그룹이 선택된 상태에서 오른쪽으로 Alt + 드래그하고 Ctrl + D 를 3번 눌러 복제해 총 5개의 이퀄라이저 배경을 배치하고 전체를 선택해 화면의 가운데 배치합니다.

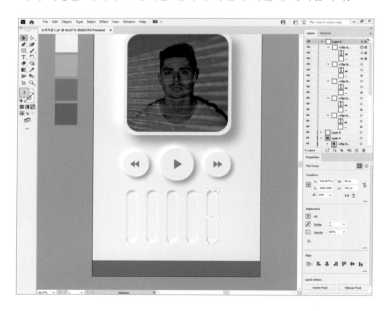

04 [Eyedropper Tool](Ⓘ)을 선택하고 색상 견본의 다섯 번째 색상을 선택합니다. **Fill: #5c73f2, Stroke: None**을 지정하고 [Rectangle Tool](Ⓜ)로 **Width: 50px, Height: 165px** 크기의 사각형을 그립니다. 사각형 모서리 안쪽 조절점을 드래그해 모서리를 최대한 둥글게 만듭니다.

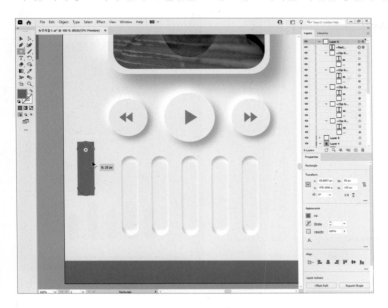

05 생성된 색상 이퀄라이저를 복제한 뒤 배치합니다. Smart Guides가 체크된 상태라면 위치를 맞추기 수월합니다.

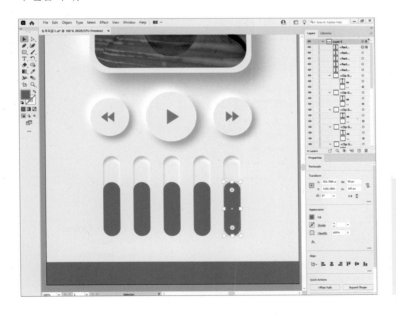

TIP Smart Guides는 오브젝트를 배치할 때 자동으로 주변 오브젝트에 맞춰 가이드라인을 표시하는 기능입니다. Smart Guides가 지정되어 있지 않다면 상단 메뉴에서 [View-Smart Guides](Ctrl+Ⓤ)를 선택합니다.

06 파란색 이퀄라이저를 하나씩 선택해 길이를 수정합니다. 두 번째부터 **H: 190, 150, 190, 130px**로 지정했습니다. 길이가 수정된 파란색 이퀄라이저를 이퀄라이저 배경에 맞게 배치하면 완성됩니다.

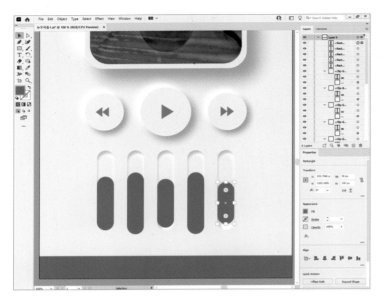 

Stylize 옵션 알아보기

일러스트레이터에서 Stylize 옵션의 기능을 알아봅니다. Drop Shadow, Inner Shadow, Outer Glow는 포토샵의 레이어 스타일에 있는 기능과 같으나 옵션이 포토샵보다 제한적입니다. 적용한 스타일은 수정 가능하고 여러 개의 스타일을 중복해서 적용할 수 있습니다. 상단 메뉴의 **[Effect−Stylize]**를 선택하거나 Appearance 패널의 fx. 아이콘을 클릭해서 적용할 수 있습니다.

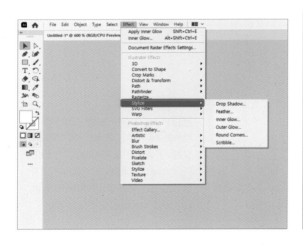 

- **Drop Shadow:** 블렌드 모드와 투명도를 적용하며 **Blur** 값에 따라 그림자의 번지는 범위가 달라집니다.

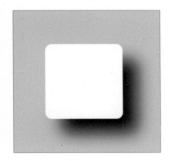
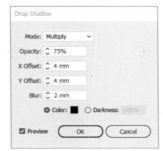

- **Feather: Radius** 수치에 따라 오브젝트 자체 외곽이 흐릿하게 변경됩니다.

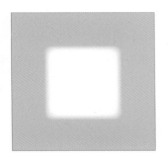

- **Inner Glow:** 선택한 오브젝트 안쪽으로 번지는 효과를 줄 수 있습니다.

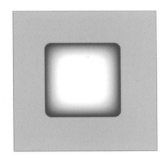

- **Outer Glow:** Inner Glow와 반대로 오브젝트 바깥에 번지는 효과를 줄 수 있습니다. 진한 색상을 사용하면 그림자 효과로 사용할 수 있고 사용하는 색상이나 배경에 따라 네온사인 같이 빛이 번지는 효과를 줄 때 사용할 수 있습니다.

- **Round Corners:** 오브젝트의 각진 모서리를 전체적으로 둥글게 만들 수 있는 기능입니다. [Direct Selection Tool]로 직접 드래그해 모서리를 둥글게 만드는 방식과 다르게 정확한 수치를 적용할 수 있다는 게 특징입니다.

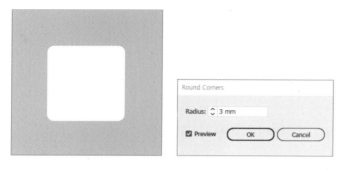

- **Scribble:** 선택한 형태를 기준으로 낙서한 느낌의 라인을 생성할 수 있습니다. 다양한 낙서 스타일을 설정할 수 있고 다른 스타일보다 옵션이 다양한데 수치를 변경하면 바뀌는 모습을 실시간으로 확인할 수 있어 편리합니다.

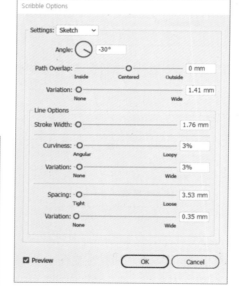

LESSON 05

패턴 만들기

패턴은 정사각형의 이미지 한 조각을 사방으로 이어 붙여 동일한 형태가 반복되도록 만든 형태로 체크 무늬 셔츠, 반복된 로고 패턴의 핸드백 등을 떠올려 볼 수 있습니다. 일러스트레이터에서는 패턴의 기본형을 정사각형, 벽돌 모양, 육각형 등 여러 형태로 제공하고 간단하게 제작하고 수정하기 용이합니다. 땡땡이 패턴과 강아지 얼굴 일러스트를 이용한 두 가지 패턴을 제작해 보겠습니다.

땡땡이 패턴 만들기

레트로한 느낌에 빠질 수 없는 땡땡이(Polkadot) 패턴을 제작해 보겠습니다. 포토샵에서 땡땡이 패턴을 제작한다면 5개의 원이 정사각형의 정가운데와 네 모서리에 배치되어야 하지만 일러스트레이터에서는 원형 하나만으로 보기 좋은 땡땡이를 제작할 수 있으니 따라해 보세요.

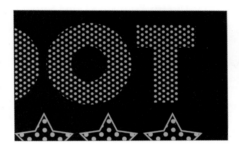

▶ 참고영상

01 New Document 창에서 ❶ [Web] 탭의 [Web–Large]를 선택하고 ❷ [Create]를 클릭합니다.

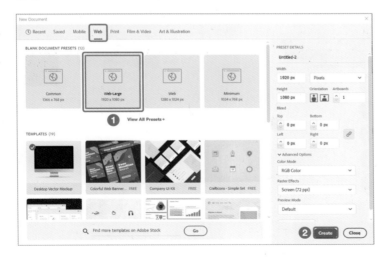

02 ❶ [Ellipse Tool](ㄴ)을 선택하고 Fill: #000000, Stroke: None으로 설정하고 Width: 200px, Height: 200px 크기의 원을 그립니다. ❷ 원을 선택하고 상단 메뉴에서 [Object – Pattern – Make]를 선택합니다.

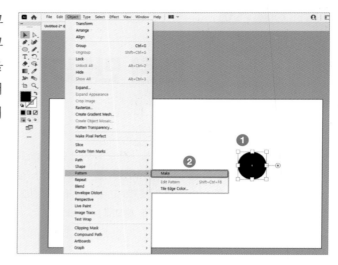

03 새로운 패턴이 Swatches 패널에 추가되었고 패턴 편집 모드에서 변경한 사항은 종료 후 Swatches 패널에 적용된다는 안내 창이 뜹니다. ❶ **Don't Show Again**에 체크하고 ❷ [OK]를 클릭합니다.

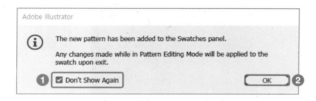

04 패턴 옵션 패널에서 ❶ 이름을 **땡땡이**로 변경하고, ❷ Tile Type: Hex by Column으로 변경합니다.

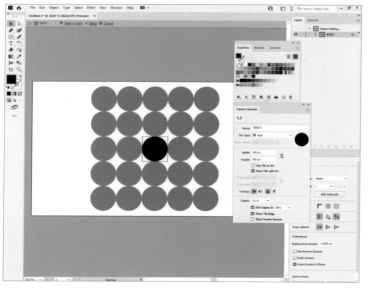
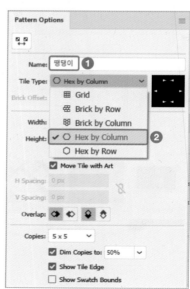

05 ❶ Width: 450px, Height: 400px로 수치를 변경합니다. 육각형의 크기가 커지고 원과 원 사이 간격이 넓어집니다. ❷ 상단의 [Done]을 눌러 종료하면 땡땡이 패턴이 완성됩니다.

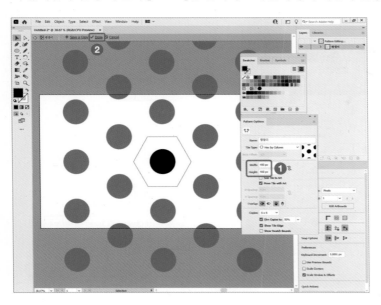

06 Swatches 패널의 땡땡이 패턴 섬네일을 더블클릭하면 패턴 옵션과 원의 크기, 색을 변경할 수 있습니다.

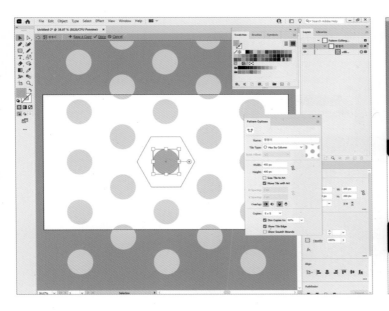
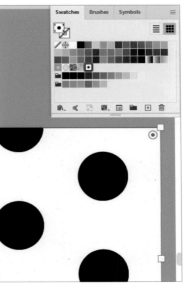

07 ❶ 툴바의 [Scale Tool](⑤)을 더블클릭해 ❷ 옵션 창에서 **Transform Patterns**만 체크한 후 ❸ [Scale]의 **Uniform** 값을 조절해 패턴의 크기를 전체적으로 조절할 수 있습니다. ❹ [OK]를 클릭합니다.

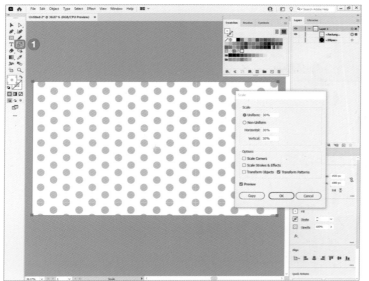

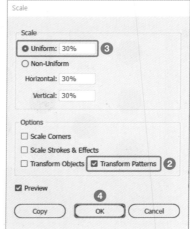

> **TIP** 또는 Swatches 패널에서 해당 패턴을 더블클릭해 패턴 옵션 창에서 패턴 속 오브젝트의 크기를 축소하고 가로 세로 간격을 조절할 수도 있습니다.

08 만들어진 패턴은 도형과 획, 텍스트에 모두 적용할 수 있습니다.

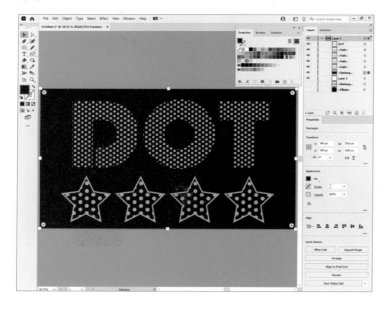

강아지 얼굴 패턴 만들기

▶ 참고영상

여러 종의 강아지 얼굴 일러스트와 뼈다귀 일러스트를 사용해 팬시 용품에 어울리는 발랄하고
귀여운 패턴을 제작하고 두 가지 배경색의 패턴으로 복제하는 방법을 알아봅니다.

패턴 오브젝트 배치하기

01 강아지.ai 파일을 불러옵니다. Ctrl+N을 누르고 **Width: 200mm, Height: 200mm** 크기의 문서를
만드세요.

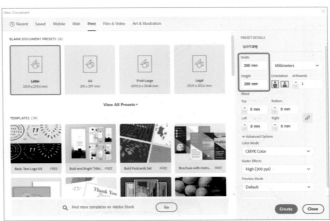

02 Fill: #92d6e8, Stroke: None으로 설정합니다. [Rectangle Tool]([M])로 Width: 200mm, Height: 200mm 크기의 사각형을 생성합니다. Properties 패널의 [Align]에서 ◱, ▥ 아이콘을 클릭해 하늘색 사각형을 아트보드에 딱 맞게 배치합니다.

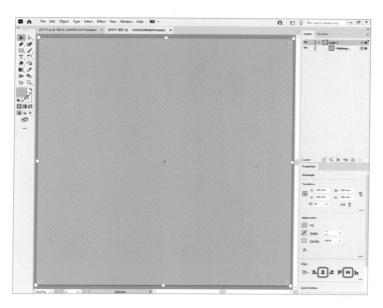

03 [Selection Tool]([V])로 **강아지.ai** 그림을 전부 선택하고 [Ctrl]+[C]로 복사합니다. 새 문서에서 [Ctrl]+[V]를 눌러 복사한 뒤 새 문서에 붙여 넣습니다.

 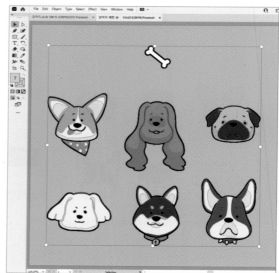

04 [Selection Tool]([V])로 강아지 얼굴을 하나씩 이동, 회전해서 아래와 같이 배치합니다. 뼈다귀는
여러 개 복제해서 배치합니다.

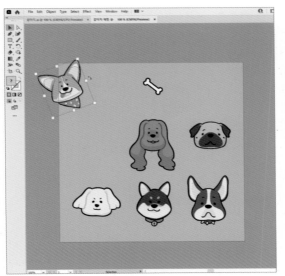

패턴의 이어지는 부분 만들기

패턴은 사각형의 네 방향으로 동일한 패턴이 이어져야 하기 때문에 아트보드 왼쪽에 넘치게 나와 있는 부분
을 화면 오른쪽에 배치해야 강아지 얼굴이 자연스럽게 연결된 패턴을 제작할 수 있습니다.

01 ❶ [Selection Tool]([V])로 화면 왼쪽의 오브젝트를 선택하고 ❷ 상단 메뉴에서 [Object-
Transform-Move]([Ctrl]+[Shift]+[M])를 선택합니다.

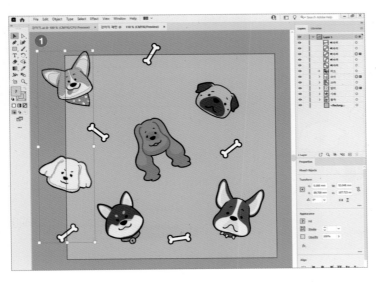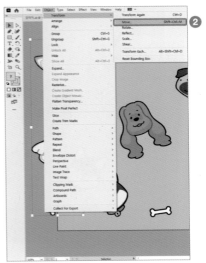

02 ① 옵션 창에서 **Horizontal: 200mm, Vertical: 0mm**로 입력한 뒤 ② [Copy]를 눌러 화면 오른쪽에 복제합니다. 현재 문서의 크기가 200×200mm기 때문에 가로 길이를 200mm로 설정했습니다.

03 ① 이번에는 화면 사각형 위쪽에 나와 있는 오브젝트를 선택한 뒤 ② [Object-Transform-Move]를 선택합니다. ③ 옵션 창에서 **Horizontal: 0mm, Vertical: 200mm**로 입력한 뒤 ④ [Copy]를 클릭해 화면 하단에 복제합니다.

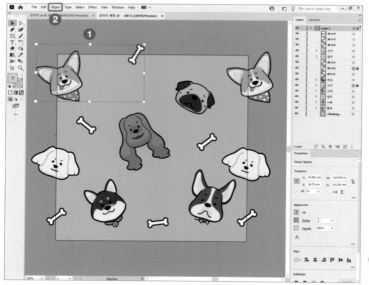

04 복제한 오브젝트를 제외하고 아트보드 안쪽에 서로 간격이 너무 붙어 있는 오브젝트는 조금씩 이동시켜 간격을 띄워 줍니다.

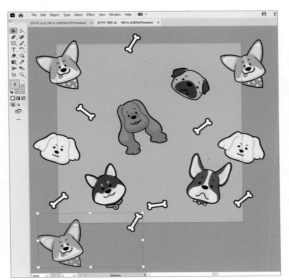 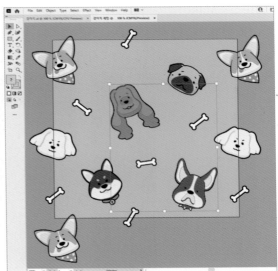

05 뼈다귀에는 모두 검은색 획을 적용해 두었는데요. 처음에 잘 보이게 하기 위해 적용했으나, 완성된 패턴에서는 강아지 얼굴이 더 부각되게끔 뼈다귀 레이어를 모두 선택한 뒤 **Stroke: None**으로 설정해 뼈다귀를 흰색으로만 표현하겠습니다.

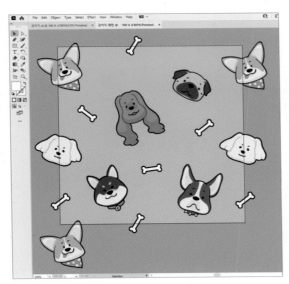 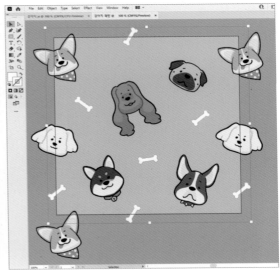

패턴 적용하기

01 ❶ [Selection Tool]([V])로 모든 오브젝트를 드래그해 선택하고 ❷ 상단 메뉴에서 [Object – Pattern – Make]를 선택합니다. ❸ 옵션 창에서 **Name: dog, Width: 200mm, Height: 200mm, Copies: 7×7**로 변경하고 ❹ 상단의 [Done]을 클릭하면 현재 적용한 패턴이 Swatches 패널에 생성됩니다.

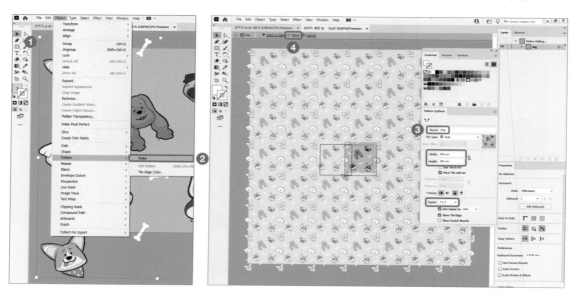

02 Swatches 패널의 [dog] 패턴 섬네일을 선택하면 [Fill] 색상으로 [dog] 패턴이 적용됩니다. **Stroke: None**으로 설정한 뒤 [Rectangle Tool]([M])을 선택한 뒤 아트보드 영역 밖을 클릭&드래그해 사각형을 생성하면 [dog] 패턴이 적용되는 걸 확인할 수 있습니다.

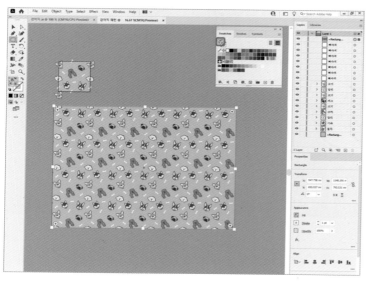

패턴 배경색 변경하기

01 ❶ Swatches 패널에서 [dog] 패턴을 선택한 뒤 ❷ ⊞ 아이콘을 클릭합니다. ❸ 옵션 창에서 **Swatch Name: dog2**를 입력하고 ❹ [OK]를 클릭해 패턴을 복제하세요.

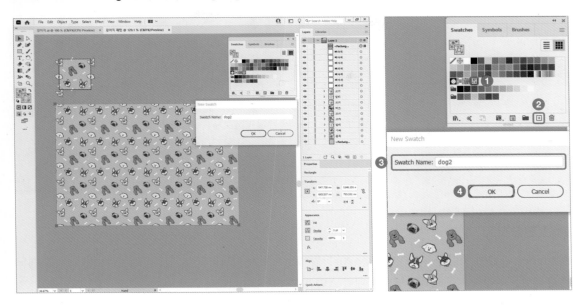

02 ❶ 패턴을 수정하기 위해 복제한 [dog2] 패턴 섬네일을 더블클릭합니다. 패턴 수정 화면이 나타나면 ❷ Layers 패널에서 맨 아래쪽에 있는 배경 레이어를 선택한 뒤 ❸ [Fill]을 더블클릭합니다. ❹ Color Picker 창에서 **#feed98**을 입력한 뒤 ❺ [OK]를 클릭합니다.

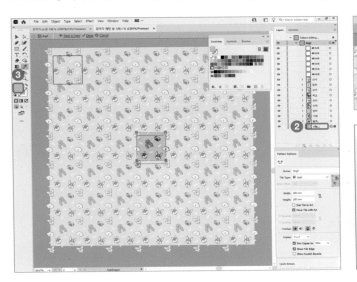
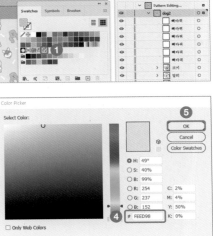

03 배경색이 노란색으로 바뀌면 상단 옵션의 [Done]을 클릭합니다. Swatches 패널에서 [dog2]를 선택하고 사각형을 그려 보면 배경이 변경된 패턴을 확인할 수 있습니다.

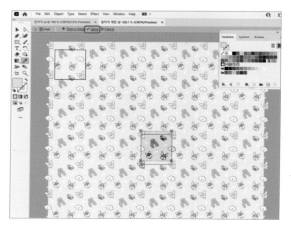 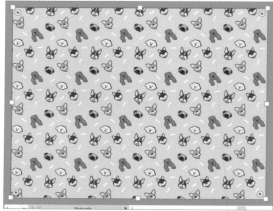

패턴 저장하기

Swatches 패널에 패턴을 추가하면 해당 AI 파일에만 패턴이 나타납니다. 다른 파일에서 작업을 할 때도 현재 패턴을 저장해 사용하려면 별도의 패턴 스와치로 등록해야 합니다.

01 ❶ Swatches 패널의 오른쪽 상단 ▤ 아이콘을 클릭하고 ❷ [Select All Unused]를 선택해 현재 프로젝트에서 사용하지 않는 스와치를 선택하고 ❸ 🗑 아이콘을 클릭해 모두 삭제합니다. 패턴 스와치를 제외한 다른 스와치도 삭제합니다.

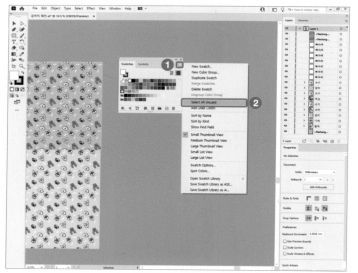 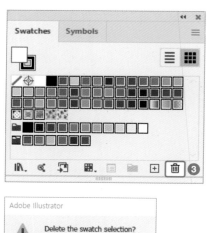

02 패턴 2개만 남은 Swatches 패널에서 ❶ 하단의  아이콘을 클릭하고 ❷ [**Save Swatches**]를 선택합니다. ❸ 파일 이름을 **dog pattern**을 지정하고 저장합니다. ❹ 저장 경로는 [내 **PC**〉로컬 디스크 (**C:**)〉사용자〉내 컴퓨터 이름〉**AppData**〉**Roaming**〉**Adobe**〉**Adobe Illustrator** (설치 버전) **Settings**〉**en_GB** (설치 언어)〉**x64**〉**Swatches**]입니다.

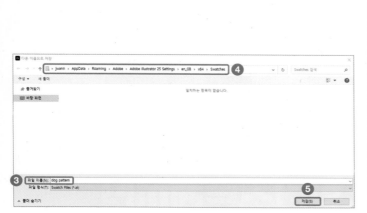

03 새 문서를 열고 Swatches 패널에서 하단의  아이콘을 클릭하고 [**User Defined**−**dog pattern**]을 선택하면 [**dog pattern**] 스와치 패널이 열립니다. [**dog pattern**]의 패턴 2개를 선택하면 Swatches 패널에 추가됩니다.

포토샵 & 일러스트레이터 연동 작업

포토샵은 래스터(픽셀) 기반이며 일러스트레이터는 벡터 기반으로
이미지를 표현하는 방식이 다르지만, 프로그램을 호환해서 사용하는 경우가 종종 있습니다.
인물의 사진이 들어가는 포스터 작업을 할 때 포토샵에서 인물사진 보정과 전체적인 디자인 작업을 하고
일러스트레이터에서 만든 로고만 불러와 작업하는 경우를 예로 들 수 있겠습니다.
작업의 결과물이 어떤 프로그램 사용의 비중이 높은지 좀 더 수월한지에 따라
주로 사용하는 프로그램을 선택하면 됩니다.

PART 04

LESSON 01
일러스트레이터 파일을 포토샵에서 불러와 활용하기

일러스트레이터의 AI 파일을 포토샵에서 열어 보면 아래와 같은 창이 뜨고 불러올 크기를 설정하고 [OK]를 클릭하면 개별 수정이 불가능한 이미지로 불러와집니다. AI 파일의 개별 이미지를 포토샵에 불러와 활용하는 다른 방법을 알아보겠습니다.

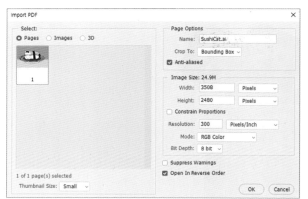
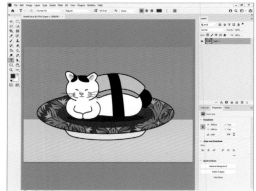

Libraries에서 불러오기

01 Chapter 2에서 작업한 **SushiCat.ai** 파일을 일러스트레이터에서 불러옵니다. Layers 패널에서 배경 레이어를 가리고 고양이 영역만 선택해 Libraries 패널에 드래그합니다. 고양이는 어도비 크리에이티브 클라우드에 저장되고 포토샵 Libraries 패널에서 드래그해 사용할 수 있습니다.

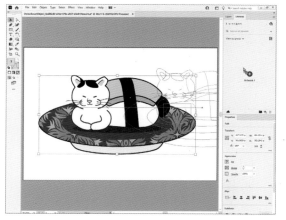

02 포토샵 Libraries 패널을 보면 방금 저장한 고양이가 있고 드래그해 사진에 합성할 수 있습니다.

03 Creative Cloud Desktop 프로그램을 열면 [내 작업 – 내 라이브러리]에 초밥 고양이가 저장된 걸 확인할 수 있습니다. 다른 기기를 쓰더라도 어도비 계정에 로그인된 상태라면 어디서든 내 라이브러리 파일을 사용할 수 있습니다.

Ctrl+C, Ctrl+V 단축키로 불러오기

일러스트레이터의 작업 요소를 포토샵에 간편하게 불러올 수 있는 방법은 단축키를 사용하는 것입니다. 포토샵에서 **Table.jpg** 이미지를 불러오고 일러스트레이터에서 만든 초밥 고양이를 합성해 보겠습니다.

01 일러스트레이터에서 **SushiCat.ai** 파일의 고양이 오브젝트를 선택하고 Ctrl+C를 눌러 복제합니다. 포토샵 작업 창을 열고 Ctrl+V를 누릅니다.

02 포토샵에서 Paste 옵션 창이 나타납니다. **Smart Object, Pixels, Path, Shape Layer** 네 가지 형식으로 불러올 수 있습니다. ❶ Smart Object를 선택하고 ❷ [OK]를 클릭합니다.

> **TIP** [Add to my current library]가 체크되어 있으면 자동으로 라이브러리에 저장됩니다.

03 사진에서 컵을 가리도록 크게 키워 배치하고 Enter를 누릅니다. 불러온 스마트 오브젝트에 Drop Shadow를 적용한 모습입니다.

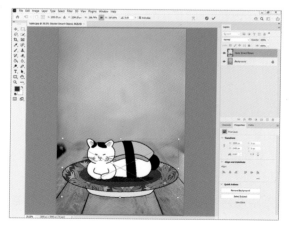 

04 Layers 패널에서 고양이 스마트 오브젝트 섬네일을 더블클릭하면 일러스트레이터에서 파일이 열립니다. 여기서 접시의 패턴을 다른 패턴으로 변경한 뒤 Ctrl+S를 누르고 포토샵 파일로 돌아오면 포토샵 파일에서도 접시 패턴이 변경된 걸 확인할 수 있습니다. 스마트 오브젝트로 붙여 넣으면 벡터 이미지로 불러오기 때문에 크기 제한이 없고 일러스트레이터에서 수정도 가능해 편리합니다.

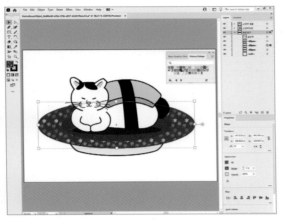 

PSD로 내보내기

포토샵에서 색보정이라든지 편집할 내용이 많다면 일러스트레이터에서의 작업을 포토샵 PSD 파일로 저장해 활용할 수도 있습니다.

01 일러스트레이터에서 **cheese_mouse.ai** 파일을 열고 [Edit – Export – Export As]를 선택합니다.

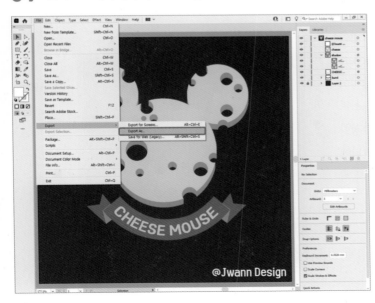

02 ❶ 파일 형식에서 [Photoshop (*.PSD)]로 설정한 뒤 파일 이름을 확인하고 ❷ [Export]를 클릭합니다.

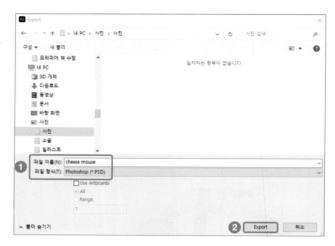

03 포토샵 내보내기 옵션 창에서 [Color Model (CMYK, RGB, Grayscale)]을 선택하고 **Resolution**에서 해상도를 선택합니다. 색상 모델은 일러스트레이터에서 작업한 모드와 동일하게 지정해야 개별 레이어로 출력할 수 있습니다.

04 저장된 **cheese_mouse.psd** 파일을 포토샵에서 열면 일러스트레이터의 Layers 패널과 같이 레이어 형태로 이미지가 들어오는 걸 확인할 수 있습니다. 문자의 경우 포토샵의 [Type Tool]을 사용해 폰트를 수정할 수도 있습니다. 여기서는 일러스트레이터에서 [Warp] 효과를 적용한 상태라 이미지 형태로 들어왔습니다.

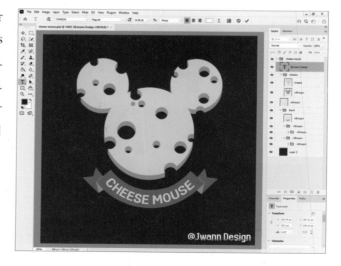

LESSON 02

목업 파일 활용해
내 작업 멋있게 보여 주기

목업(Mockup)이란 실물 크기의 모형을 말하며, 시각 디자인에서는 시안 작업을 실제 구현된 느낌으로 표현할 때 사용됩니다. 간판이나 포스터의 경우 실제 야외에 설치된 것과 유사한 모습을 보여 주면 의뢰자(클라이언트)는 결과물이 어떨지 시각적으로 확인할 수 있기 때문에 빠르고 정확한 피드백이 가능해집니다.

그리고 내 포트폴리오를 좀 더 멋있게 보여 줄 때 주로 사용할 수 있습니다. 예비 디자이너의 경우 실제 업무에서 사용된 포트폴리오가 없고 가상의 포트폴리오를 만들어 취업을 준비해야 하는데, 이럴 때 내가 만든 이미지를 낱장의 이미지로 보여 주기보다 목업 파일로 포장해 보여 주면 좀 더 전문적인 인상을 줄 수 있습니다. 목업 소스는 직접 제작할 수도 있지만 무료로 제공되는 해외 사이트가 많아 잘 활용하면 작업 시간은 단축하고 효과는 극대화할 수 있습니다.

▲ Adobe Stock에서 'Mockup'을 검색한 결과

유료 파일의 경우 이미지를 바로 교체할 수 있는 PSD, AI 파일로 제공되고 무료인 경우 JPG 이미지 파일로만 제공됩니다. 그밖에 해외 목업 사이트는 구글에서 'Mockup'만 검색해도 쉽게 찾을 수 있고 무료, 또는 유료로 구입해 사용할 수 있습니다. 무료 목업 파일의 경우 상업적으로 사용해도 무관하지만 배포하거나 판매하는 일은 금하고 있습니다.

AI 목업 파일 활용하기

01 일러스트레이터 New Document 창에서 [Web]을 클릭하면 Adobe Stock에서 제공하는 템플릿을 확인할수 있습니다. **Desktop Vector Mockup**이라는 섬네일을 선택하고 다운로드합니다.

02 Layers 패널에서 파일명을 확인해 보면 [YOUR SCREEN HERE]라는 파일이 보이는데 대부분의 목업 파일은 이렇게 어떤 파일을 교체해야 하는지 레이어 이름에 표시해 줍니다.

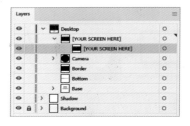

03 모니터 화면에 넣고 싶은 이미지를 불러와 [YOUR SCREEN HERE] 파일과 함께 선택해 클리핑 마스크를 적용하면 완성입니다.

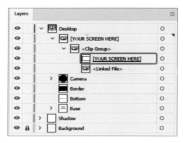

PSD 목업 파일 활용하기

01 포토샵에서 **명함 목업**.psd를 엽니다.

02 일러스트레이터에서 제작한 제 명함의 앞 뒷면을 JPG 이미지로 출력했고 포토샵 목업 파일에 적용해 보겠습니다.

03 [명함 앞면] 레이어 섬네일을 더블클릭해 스마트 오브젝트를 열면 명함 앞면만 나와 있는 작업창이 나타납니다. 이 레이어에서 제 명함 이미지를 불러와 올려놓고 [Ctrl]+[S]를 눌러 스마트 오브젝트 레이어 파일을 저장합니다.

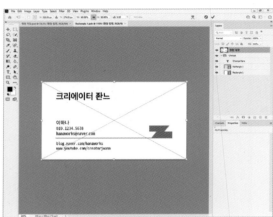

04 목업 파일을 확인하면 핑크색 명함 앞면이 변경된 걸 확인할 수 있습니다.

05 목업 프로젝트에서 **[명함 뒷면]** 레이어 섬네일을 더블클릭하면 명함 뒷면의 작업 창이 나타납니다. 레이어 맨 위에 제 명함 이미지를 올려놓고 Ctrl+S를 눌러 스마트 오브젝트를 저장합니다.

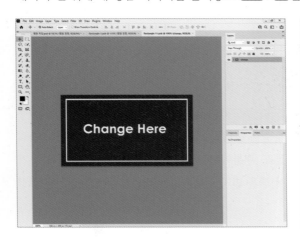

06 목업 파일로 돌아와 보면 파란색 명함 뒷면도 변경된 걸 확인할 수 있습니다. 목업 파일은 만들어진 프로젝트 파일에 사진을 바꿔치기 한다고 생각하면 됩니다. 목업 파일을 활용하면 내 작업을 조금 더 멋지게 표현할 수 있고 레이어와 옵션을 하나하나 살펴보면서 어떻게 이 이미지를 만들었는지 공부하는 것까지 일석이조의 효과가 있습니다.

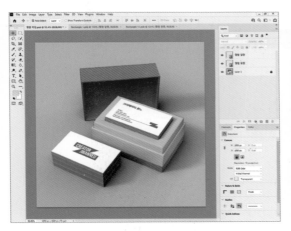

LESSON 03
팬톤 컬러를 사용해 인쇄하기

해마다 올해의 팬톤 컬러를 발표하며 전세계 컬러 트렌드를 주도하고 있는 팬톤(Pantone)의 색상을 사용해 출력하는 방법을 알아봅니다. 모니터에서 보는 색상과 실제 출력한 색상의 차이를 줄이기 위해서는 출력된 색상을 직접 눈으로 확인하고 색을 선택하면 정확하겠죠. 팬톤에서는 인쇄물, 원단, 플라스틱 등 종류가 구분된 컬러 가이드를 판매하고 있습니다. 가이드 북에서 색을 먼저 선택하고 일러스트레이터에서 팬톤 컬러를 지정해 출력합니다.

아래 이미지는 일러스트레이터에서 액세서리 쇼핑몰의 로고를 제작하고 팬톤 컬러(PANTONE 177C)를 적용해 포장 용기 및 쇼핑백에 인쇄한 모습입니다. 팬톤 컬러는 인쇄소에서 별색으로 다루기 때문에 팬톤 컬러 인쇄가 가능한 업체에서 컬러 가이드 북을 보고 색을 선택할 수 있습니다. 팬톤 컬러(별색)는 정확한 색 구현이 가능하고 색이 선명하다는 장점이 있습니다.

팬톤 사이트에서는 자사 팬톤 컬러를 RGB, HEX/HTML, CMYK의 색 번호로도 함께 표기하고 있어 참고할 수 있습니다. 그리고 CMYK로만 이루어진 컬러 차트도 판매하고 있습니다.

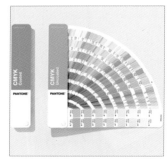

▲ 출처: 팬톤 코리아

▲ 출처: 피치리치 스마트스토어

팬톤 컬러를 적용하는 방법

01 **피치리치.ai** 파일을 열면 현재 로고는 검은색으로 설정되어 있습니다.

02 Swatches 패널을 열고 오른쪽 상단의 ▤ 아이콘을 클릭하고 [Open Swatch Library – Color Books – PANTONE+ Solid Coated]를 선택합니다.

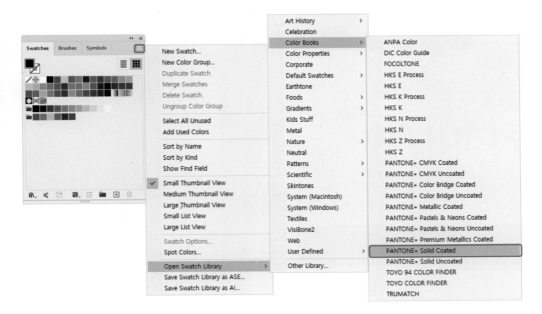

03 PANTONE+ Solid Coated 패널이 열리고 수많은 색상이 나타납니다. 검색 창에서 컬러 번호 **177**을 입력하면 원하는 색상을 빠르게 찾을 수 있습니다.

TIP 일러스트레이터에서는 현재 10개의 팬톤 라이브러리를 제공하고 있습니다. 신규 색상을 사용하려면 팬톤 사이트에서 라이브러리를 업데이트해야 합니다.

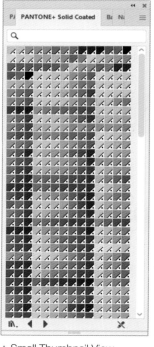
▲ Small Thumbnail View

▲ Large List View

04 로고를 전체 선택한 뒤 스와치를 더블클릭하면 색상이 변경됩니다.

포토샵 필수 단축키

mac에서 포토샵과 일러스트레이터를 사용하는 경우 Ctrl 은 command 로, Alt 는 option 을 누르면 됩니다.

포토샵 기본 설정

Ctrl + O	새로운 파일 열기	Ctrl + + , −	화면 확대, 축소
Ctrl + S	파일 저장	Ctrl + 0	화면 크기에 맞게 조정
Ctrl + R	눈금자 표시	Alt + 마우스 스크롤	화면 확대, 축소
Ctrl + ;	안내선 표시		

이미지 편집

Ctrl + T	자유 변형	Ctrl + M	곡선 창에서 보정하기
Ctrl + Alt + Shift + T	변형 반복	← , → , ↑ , ↓ (방향키)	1픽셀 단위로 이동
Alt + Delete	전경색 채우기	Shift + ← , → , ↑ , ↓	10픽셀 단위로 이동
Ctrl + Delete	배경색 채우기		

레이어(패널) 관련

Ctrl + 레이어 클릭	레이어 다중 선택	Ctrl + J	레이어 복제
Shift + 시작과 끝 레이어 클릭	연속된 레이어 다중 선택	Ctrl + G	그룹으로 묶기
Ctrl + E	선택한 레이어 병합	Alt + 레이어와 레이어 경계 클릭	클리핑 마스크 실행

선택 영역, 텍스트, 드로잉 관련

Ctrl + 레이어 섬네일 클릭	해당 레이어의 이미지를 선택 영역으로 지정	[,]	브러시 크기 조절
Ctrl + D	선택 영역 해제	클릭 후 Shift + 클릭	브러시로 직선 그리기
Ctrl + Shift + I	선택 영역 반전	Alt + Shift + 드래그	클릭한 곳을 중앙으로 비율에 맞춰 그리기
Ctrl + Enter	문자 편집 완료		

일러스트레이터 기본 설정

Ctrl + N	문서 만들기	Alt + Shift + S	문서 사본 저장
Ctrl + S	템플릿으로 문서 만들기	Shift + Ctrl + S	다른 이름으로 저장
Shift + Ctrl + N	창 닫기	Alt + Shift + Ctrl + S	웹용으로 저장하기
Ctrl + Q	일러스트레이터 종료	Ctrl + K	환경설정(Preferences)

이미지 편집

Ctrl + Z	실행 취소	Ctrl + F	선택한 오브젝트 앞에 붙이기
Shift + Ctrl + Z	재실행	Ctrl + B	선택한 오브젝트 뒤에 붙이기
Ctrl + X	오리기	Ctrl + A	전체 선택
Ctrl + C, V	복사, 붙여넣기	Shift + Ctrl + A	전체 선택 해제

오브젝트, 색상, 문자 관련

Ctrl + D	작업 반복	Shift + X	Fill/Stroke 색상 교체
Ctrl + L	새 레이어 만들기	X	Fill/Stroke 선택
Ctrl + [,]	오브젝트 앞으로, 뒤로	Shift + Ctrl + O	Create Outline
Shift + Ctrl + [,]	오브젝트 맨 앞으로, 맨 뒤로	Ctrl + ← , →	커서 단락 이동
Ctrl + J	포인트와 포인트 연결		

화면

Tab	모든 패널 숨기기/보이기	Ctrl + ;	가이드라인 보기/숨기기
Ctrl + 0	화면에 꽉 차게 보기	Ctrl + "	그리드 보기/숨기기
Ctrl + R	눈금자 보기/숨기기	Ctrl + Y	아웃라인 보기/숨기기

찾아보기

진솔한 서평을 올려 주세요!

이 책 또는 이미 읽은 제이펍의 책이 있다면, 장단점을 잘 보여주는 솔직한 서평을 올려주세요.
매월 최대 5건의 우수 서평을 선별하여 원하는 제이펍 도서를 1권씩 드립니다!

- **서평 이벤트 참여 방법**
  ❶ 제이펍 책을 읽고 자신의 블로그나 SNS, 각 인터넷 서점 리뷰란에 서평을 올린다.
  ❷ 서평이 작성된 URL과 함께 review@jpub.kr로 메일을 보내 응모한다.

- **서평 당선자 발표**
  매월 첫째 주 제이펍 홈페이지(www.jpub.kr) 및 페이스북(www.facebook.com/jeipub)에 공지하고,
  해당 당선자에게는 메일로 개별 연락을 드립니다.

독자 여러분의 응원과 채찍질을 받아 더 나은 책을 만들 수 있도록 도와주시기 바랍니다.